AGENOR BRIGHENTI

A PASTORAL DÁ O QUE PENSAR
A inteligência da prática transformadora da fé

LIVROS BÁSICOS DE TEOLOGIA
Para a formação dos agentes de pastoral
nos distintos ministérios e serviços da Igreja

DIREÇÃO E COORDENAÇÃO GERAL DA COLEÇÃO:
Elza Helena Abreu, São Paulo, Brasil

ASSESSORES:
D. Manoel João Francisco, bispo de Chapecó, Brasil
Mons. Javier Salinas Viñals, bispo de Tortosa, Espanha
João Batista Libanio, S.J., Belo Horizonte, Brasil

PLANO GERAL DA COLEÇÃO

TEOLOGIA FUNDAMENTAL

1. *Crer num mundo de muitas crenças e pouca libertação*
   João Batista Libanio

TEOLOGIA BÍBLICA

2. *A História da Palavra I*
   A. Flora Anderson, Gilberto Gorgulho, Pedro L. Vasconcellos, Rafael R. da Silva
3. *A História da Palavra II*
   A. Flora Anderson, Gilberto Gorgulho, Pedro L. Vasconcellos, Rafael R. da Silva

TEOLOGIA SISTEMÁTICA

4. *Esperança além da esperança*
   M. Angela Vilhena e Renold J. Blank
5. *A criação de Deus* **(Deus e criação)**
   Luiz Carlos Susin
6. *Deus Trindade: a vida no coração do mundo*
   Maria Clara L. Bingemer e Vitor Galdino Feller
7. *Deus-Amor: a graça que habita em nós*
   Maria Clara L. Bingemer e Vitor Galdino Feller
8. *Cristologia e Pneumatologia*
   Maria Clara L. Bingemer

8.1. *Sois um em Cristo Jesus*
   Antonio José de Almeida

8.2. *Maria, toda de Deus e tão humana*
   Afonso Murad

TEOLOGIA LITÚRGICA

9. *O mistério celebrado. Memória e compromisso I*
   Ione Buyst e José Ariovaldo da Silva
10. *O mistério celebrado. Memória e compromisso II*
    Ione Buyst e Manoel João Francisco

TEOLOGIA MORAL

11. *Aprender a viver. Elementos de teologia moral cristã*
    Márcio Fabri dos Anjos

DIREITO CANÔNICO

12. *Direito eclesial: instrumento da justiça do Reino*
    Roberto Natali Starlino

HISTÓRIA DA IGREJA

13. *Eu estarei sempre convosco*
    Henrique Cristiano José Matos

TEOLOGIA ESPIRITUAL

14. *Espiritualidade cristã*
    Francisco Catão

TEOLOGIA PASTORAL

15. *A pastoral dá o que pensar. A inteligência da prática transformadora da fé*
    Agenor Brighenti

APRESENTAÇÃO DA COLEÇÃO

A *formação teológica* é um clamor que brota das comunidades, movimentos e organizações da Igreja. Diante da complexa realidade local e mundial, neste tempo histórico marcado por agudos problemas, sinais de esperança e profundas contradições, *a busca de Deus* se intensifica e percorre caminhos diferenciados. Nos ambientes cristãos e em nossas Igrejas e comunidades, perguntas e questões de todo tipo se multiplicam, e os *desafios da evangelização* também aumentam em complexidade e urgência. Com isso, torna-se compreensível e pede nossa colaboração o *clamor por cursos e obras de teologia* com sólida e clara fundamentação na Tradição da Igreja, e que, ao mesmo tempo, acolham e traduzam em palavras a ação e o sopro de vida nova que o Espírito Santo derrama sobre o Brasil e toda a América Latina.

Os documentos das Conferências do Episcopado Latino-Americano (Celam) e, especialmente, as *Diretrizes Gerais da Ação Evangelizadora da Igreja no Brasil* (CNBB), assim como outros documentos de nosso episcopado, não cessam de evidenciar a necessidade de *formação teológica* não só para os presbíteros, mas também para os religiosos e religiosas, para os leigos e leigas dedicados aos distintos ministérios e serviços, assim como para todo o povo de Deus que quer aprofundar e levar adiante sua caminhada cristã no seguimento de Jesus Cristo. Nossos bispos não deixam de encorajar iniciativas e medidas que atendam a esta exigência primordial e vital para a vida da Igreja.

O documento 62 da CNBB, *Missão e ministérios dos cristãos leigos e leigas*, quando trata da "força e fraquezas dos cristãos", afirma: "... aumentou significativamente a busca de formação teológica, até de nível superior, por parte de leigos e leigas" (n. 34). E, mais adiante, quando analisa o "diálogo com as culturas e outras religiões", confirma: "tudo isso torna cada vez mais urgente *a boa formação de cristãos leigos aptos para o diálogo com a cultura moderna e para o testemunho da fé* numa sociedade que se apresenta sempre mais pluralista e, em muitos casos, indiferente ao Evangelho" (n. 143).

Atentas a este verdadeiro "sinal dos tempos", a Editorial Siquem Ediciones e a Paulinas Editora conjugaram esforços a fim de prestar um serviço específico à Igreja Católica, ao diálogo ecumênico e inter-religioso e a todo povo brasileiro, latino-americano e caribenho.

Pensamos e organizamos a coleção "Livros Básicos de Teologia" (LBT) buscando apresentar aos nossos leitores e cursistas todos os tratados de teologia da Igreja, ordenados por áreas, num total de dezessete volumes. Tratamos de responder ao grande desafio de proporcionar formação teológica básica, de forma progressiva e sistematizada, aos agentes de pastoral e a todas as pessoas que buscam conhecer e aprofundar a fé cristã. Ou seja, facilitar um saber teológico vivo e dinamizador, que "dê o que pensar", mas que também ilumine e "dê o que fazer". Um saber teológico que, fundamentando-se na Sagrada Escritura, junto com a Tradição, na Liturgia, no Magistério da Igreja e na Mística cristã, articule teologia, vida e prática pastoral.

Cabe também aqui apresentar e agradecer o cuidadoso e sugestivo trabalho didático dos nossos autores e autoras. Com o estilo que é próprio a cada um e sem esgotar o assunto, eles apresentam os temas *fundamentais de cada campo teológico*. Introduzem os leitores na linguagem e reflexão teológica, indicam chaves de leitura dos diferentes conteúdos, abrem pistas para sua compreensão teórica e a ligação com a vida, oferecem vocabulários e bibliografias básicas, visando à ampliação e ao aprofundamento do saber.

Reforçamos o trabalho de nossos autores convidando os leitores e leitoras desta coleção a ler e a mover-se com a mente e o coração pelos caminhos descortinados através dos textos. Trata-se de dedicar tempo à leitura, de pesquisar e conversar com o texto e seu autor, com o texto e seus companheiros de estudo. Aí, sim, o saber teológico começará a penetrar a própria interioridade, a incorporar-se na vida de cada dia, e, pela ação do Espírito Santo, gestará e alimentará formas renovadas de pertença à Igreja e de serviço ao Reino de Deus.

Esta coleção já cruzou fronteiras, colocando-se a serviço de um sem-número de pessoas e comunidades eclesiais da América Latina e do Caribe. A palavra do Papa João Paulo II, em sua Carta Apostólica *Novo millennio ineunte* [No começo do novo milênio], confirma e anima nossos objetivos pastorais:

É necessário fazer com que o único programa do Evangelho continue a penetrar, como sempre aconteceu, na história de cada realidade eclesial. É nas Igrejas locais que se podem estabelecer as linhas programáticas concretas — objetivos e métodos de trabalho, formação e valorização dos agentes, busca dos meios necessários — que permitam levar o anúncio de Cristo às pessoas, plasmar as comunidades, permear em profundidade a sociedade e a cultura através do testemunho dos valores evangélicos [...]. Espera-nos, portanto, uma apaixonante tarefa de renascimento pastoral. Uma obra que nos toca a todos (n. 29).

Com as bênçãos de Deus, e seguindo as orientações da Igreja, esta coleção certamente poderá ampliar e aprofundar novas perspectivas evangelizadoras em nosso continente.

Elza Helena Abreu
Coordenadora-geral da Coleção LBT

```
Dados Internacionais de Catalogação na Publicação (CIP)
(Câmara Brasileira do Livro, SP, Brasil)

Brighenti, Agenor
    A pastoral dá o que pensar : a inteligência da prática
transformadora da fé : manual básico de teologia pastoral /
Agenor Brighenti. — 2. ed. — São Paulo : Paulinas ; Valência,
ESP : Siquem, 2011. — (Coleção livros básicos de teologia ; 15)

    Bibliografia.
    ISBN 978-85-356-1864-8
    ISBN 978-84-95385-74-1 (Siquem)

    1. Evangelização 2. Fé. 3.Teologia pastoral — Igreja Católica
I. Título. II. Série.

11-09113                                              CDD-253

            Índices para catálogo sistemático:
            1. Ação pastoral da Igreja   253
            2. Teologia pastoral : Cristianismo   253
```

© Siquem Ediciones e Paulinas
© Autor: Agenor Brighenti

Com licença eclesiástica (20 de outubro de 2006)

Coordenação-geral da coleção LBT: *Elza Helena Abreu*
Editora responsável: *Vera Ivanise Bombonatto*
Assistente de edição: *Cirano Dias Pelin*

Nenhuma parte desta obra pode ser reproduzida ou transmitida por qualquer forma e/ou quaisquer meios (eletrônico ou mecânico, incluindo fotocópia e gravação) ou arquivada em qualquer sistema ou banco de dados sem permissão escrita da Editora. Direitos reservados.

2ª edição – 2011
3ª reimpressão – 2021

Siquem Ediciones
C/Pío X, 9 bj. 46920 Mislata (Valencia) — Espanha
Tel.: (00xx34) 963 50 31 49
e-mail: ediciones@siquem.es

Paulinas
Rua Dona Inácia Uchoa, 62
04110-020 — São Paulo — SP (Brasil)
Tel.: (11) 2125-3500
http://www.paulinas.com.br
editora@paulinas.com.br
Telemarketing e SAC: 0800-7010081
© Pia Sociedade Filhas de São Paulo — São Paulo, 2006

PREFÁCIO

Para a "formação na ação" têm seu lugar e importância, sobretudo didática, textos que constituam manuais básicos de um campo determinado do saber. Não poderia ser diferente na formação de agentes de pastoral que, na maioria das vezes, não têm nem tempo nem acesso a uma bibliografia mais vasta e abundante sobre uma área particular das ciências teológicas. Daí a razão deste texto: um "manual básico de teologia pastoral". Ele pode ser útil para a formação acadêmica em cursos de bacharelado em teologia, mas se destina, de modo particular, à capacitação de agentes de pastoral leigos, através de cursos em nível de extensão universitária.

Todos conhecemos o alcance e o valor dos manuais clássicos de teologia pastoral, começando pelo *Handbuch der Pastoraltheologie* (Manual de teologia pastoral), organizado por Karl Rahner, passando pelo *Teologia práctica*, de Casiano Floristán, *Teología pastoral*, de Julio Ramos, *La pastorale de l'Église* (A pastoral da Igreja), de Daniel Bourgeois, *A fundamental practical theology* (Fundamentos de teologia prática), de Don S. Browning, ou *Teologia pratica*, de Mario Midali. Sem falar em manuais mais recentes, como o de Gilles Routhier-Marcel Viau (org.), *Précis de théologie pratique* (Pequeno manual de teologia prática). Esses trabalhos, muitos deles monumentais, guardam toda a sua importância para a teologia pastoral e para a ação eclesial. O texto presente está longe de pretender colocar-se ao lado deles, muito menos no mesmo patamar. Por um lado, ele depende dos manuais clássicos, lugar obrigatório de todo pastoralista; por outro, não é nem síntese nem mera caixa de ressonância deles. Apoiado na estrutura básica da pastoral enquanto ciência dos manuais clássicos, o presente trabalho arrisca-se em três novidades — sua perspectiva, seu enfoque e seu horizonte —, que lhe dão um rastro próprio.

A perspectiva deste manual é a da "prática transformadora da fé", que tem na opção pelos pobres a marca mais original e preciosa da Igreja na América Latina e no Caribe, sobretudo depois da *Conferência de Medellín*. Suas raízes, entretanto, remontam à ação evangelizadora de personagens como Bartolomeu de Las Casas, Pedro de Gante, Turíbio de Mogrovejo, Vasco de Quiroga, Valdivieso, Antônio Vieira, Antônio de Montesinos, Manuel da Nóbrega e tantos outros. Passadas mais de quatro décadas de profícuo testemunho profético respaldado pelo sangue de milhares de mártires, como dom Romero, a teologia pastoral não poderia deixar de recolher essa preciosa herança. E nisso está o primeiro elemento de descontinuidade deste manual em relação aos manuais clássicos: o esforço de situar-se, consciente e criticamente, num contexto socioeclesial particular — o subcontinente latino-americano, com sua trajetória histórica e seus desafios concretos, em especial a exclusão e a pobreza da maioria de sua população. Não basta à Igreja situar-se "dentro do mundo". Dadas as contradições e disparidades que ferem a dignidade da pessoa humana e seu povo, é preciso perguntar-se "dentro de que mundo" a Igreja deve estar para ser uma Igreja de todos. É impossível ser cristão numa realidade marcada pela injustiça institucionalizada, que gera exclusão e violência, sem assumir uma postura profética e transformadora. Ignorá-la seria, no mínimo, cinismo. Omitir-se é fazer da religião um fator de alienação, como bem denunciaram Feuerbach, Nietzsche, Marx ou Freud. A fé no Cristo Encarnado, Morto e Ressuscitado não nos deixa neutros diante de tantos rostos desfigurados, que prolongam sua Paixão no mundo. Ora, à teologia pastoral, enquanto inteligência reflexa da prática transformadora da fé dos cristãos e das pessoas em geral, implica articular seu discurso desde essa perspectiva. Não fazê-lo é cair na retórica, num discurso vazio e irrelevante, sem falar no desrespeito ao testemunho heróico de grandes contingentes da Igreja no subcontinente, sobretudo à memória de nossos mártires. Os cristãos comprometidos com as causas dos pobres — que é a causa de Javé, de Jesus Cristo e seu Evangelho — precisam de uma "teoria da práxis" que lhes permita recriá-la e fazer da história da Igreja a trajetória do peregrinar de um povo, que partilha o mesmo destino da humanidade — a "Terra Prometida", onde corre "leite e mel" em abundância para todos.

Outra originalidade deste texto está em seu enfoque. O sujeito da pastoral não é o "Bom Pastor" e, por analogia, o clero, no interior de uma eclesiologia cristomonista. Os leigos seriam "destinatários" e objetos de uma ação paternalista e verticalista, cujo sujeito é o clero. O Vaticano II nos ajudou a compreender que não existem duas categorias de cristãos — clero e leigos –, mas uma única categoria — os batizados, no seio de uma comunidade toda ela ministerial (*LG*, n. 10). Com o Concílio, dá-se a passagem do binômio "clero-leigos" para um novo binômio: "comunidade-ministérios". Conseqüentemente, se o sujeito da pastoral não for o Espírito de Pentecostes e, por analogia, a comunidade eclesial como um todo, não há nem discípulos nem missionários autênticos. Comunidades-sujeito, tanto da ação como da reflexão pastoral, ainda que esta tenha seus diferentes níveis, mas sempre no interior de uma comunidade. Surpreendentemente, para além desta concepção eclesiológica, a *Conferência de Santo Domingo*, em relação ao clero, irá propor o "protagonismo" dos leigos na evangelização. Não exatamente pela quantidade relativa ao clero, mas sobretudo pelo seu lugar privilegiado no mundo, onde, digamos de passagem, os ministros ordenados também deviam estar, enquanto pessoas físicas, é evidente. Aliás, da mesma forma que os leigos, os quais, no mundo, se engajam como cidadãos e não enquanto instituição eclesial. Isso implica repensar o conceito de comunidade, o lugar da Igreja no mundo, o perfil dos ministérios ordenados e a própria teologia do laicato. O que *Santo Domingo* não fez para o subcontinente e se faz tão necessário hoje.

Uma terceira originalidade deste texto, em relação aos manuais clássicos de teologia pastoral, está em seu horizonte — o Reino de Deus. Este não só descentra a Igreja de si mesma, como a situa de modo diferente no mundo e reivindica uma nova teologia da ação evangelizadora, diante da concepção tradicional de missão. O "Reino de Deus" é uma categoria recuperada pela eclesiologia do Concílio Vaticano II (*LG*, n. 5), mas, infelizmente, cada vez mais eclipsada no pós-Concílio, com graves conseqüências para a ação evangelizadora num mundo sempre mais marcado pela autonomia diante do religioso e pelo pluralismo. A reintrodução da categoria "Reino de Deus" na eclesiologia conciliar, além de deixar para trás uma "Igreja barroca" — da visibilidade, massa, poder —, põe a instituição eclesial em seu devido lugar — a *kénosis* mediadora do Reino de Deus, o "pequeno resto fiel", se preciso for, sinal e instrumento de um mundo justo e solidário para todos, no diálogo e no serviço, com todas as pessoas de boa vontade. O reinocentrismo, em relação ao eclesiocentrismo, não diminui em nada o valor da Igreja, apenas a livra de idolatrar a si mesma e faz dela uma das mediações do Reino de Deus, ainda que privilegiada, pois dispõe de todos os meios para a salvação — a Palavra e os sacramentos. Nesse horizonte, a ação evangelizadora *ad extra*, para fora da Igreja, supera uma missão proselista a fim de trazer "convertidos" para "dentro", e o serviço adquire uma perspectiva de colaboração e de gratuidade.

O conteúdo deste manual, seguindo o estatuto epistemológico da teologia pastoral, está estruturado em três partes — teologia pastoral fundamental, teologia pastoral especial e teologia pastoral aplicada. Cada parte contém três capítulos. A Parte I aborda "o porquê" da pastoral: modelos de ação pastoral e modelos eclesiológicos, o itinerário da teologia pastoral, o estatuto epistemológico da teologia pastoral. Trata-se de buscar as razões e os fundamentos da teologia pastoral como disciplina específica no interior da teologia. Enquanto ciência autônoma, ela tem seu objeto específico e seu método próprio. A Parte II trata do "que" da pastoral: a pastoral profética, a pastoral litúrgica e a pastoral do serviço e da comunhão. Basicamente, a pastoral é o exercício, por parte de cada batizado, no interior de uma comunidade eclesial inserida no mundo, do *tria munera Ecclesiae* (os três ministérios fundantes da Igreja) — o ministério profético, o ministério litúrgico e o ministério da caridade. Os três ministérios fundantes da vida cristã conformam um todo inseparável, ainda que cada um deles guarde sua especificidade própria. Entre eles, há uma relação dialética, porém articulada desde o pólo da caridade. Esse é o ponto de partida e de chegada da profecia e da liturgia. A Parte III aborda o "como" da pastoral: os âmbitos da ação pastoral, pedagogia e espiritualidade para uma pastoral como processo, requisitos básicos e passos metodológicos de uma ação pastoral pensada. Fazer pastoral, assim como fazer teologia pastoral, implica, antes de tudo, situar-se no universo da ação eclesial, que, evidentemente, supera o conceito tradicional de *cura animarum* (pastoreiro de almas). Além de abarcar a pessoa inteira, a ação evangelizadora visa a criar comunidades evangelizadoras, fermento do Reino de Deus na sociedade. Por sua vez, a ação pastoral tem, também, sua pedagogia e espiritualidade, cristológica e eclesial, respectivamente. Na ação evangelizadora, os meios são mais que meios, são o fim no caminho. O método também é mensagem, até mesmo o mensageiro e o método de planejamento da ação. Para essa finalidade, oriundas das ciências administrativas, há diversas metodologias disponíveis, mas nem todas compatíveis com os ideais evangélicos. Os métodos não são neutros, pois sempre apontam para um fim: na pastoral, não há outro senão o Reino escatológico de Deus, alcançável no cotidiano da história.

Essas novidades estão estampadas no título da obra: *A pastoral dá o que pensar. A inteligência da prática transformadora da fé*. A teologia pastoral não é um conjunto de recursos didáticos, pedagógicos ou formativos para aplicar seja o direito canônico ou a moral, seja a dogmática ou a eclesiologia. Ela é, antes de tudo, uma teologia da ação. A pastoral dá o que pensar na medida em que não se constitui em um mero lugar de aterrissagem de uma ortodoxia previamente estabelecida, mas fonte criadora de idéias — um verdadeiro *locus theologicus* (lugar teológico) (*GS*, n. 4). Seu pressuposto é a reconciliação da teoria com a prática, da verdade com a veracidade, no seio da racionalidade moderna. Em segundo lugar, não se trata de qualquer tipo de ação, mas da "práxis transformadora dos cristãos e das pessoas em geral". Por um lado, a ação dos cristãos não se esgota no espaço confessional ou institucional, mas se prolonga no engajamento histórico, enquanto cidadãos, na perspectiva de um mundo justo e solidário para todos, expressão imanente do Reino escatológico de Deus. Por outro lado, dado que a Ressurreição é "recapitulação" de toda a obra da criação, a ação dos cristãos e das pessoas em geral em prol de um mundo justo e solidário tem, na opção pelos pobres contra a pobreza, o critério da transfiguração da globalidade da realidade, que o evangelho de Jesus Cristo propõe.

Quanto ao método de trabalho que orientou a redação deste texto, cabe ressaltar dois aspectos. Primeiro, a perspectiva histórica da abordagem. Além de elucidar o presente, a história dá o senso do relativo, fundamental para não absolutizar nossas próprias posições no presente. Se houve evolução no passado, por que razão nossa compreensão, hoje, seria o "fim da história"? Há um peregrinar da humanidade e também da racionalidade, incluída a racionalidade teológica. A teologia, enquanto produto humano, não é um saber absoluto, ainda que sobre o Absoluto. Sua primeira tarefa é, sempre, deixar Deus ser Deus. É incômodo estar continuamente em caminho, mas o cristianismo quer ser precisamente isso — *odòs* (caminho) —, deserto de passagem, jamais terra de certezas. Nós, os cristãos, somos seguidores de um Jesus Caminho, pobre e itinerante. O segundo aspecto é a ausência de referências bibliográficas de autores no interior do texto, com citação em nota de rodapé. A bibliografia utilizada aparece no final de cada capítulo, como "bibliografia básica" e "bibliografia complementar". No interior do texto, aparecem só citações de fontes bíblicas e de documentos do magistério. É incômodo e mais exigente para quem escreve, mas tem a vantagem da fluidez de leitura, sobretudo para aqueles não habituados a *mergulhar* em um texto, acompanhando simultaneamente seu aparato crítico. Perde-se em rigor científico, mas ganha-se em comunicação, por um discurso menos acadêmico e mais pastoral. Afinal, é de pastoral que o texto quer falar; da "inteligência da prática transformadora da fé". E por que não falar de pastoral, além do conteúdo, também pela forma?

O conteúdo do texto é limitado, mas registra o essencial, que é sempre muito pouco, até em relação ao que foi dito aqui. Digamos que este manual é uma "introdução" à pastoral, mas não como entrada em apenas "uma parte" dela. É uma introdução "no todo" e, evidentemente, quanto mais se mergulha nele, mais amplo se torna seu universo. As novas descobertas, entretanto, o "lançar as redes em águas mais profundas", bem pode ser uma aventura de você, leitor.

PARTE I
TEOLOGIA PASTORAL FUNDAMENTAL: O "PORQUÊ" DA PASTORAL

INTRODUÇÃO

A pastoral, enquanto ação eclesial, sempre existiu na Igreja, ao passo que a teologia pastoral, sua inteligência reflexa, enquanto ciência, é mais recente, data dos últimos dois séculos. Foram quase duzentos anos de um processo longo e tortuoso, no entanto de gradativa reconciliação entre teoria e prática, sanando a primeira e dando eficácia à segunda.

Tradicionalmente, com exceção do período da Igreja primitiva e parte da antiga, a prática pastoral costumava ser um mero lugar de aterrissagem de uma teoria ou de uma ortodoxia previamente estabelecida. O agostinismo, no primeiro milênio, e o tomismo, no segundo, davam previamente o horizonte de chegada da ação eclesial. O divórcio entre teoria e prática, por um lado, paralisava a teoria por falta de uma contraposição com a ação que lhe fizesse ver desafiada por novas perguntas e, por outro, paralisava a ação, uma vez reduzida a uma mera aplicação de ideais preconcebidos.

Com a emancipação da razão prática, operada pelos filósofos da práxis no interior da segunda ilustração do projeto civilizacional moderno, e a consciência da conseqüente relação dialética entre teoria e práxis, irrompeu um desafiador dinamismo para ambas, sobretudo para a teoria. Toma-se consciência de que as boas idéias não caem do céu, mas brotam da realidade. As teorias, já não mais concebidas de modo essencialista e aistórico, mas enquanto reflexão da práxis, passam a estar desafiadas pela razão histórica, que julga sua pertinência e relevância e, sobretudo, as submete ao critério da eficacidade. Uma boa teoria, enquanto consciência reflexa da práxis, é sempre uma teoria contextualizada, contribuindo com um mundo crescentemente melhor.

Essa nova relação entre teoria e práxis mudou o estatuto epistemológico das ciências, sobretudo das ciências humanas. Com a teologia, não poderia ser diferente. No início do século XIX, a reflexão teológica, ao assumir o mesmo estatuto e ao conectar-se com a prática pastoral, sentiu-se desafiada a articular-se, não como de costume, de maneira essencialista e dedutiva, mas com base na história e de modo indutivo. E ao assumir a história como um verdadeiro *locus theologicus*, passou a constituir-se, conscientemente, também ela em um saber contextualizado. Era a condição para o aparecimento de uma teologia pastoral, uma nova disciplina no interior da teologia, com a função de ciência retroalimentadora da ação eclesial, porquanto reflete sobre a práxis dos cristãos e das pessoas em geral, visando a uma maior eficacidade da fé no coração da história.

A primeira parte deste estudo busca apresentar esse longo percurso, abordando uma das facetas da ação pastoral, vista a partir da teologia — suas razões e fundamentos, "o porquê" da ação e da reflexão teológica sobre ela. A ação pastoral, enquanto ação humana no Espírito segundo o Evangelho, não é puro empirismo ou pragmatismo pastoral. É, sempre, uma ação pensada, ainda que, muitas vezes, de maneira precária e insuficiente. Portanto está apoiada em razões, nos fundamentos da fé, consciente ou inconscientemente. Ela possui sua própria racionalidade. Não é um receituário empírico ou uma reflexão restrita à aplicação de elementos práticos das demais disciplinas teológicas. Ela tem seu objeto material e formal próprio. Tem seu método específico, que a constitui como disciplina autônoma, no conjunto das diversas ciências teológicas.

A reflexão, nesta primeira parte, está organizada em torno de três capítulos. O primeiro — modelos de ação pastoral e modelos eclesiológicos — faz um recorrido histórico do caminhar da Igreja, explicitando os diferentes modelos de ação que se foram configurando através dos séculos, com seus respectivos modelos eclesiológicos. Tais modelos ora são subjacentes aos modelos de ação, no caso de uma ação pastoral enquanto resposta às perguntas oriundas da realidade eclesial e social; ora se impõem à ação, sobretudo numa perspectiva apologética ou de primazia da ortodoxia sobre a ortopráxis. O segundo capítulo — o itinerário da teologia pastoral — mostra a evolução e os modelos de reflexão sobre a ação pastoral através dos tempos. A teologia, enquanto produto humano e cultural, também progride de acordo com a evolução da ação, ainda que seja retroalimentadora desta. E o terceiro capítulo — o estatuto epistemológico da teologia pastoral —, coração desta primeira parte, explicita o estatuto da teologia pastoral. Primeiro, como disciplina autônoma no interior e no conjunto das demais disciplinas da ciência teológica; depois, o estatuto da teologia pastoral enquanto ciência teológica. Para isso se começa estabelecendo a relação entre teologia e ação e, a seguir, entre teologia e pastoral, para, então, desembocar na caracterização de seu estatuto.

Capítulo primeiro

MODELOS DE AÇÃO PASTORAL E MODELOS ECLESIOLÓGICOS

A Igreja, enquanto instituição divina e humana, é também fator cultural. Conseqüentemente, a ação pastoral, ainda que permeada pela graça e sob o dinamismo do Espírito Santo, não deixa de ser uma ação humana, sujeita às contingências de qualquer ação. Ao responder pastoralmente aos desafios de seu contexto, inevitavelmente irá configurar determinados "modelos" de ação, que, por sua vez, têm subjacentes diferentes "modelos" eclesiológicos. O peregrinar da Igreja na história nos mostra essa contingência, que, longe de ser um limite, livra-a de ser uma ideologia.

Como entender a existência de modelos eclesiológicos se a Igreja de Jesus Cristo é "una" e "única"? Como "tradição", ela é a história do Espírito Santo na história do peregrinar do novo Povo de Deus através dos tempos. Dois elementos essenciais a constituem: o Espírito Santo, enquanto presença contínua de Deus, e as pessoas que a conformam. A Igreja foi querida e fundada por Jesus, mas foi constituída pelo Espírito de Pentecostes, tornando discípulos inativos em ativos. Como estrutura hierofânica, ela tem a missão de transparecer o divino através do humano, sem nunca pretender tomar o lugar dele, sob pena de eclipsá-lo. Sua primeira missão é deixar Deus ser Deus; não pretender possuir a verdade, mas deixar-se possuir por ela.

A tensão entre os dois pólos — carisma e instituição —, inevitável e salutar, faz com que a Igreja vá elaborando, através da história, a partir de sua forma de presença no mundo e de sua ação, progressivas e diferentes compreensões de si mesma. Subjacente a cada modelo de ação está um modelo eclesiológico. Uns põem em relevo certos aspectos e peculiaridades, que outros esquecem, silenciam ou opacam. Enquanto instituição divina e humana, por um lado, é santa e animada pelo Espírito do Ressuscitado e, por outro lado, estampa em cada época um rosto inevitavelmente imperfeito, modificável e reformável.

1. O MODELO NORMATIVO NEOTESTAMENTÁRIO

A Igreja não caiu pronta do céu. O modelo neotestamentário, ainda que seja normativo para todos os tempos, foi sendo tecido pela tradição apostólica, constitutiva das Escrituras, inspirada pelo Espírito Santo.

Nas Escrituras, a Igreja primitiva aparece, simultaneamente, como universal e local. É uma realidade transcendente, com uma configuração terrena. É a obra misteriosa de Deus, precedida pelo povo de Israel e edificada sobre o novo Israel, o novo Povo de Deus, guiado pelo Espírito do Senhor, morto e ressuscitado. Por isso, nesse modelo, Espírito e Igreja vão, indissoluvelmente, unidos, no tempo e no espaço. O tempo da Igreja é o tempo do Espírito Santo. Não é uma instituição fechada, debruçada sobre si mesma, mas pública e aberta a todos os povos e raças.

Pelo menos sete elementos caracterizam o modelo eclesial neotestamentário:

- *A Igreja é apostólica*. Segundo o Novo Testamento, não há Igreja sem apóstolos ou sem relação com eles. Eles são as testemunhas do Ressuscitado, os primeiros receptores do Espírito e seus dons para o serviço do Evangelho. Os apóstolos são os primeiros na missão e na pregação. São o fundamento da Igreja, no interior da comunidade local, particular (cf. Mt 28,19-20; Jo 20,21-23; At 2,14; 2,42; 4,33; 6,1-6; 15,2; 21,18).

- *A Igreja é una*. Sua unidade vem de Deus, que é um só e Trindade — um só Deus em três Pessoas. Vem, também, de sua constituição — uma só fé, um só batismo, um só Espírito. É a unidade do Amor, de uma "túnica sem costura", que se manifesta em "um só rebanho e um só Pastor". Toda divisão em seu seio é um mal que debilita seu ser e sua missão (cf. 1Cor 1–13; 3,9-11; 10,16-17; 12,11; 12,12-26).

- *É a Igreja da Palavra e dos sinais sacramentais*. Antes de tudo, a Igreja é Igreja da Palavra anunciada como Evangelho, acolhida e proclamada pelo testemunho e que, pela força do Espírito Santo, atualiza a salvação, sobretudo pelo batismo e a eucaristia. Pelo batismo, ela faz acontecer a nova criação, na medida em que ele confere ao batizado a participação no mistério pascal de Cristo. São Paulo fala que, pelo batismo, somos "enxertados" em Cristo. A eucaristia é o símbolo que melhor expressa e alimenta essa pertença ao Reino de Deus, inaugurado e anunciado por Jesus Cristo (cf. At 2,14-36; 3,12-26; 4,8-12; 5,29-32; 10,34-43).

- *A Igreja está regida por uma ordem de carismas e ministérios*. No Novo Testamento, não há contraposição ou separação entre carismas que o Espírito confere a todos e ministérios, ou seja, os serviços institucionalizados no seio da comunidade. Não há duas classes de cristãos — clérigos e leigos —, mas uma comunidade toda ela ministerial, no centro da qual os ministérios se distinguem uns dos outros, mas não se separam. A única distinção é entre catecúmenos e fiéis, os batizados. Destacam-se os carismas da Palavra, pois a Igreja é, antes de tudo, a Igreja da Palavra: profecia, interpretação, pregação, seguidos dos carismas caritativos ou diaconais. Palavra e diaconia são as duas características fundamentais da Igreja neotestamentária. A diaconia não é mera decorrência da Palavra; é, antes, condição para acolhê-la e fazê-la frutificar (cf. Jo 3,8; Rm 12,4-5; 1Cor 12,1-31; 13; 14; Ef 4,16; 1Pd 2,4-10).

- *A Igreja é a comunidade dos convertidos e dos que nasceram para a fé.* A fé é concebida como acolhida do Evangelho e da vida de Deus, vivida na esperança, na perseverança e na fidelidade até o martírio, que significa "dar testemunho". A fé se faz efetiva e concreta no amor simultâneo a Deus, em Jesus Cristo, e aos irmãos. Como diz são João, "se dizes que amas a Deus, que não vês, e não amas o irmão, que vês, és um mentiroso" (1Jo 2,4; cf. Mt 4,17; 11,12; Lc 16,16; Cl 1,24).

- *A Igreja está no mundo, mas não é deste mundo.* Ela existe para este mundo, para ser sinal e instrumento de salvação do mundo. Está no mundo, sem poder sair do mundo e sem pertencer a ele, pois vem de Deus. Tentar colocar-se fora do mundo não deixa de ser uma maneira de continuar dentro do mundo de forma alienada. A Igreja foi enviada para o mundo, ainda que não partilhe de sua mentalidade e tendências, porquanto é instância que o convida a transcender-se e plenificar-se no seio da nova criação, inaugurada pelo Cristo Ressuscitado (cf. Jo 11,52; 10,16; Hb 13,14; Ef 2,21-22; 4,13).

- *A Igreja é uma realidade escatológica.* Em razão de sua condição de "sacramento do Reino de Deus", a Igreja vive na tensão entre o "já" e o "ainda não" (O. Culmann), entre um Reino do qual ela é já sinal e instrumento neste mundo, mas que se plenificará na metahistória, na escatologia. Pela sua missão, ela vai fazendo com que se vislumbrem, na história, os últimos tempos (cf. Rm 8,19-22; 1Cor 10,11; 15,26-27; Cl 3,4; 1Tm 2,11-12; 2Pd 3,13; 1Jo 3,2).

2. OS MODELOS HISTÓRICOS DA TRAJETÓRIA ECLESIAL

O modelo normativo neotestamentário, tecido sob a inspiração do Espírito Santo, carrega os elementos essenciais que devem estar presentes em todo e qualquer modelo. Em seu peregrinar histórico, de acordo com seu contexto e as necessidades de sua missão evangelizadora, a Igreja vai encarnando este modelo em configurações que estampam o rosto de sua precariedade enquanto instituição, também cultural. Os modelos subseqüentes deixam de estampar a normatividade primeira, ainda que não sejam falsos, dado que a tradição eclesial, diferentemente da tradição apostólica, tem a assistência e não a inspiração do Espírito Santo.

Revisitando o peregrinar da Igreja nestes seus dois milênios de história, podemos identificar pelo menos cinco modelos de ação, com seus respectivos modelos eclesiológicos. É interessante notar que, nos períodos patrístico e pós-Vaticano II, primeiro vem o modelo de ação, que configura um modelo eclesiológico, procedendo-se de maneira indutiva ou dialética em relação à história; nos períodos medieval e moderno, primeiro aparecerá o modelo eclesiológico, sucedido pelo modelo de ação dele decorrente, num procedimento dedutivo, típico da postura essencialista que caracteriza esses períodos da história da Igreja.

2.1. A pastoral profética: a Igreja como mistério de comunhão (*Ecclesia mater* — Igreja-mãe)

Este modelo de ação e o modelo eclesiológico decorrente dele são típicos da Igreja antiga, que compreende todo o período patrístico (do século II ao início do século VII no Ocidente e século VIII no Oriente), ainda que, com o advento da era constantiniana (século IV) e do agostinismo (século V), já comece a se perfilar o modelo de "cristandade". O modelo eclesiológico desse período é concebido a partir da ação; o modelo do período seguinte se sobreporá a ela.

Modelo de ação

Na Igreja antiga, três ações principais ocupam a vida dos cristãos: o testemunho de vida (*martyría*), a proclamação da fé em Jesus Cristo (*kerigma*) e o ensinamento da Palavra de Deus (*didaskalia*). O batizado passa a integrar a "comunidade dos santos", que tem na eucaristia a expressão mais viva da nova vida. A Palavra e a pregação ocupam um lugar central, sobretudo na vida dos que estão à frente das comunidades — os *episcopói* (bispos) ou *presbiterói* (plesbíteros), como também os profetas, os doutores, os guias, os evangelistas, os responsáveis. A ação pastoral está centrada, portanto, no testemunho e no anúncio, na celebração eucarística e na assistência aos pobres, decorrência ou conseqüência da Palavra e da eucaristia. O anúncio é feito pela pregação missionária, pela homilia e pela catequese, que, nesse período, estava estreitamente unida à pregação. A instrução ou catequese é comunitária, o que, posteriormente, dará origem ao catecumenato e, com ele, às "escolas de teologia", como foram as grandes escolas de Alexandria (interpretação mais alegórica das Escrituras) e Antioquia (interpretação mais literal). Nesse período, a reflexão teológica é basicamente bíblica, caracterizando a teologia da época como uma teologia sapiencial ou "sabedoria" (*sapientia*).

Com a controvérsia dos *lapsi* (cristãos que, diante da perseguição do Império Romano, renegaram sua fé) e dos *traditori* (responsáveis da Igreja que, sob pressão, entregaram os livros sagrados da Igreja ao Império para serem queimados), adquirem grande importância a reconciliação e a penitência. De um lado, está a necessidade de o pecador voltar à comunhão dos santos e, de outro, a generosidade e a capacidade de perdão por parte da comunidade eclesial. Há uma forte resistência à integração dos cristãos nas estruturas pagãs e opressoras do Império Romano, como o serviço militar, o exercício de cargos públicos, a produção e o comércio de objetos para o culto pagão e a presença em espetáculos circenses. A literatura cristã, num primeiro momento, é de tipo epistolar (cartas de edificação mútua entre as igrejas), depois de tipo "apologético" (defesa da fé cristã diante do Império e das heresias) e, finalmente, de tipo "teológico", em que se busca explicitar os conteúdos da fé de maneira mais sistemática e gratuita.

Modelo eclesial

Em seus primórdios, comumente, em cada cidade havia uma única igreja (*ecclesia* / assembléia), unida em torno da celebração eucarística dominical e reunida ao redor de um colégio de presbíteros, que normalmente presidem a celebração por rodízio, embora algumas passagens das Escrituras dêem a entender que, às vezes, existe mais de uma *domus ecclesiae* (igreja das casas) em uma mesma cidade (cf. Rm 16,3-5.10.11.14.15). As pessoas que integram as comunidades, em geral, são provenientes dos *humiliores* — pessoas da plebe, das periferias. Mais tarde, no alto Egito, foram criadas as primeiras comunidades rurais a fim de dispensar os fiéis de longas caminhadas para participarem da eucaristia, sempre na madrugada do domingo, dia do Senhor.

Há uma única categoria de cristãos: os batizados. Os catecúmenos ainda se preparam para sê-lo. Tudo é missão de todos, na co-responsabilidade da mesma fé. Só a partir do século III, quando se impõe a tríade bispos-presbíteros-diáconos, embora ela já existisse no início do século II com Inácio de Antioquia (ano 107), é que surge o termo "leigo", distinguindo-o do clero, a exemplo do que existia no judaísmo. Também o termo "leigo" já aparecia na carta de Clemente Romano aos Coríntios (40,6), no século I (anos 90). Há uma Igreja toda ela ministerial, na qual os leigos, entre outras tarefas, guardam e administram a eucaristia, exercem o ministério de educação na fé, participam da eleição dos bispos e presbíteros, bem como da administração dos bens eclesiásticos. Com tal finalidade, em muitas igrejas, havia o "conselho de leigos", denominado *seniores laici*.

A exemplo do modelo neotestamentário, a Igreja é local — na comunhão das pessoas concretas que a integram, faz-se presente toda a Igreja (herdeira do Povo de Deus do AT), ainda que não a Igreja toda. Ela está constituída pelos denominados "chamados" ou "santos", "discípulos", "irmãos", ou simplesmente "cristãos" (caracterizados, assim, pela primeira vez, em Antioquia), que constituem o Povo escatológico de Deus. A autocompreensão da Igreja (eclesiologia) se funda na pneumatologia: a Igreja é a assembléia (reunião) e a *koinonía* (comunhão) dos convocados pela misteriosa decisão de Deus em Jesus Cristo, para viver na unidade, mediante os dons do Espírito, tornados capazes de acolher as diferenças de raças e culturas. Por isso a Igreja, geralmente, é denominada "mãe" (*Ecclesia mater*), esposa de Cristo (*sponsa Christi*) e mistério de comunhão (*koinonía*). Sem triunfalismos, autoconcebe-se como a "pequena grei", que, diante de um mundo pagão e hostil, está chamada a ser diferente, distinção a ser vivida no risco, na perseguição e no martírio.

2.2. A pastoral sacramental: a Igreja como corpo de Cristo (*Mater regina*)

Este modelo tem suas raízes no giro constantiniano do século IV e no agostinismo do século V. O primeiro significou uma profunda mudança na vida da Igreja, tanto em sua concepção interna como em sua configuração externa. Ficariam para trás a intolerância, a ilegitimidade e a perseguição. O eclesial, o império e o geográfico começariam a tecer laços que configurariam o modelo eclesial da cristandade medieval. O segundo fator — o agostinismo — fará da *civitatis Dei* (cidade de Deus) o horizonte de um modelo que legitimará, por um lado, a intervenção do Estado na vida da Igreja e, por outro, a Igreja como suporte ideológico do Estado.

Como já fizemos referência anteriormente, nesse período — o medieval —, o modelo eclesiológico precede o modelo de ação, em conseqüência de o ideal sobrepor-se ao real, num procedimento dedutivo e essencialista.

Modelo eclesial

O modelo eclesial medieval está ligado ao conceito de cristandade, o qual, sobretudo depois da ruptura entre o Oriente e Roma (1054), tem uma conotação claramente estatal ou imperial. A *christianitas* (cristandade) é entendida e vivida como uma realidade eclesiológica e política, em que se conjugam dois poderes — o *sacerdotium* (altar) e o *imperium* (trono), sendo que a autoridade máxima reside no Romano Pontífice. Os bispos acedem à categoria de supremos funcionários do Estado, luzindo suas insígnias, títulos e privilégios. O papa adquire um perfil imperial. O "Povo de Deus" se converte em *populus christianus* (povo cristão ou da cristandade), um conceito não só teológico, mas também sociológico e político. O inimigo não é mal espiritual, mas inimigo do Império; e o não-cristão é um inimigo político. A cruz, sinal teológico de redenção, converte-se em sinal de vitória militar e insígnia imperial oficial.

A imagem de Igreja nesse período, que chega ao auge com o sistema tomista, é a de *corpus Christi*, porém não como referência à realidade misteriosa da Igreja, mas à sua dimensão sociológica, designada "cristandade". Ela, como instituição, polariza a totalidade da ordem temporal e espiritual, pondo em evidência seus aspectos jurídicos e apresentando-se como *congregatio* ou *potestas,* uma sociedade de poder. A missão da Igreja é ordenar o mundo segundo as "leis de Cristo", tanto que a imagem patrística de *mater Ecclesia* (mãe) é substituída pela imagem imperial de *Ecclesia regina* (rainha). A imagem de Jesus, o Bom Pastor, é eclipsada pelo *panthokrator* (Cristo Rei). Põe-se em evidência a soberania e o domínio do poder espiritual da Igreja sobre a humanidade. Da mesma forma que Cristo é a cabeça da Igreja, o clero é a cabeça do *populus christianus*, portanto o *alter Christus* (Cristo na terra). O cristomonismo reinante concebe a Igreja como originária do poder de Cristo, passado por ele aos apóstolos e, destes, aos bispos. Não há lugar para o Espírito Santo. Tudo procede do direito divino, entregue por Cristo à hierarquia, a quem cabe integrar a humanidade, a sociedade, enfim, o mundo à Igreja, que é o único meio de salvação, dado que ela se identifica com o Cristo glorioso e ressuscitado. É a identificação da eclesiologia com uma cristologia docetista.

Modelo de ação

Diferentemente da ação pastoral no período patrístico, que é predominantemente urbana, pois a Igreja está fundada nas cidades romanas, no período medieval ela será mais rural. No primeiro, é primordialmente Oriental, com maior pujança no norte da África, Ásia Menor e Grécia. No segundo, será mais Ocidental e quase que exclusivamente depois do cisma ortodoxo em 1054. O Ocidente, montanhoso e com populações dispersas, exceto as grandes cidades, só será evangelizado mais tarde. Dar-se-á a passagem, na Idade Média, de um cristianismo bem estruturado socialmente ao redor do bispo a um cristianismo fragmentado em paróquias rurais distantes, organizado em torno do presbítero. O bispo terá seu papel pastoral diminuído e sua função sociopolítica será valorizada. Diante do descalabro da administração civil do moribundo Império Romano, sobretudo do que resta das cidades invadidas pelos bárbaros, o bispo assumirá a função de *defensor civitatis* (defensor da cidade), encarregado de responsabilidades temporais: exercício do poder judicial, colaboração na administração e na economia da região, papel militar e conselheiro dos príncipes. A identidade antes eucarística e sacramental das comunidades, agora dispersas nas periferias e na zona rural, se dará em torno do presbítero, que, por sua vez, terá sua identidade associada à presidência da eucaristia. Com isso, o centro de unidade se desloca da diocese, ligada ao modelo político da cidade antiga, para a paróquia, associada ao feudo medieval, onde o presbítero terá de assumir a função que era do bispo na Igreja antiga. O bispo terá muito da figura do príncipe e, o presbítero, do senhor feudal.

Essa proximidade maior junto à população ligada ao mundo agrário medieval contribuirá para uma inserção mais profunda da Igreja na sociedade, que passará a ser a sustentadora da "civilização ocidental cristã". Isso não significa, entretanto, maior inculturação do cristianismo; ao contrário, fiel ao imaginário agostiniano da *civitatis Dei*, a Igreja, em lugar de encarnar-se na história, irá absorver o mundo, sacralizando-o, em nome de um poder recebido de Deus. Ao mesmo tempo que se produz uma clericalização da Igreja, dar-se-á uma sacralização do mundo, que passa a ser visto como um todo penetrado pelo sagrado. Na verdade, há um dualismo de oposição entre o temporal e o espiritual, sendo que este lhe é superior e com o direito de regê-lo. O mesmo dualismo será transferido para o interior do Povo de Deus, na medida em que o clero será associado ao espiritual e os leigos, ao temporal. Também passa a fazer parte do cristianismo uma visão pejorativa do mundo. Vê-se nas tarefas seculares dos leigos um perigo para a autonomia do espiritual e para a liberdade da Igreja diante do mundo. Por isso o protótipo ideal de uma vida santa será não mais o martírio do período patrístico, mas a vida monástica, célibe e apartada do mundo, forjando a típica espiritualidade medieval de *fuga mundi* (fuga do mundo), *ora et labora* (reza e trabalha) (são Bento).

Diferentemente do período patrístico, em que houve um verdadeiro interesse pelos conteúdos da fé e pelo diálogo com a cultura greco-romana, na Igreja medieval haverá um forte declínio do nível cultural, sobretudo do clero. Com o nascimento das universidades e o surgimento dos professores de teologia, praticamente irá desaparecer a função doutoral do ministério episcopal. Tomás de Aquino irá falar da necessidade e vigência na Igreja de dois magistérios — o dos bispos e o dos teólogos, ainda que com o primeiro sempre permaneça o papel de confirmar a autenticidade da fé. O bispo ficará restrito à gestão jurídico-prática de sua própria diocese, que praticamente passa a ser uma sucursal de Roma, e ele, um vigário do papa. Nesse período, irão surgir, igualmente, o "alto" e o "baixo" clero. O primeiro, urbano e erudito; o segundo, malformado e disperso, encarregado de administrar os sacramentos em pequenas comunidades rurais dispersas, integradas por fiéis, geralmente sem acesso à escrita, analfabetos. O primeiro se compõe do clero regular; o segundo, do clero secular. O clero secular irá ocupar-se da *cura animarum* e estará ligado ao bispo. O clero regular dependerá diretamente do Romano Pontífice. Por isso a pregação, em grande medida, ficará a cargo das ordens mendicantes, criadas com essa finalidade, para cobrir essa lacuna, pois o clero, agora eleito pelos príncipes, sem nenhuma preparação teológica, não vai além do terreno comum da fé espontânea. Progressivamente, dar-se-á uma separação entre clero secular (diocesano) e clero regular (religioso). Enquanto aquele é iletrado e rural, este freqüenta universidades, presta serviço às grandes obras papais, como as Cruzadas e a Inquisição, gozando de privilégios pontifícios. Como pano de fundo está uma dupla criteriologia pastoral: o clero regular toma consciência da insuficiência do limite territorial como princípio normativo da ação eclesial, enquanto o clero secular se conforma em atuar dentro das fronteiras de sua paróquia.

Um fator grave no modelo de ação pastoral medieval é o fim da catequese de adultos, o catecumenato. A "conversão" em massa ao cristianismo — cristãos não-evangelizados — reduziu o catecumenato, outrora com a duração de dois ou mais anos de formação na fé, para o tempo da Quaresma. Uma das causas é a diminuição gradativa do número de adultos que pedem o batismo, até desaparecer completamente, e o aumento vertiginoso do número de crianças cujos pais o fazem por elas.

2.3. A pastoral coletiva: a Igreja como sociedade perfeita

Tal período compreende dois momentos distintos, dentro de um mesmo projeto apologético: o primeiro faz frente à Reforma Protestante com a Contra-Reforma católica; o segundo, tomando posição diante da Modernidade, promoverá a emancipação do ser humano e do mundo em relação à teocracia reinante. Dois concílios teceram o modelo eclesiológico desse período: o Concílio de Trento e o Concílio Vaticano I. Um colocando de pé um movimento em prol de uma "segunda escolástica" e o outro, de uma "terceira escolástica", o que realmente acontecerá.

O que caracteriza a Modernidade é a busca de autonomia diante da teocracia e do eclesiocentrismo, em vista da afirmação do ser humano, da razão e do temporal em sua própria esfera. Esse anseio de autonomia por parte dos príncipes e da sociedade civil já vinha do século XI. Mas é a partir do século XVI que começa a plasmar-se o grande projeto civilizacional moderno. Dois momentos marcarão esse processo: a primeira Ilustração (emancipação da razão individual) em torno do humanismo, do renascentismo, do racionalismo, do empirismo e da revolução científica; e a segunda Ilustração (emancipação da razão prática) em torno dos filósofos da práxis e das dialéticas idealista e marxista, bem como da revolução industrial. O que desencadeará o movimento da Reforma Protestante é a recepção, no âmbito religioso, da razão individual e da subjetividade. Já o projeto de neocristandade, tecido em torno do catolicismo social, que desembocará na *Rerum novarum*, carta encíclica de Leão XIII (1891), terá, na terceira escolástica, erigida pelo Concílio Vaticano I, seu referencial eclesiológico de reconquista para a Igreja, ainda que, agora, não mais de cima para baixo, através do clero, mas de baixo para cima, através da ação capilar dos leigos, no cerne da sociedade emancipada.

A exemplo do período anterior, também aqui o modelo de ação é precedido pelo modelo eclesiológico, preconcebido para defender o catolicismo dos ataques da "heresia" protestante e da laicidade.

Modelo eclesial

O modelo eclesiológico, tanto do primeiro momento da Modernidade — a Contra-Reforma — como do segundo — a neocristandade —, está alicerçado sobre a imagem da Igreja como corpo de Cristo, tendo como pano de fundo o teocentrismo e o eclesiocentrismo, o dualismo espiritual-temporal, o binômio clero-leigos etc. Enquanto do lado protestante surge uma eclesiologia mais espiritualista e personalista (*sola Scriptura, sola fides, sola gratia*) e o único sacerdócio comum dos fiéis, do lado católico continuará a visão de uma Igreja instituição, com seu caráter universal, acentuando a supremacia do sacerdócio hierárquico sobre o sacerdócio comum dos fiéis e os sacramentos como único meio de salvação. Roberto Belarmino, o teólogo oficial da postura de Trento, conceberá a Igreja como "encarnação continuada" — a sociedade de seres humanos unidos pela profissão na verdadeira fé, a comunhão dos mesmos sacramentos e sob o governo dos legítimos pastores, principalmente o único vigário de Cristo sobre a terra, o Romano Pontífice.

A autocompreensão da Igreja como "sociedade perfeita" se desenhará com mais clareza em meio à Ilustração, no contexto do deísmo e do "século das luzes", para a qual o princípio de tudo é o ser humano — sua natureza e sua razão. Questionado o argumento de autoridade, a Igreja, no final do século XIX e princípios do século XX, aparecerá como "baluarte", "fortificação" ou "castelo", cerrando filas em torno do papa, criando dispositivos de defesa, lutando contra o inimigo modernista, proclamando novos dogmas e condenando toda "heresia". Nessa perspectiva, são definidos o primado de jurisdição e a infalibilidade pontifícia, acirrando a centralização romana; a Igreja aparece uniformizada a Roma, que amplia o sistema curial; cresce o papel das nunciaturas e sua ingerência na nomeação dos bispos; enfim, a Igreja aparecerá mais como gueto do que uma instituição inserida no meio moderno e em diálogo em ele.

Modelo de ação

No primeiro momento da presença da Igreja na Modernidade, seu modelo pastoral prolongará o modelo medieval — a pastoral sacramental, acentuando ainda mais a dimensão *ex opere operato* (o valor salvífico do sacramento em si mesmo) em relação à dimensão *ex opere operantis* (o valor salvífico relacionado com a acolhida livre e responsável do receptor). Tributária do eclesiocentrismo reinante, a Igreja se autocompreende como depositária exclusiva de todos os meios de salvação deixados por Cristo. A definição eclesiológica belarminiana, enfatizando sua visibilidade histórica, reduzida a categorias sociológicas, dará ênfase à presença pública da Igreja diante da hostilidade do mundo moderno, da emancipação da razão e dos Estados. Da confrontação polêmica contra o protestantismo se passa ao combate contra o positivismo, o Estado moderno democrático e as ciências metodologicamente arreligiosas, buscando recuperar seu antigo lugar no topo da pirâmide social.

Para marcar a especificidade católica diante das igrejas da Reforma, a vida eclesial irá girar em torno à presença real do Santíssimo Sacramento (adoração), à devoção à Virgem Maria, à missa como sacrifício e ao sacerdócio clerical. Os protestantes haviam colocado a Bíblia nas mãos do povo. Diante disso, a Igreja Católica, em lugar de recomendar prudência na leitura da Bíblia por parte dos fiéis, praticamente a proíbe. É conhecida a condenação de Pascoal Quesnel, em 8 de setembro de 1713, pela constituição dogmática *Unigenitus* de Clemente XI, condenação confirmada, em 1718, pelo mesmo Clemente XI, em 1722 por Inocêncio XIII, em 1725 por Bento XIII e pelo sínodo romano, e em 1756 por Bento XIV, os quais defendiam a leitura das Escrituras por todos, indistintamente. Busca-se suprir a ignorância religiosa com a elaboração de um catecismo (de Trento), contendo as verdades da fé católica (defender os católicos das heresias protestantes). Também se acentua a importância da instituição familiar. Entretanto, tal como a Igreja medieval, que é a Igreja do culto, a prioridade de Trento será a unificação e a codificação litúrgica, com a publicação do *Breviarum romanum* (1568), do *Missale romanum* (1570), do *Pontificale romanum* (1596), do *Caeremoniale episcoporum* (1600) e do *Rituale romanum* (1614). Tal codificação e espírito de redogmatização da religião iriam prolongar-se pelo Vaticano I até a aurora do Vaticano II.

Nesse primeiro momento, como também posteriormente, a ação pastoral adquire, aqui, um cunho apologético, de defesa diante do protestantismo. Assim, diante da decisão protestante de celebrar a liturgia na língua do povo, a Igreja Católica afirmará o latim como língua oficial e universal; diante da eucaristia protestante como "ceia", será dada ênfase à missa como sacrifício e adoração (na época medieval, a missa era uma das tantas maneiras de adorar o Santíssimo Sacramento); diante da valorização protestante da Palavra, a Igreja Católica dará importância à fé devocional; diante da austeridade dos templos protestantes, sem ter ao menos uma cruz, do lado católico a exuberância e a ostensividade dos templos barrocos, tal qual um teatro de espetáculo — "com palcos e galerias, pinturas e mármores, retábulos e coros". Nesse primeiro momento, a ação pastoral continuará centrada na paróquia, atrelada a uma mentalidade rural, agora até em cidades que respiram a cultura moderna. É uma ação massiva, circunscrita a um território, sem atenção às pessoas enquanto indivíduos e presentes em ambientes para além do mundo da moradia. É que a Igreja não percebe a irrupção de um novo projeto de civilização em torno da Modernidade nascente ou pensa que se trata do pensamento de alguns indivíduos heterodoxos.

No segundo momento da presença da Igreja na Modernidade, a ação eclesial, sempre enquadrada numa postura apologética, passará do modelo de cristandade para um novo modelo — de neocristandade. Ele será tecido em torno de uma significativa e importante busca de uma presença pública da Igreja nos meios sociais, configurada no denominado catolicismo social. Irá desembocar na *Rerum novarum* de Leão XIII, precedida pelo Concílio Vaticano I, que havia posto de pé uma "terceira escolástica". É que a ação pastoral pós-tridentina tinha sido uma resposta mais contra a Reforma Protestante do que de reação contra a Modernidade nascente. Claro que não será uma ação de interação, mas um projeto explicitamente antimoderno — intransigente e tradicionalista —, ou seja, de reconquista para o seio de uma Igreja que continua se autocompreendendo como único meio de salvação e de equilíbrio social. Em tese, só com o Vaticano II a Igreja iria deixar para trás a mentalidade de cristandade, seu eclesiocentrismo e a teologia escolástica enquanto metarrelato da fé cristã.

A postura apologética católica diante da Modernidade procura defender-se de dois inimigos — de um lado, o liberalismo; de outro, o socialismo. Para a Igreja de então, o primeiro atenta contra a Igreja Católica enquanto única religião verdadeira e contra o magistério, sentinela da verdade que habita a razão, que é coletiva e não individual, tal como a põe em evidência a Modernidade. O erro não tem nenhum direito. O segundo suprime o sagrado direito de propriedade privada, que é um direito natural, e reduz os seres humanos a uma igualdade que fere diferenças oriundas de Deus.

Situado em meados do século XIX, o catolicismo social seria a primeira encarnação histórica de um projeto antimoderno, anti-revolucionário, antiliberal e anti-socialista, teses emprestadas do catolicismo intransigente, o qual é uma ideologia que alimenta o imaginário de grandes contingentes de católicos decididos a não ceder diante do que eles imaginam ser o "acidente" da Revolução Francesa. Na verdade, o catolicismo social inscreve-se em um contexto de restauração católica. Após a Revolução Francesa, "legitimidade, contra-revolução, restauração" serão as três palavras de ordem de um amplo movimento desencadeado por vários segmentos da Igreja. Impulsionados pela mentalidade tradicionalista e romântica, em moda na época, e pela renovação da escolástica, eles vão voltar suas atenções para a Idade Média e postular um combate sistemático contra os valores da Modernidade ou, simplesmente, a supressão do hiato histórico da Revolução.

Sem podermos percorrer, aqui, os diversos países europeus — como a França, a Itália, a Alemanha e a Bélgica — que foram palco das múltiplas iniciativas do catolicismo social e mostrar suas realizações, a título de ilustração, limitemo-nos a alguns feitos dos católicos sociais franceses. Sem dúvida, é na França que o catolicismo social alcançará sua importância e significado maior. Em grandes linhas, podemos dizer que o movimento passou por duas fases: antes e depois da *Rerum novarum*. O período anterior é caracterizado pela "época paternalista dos patrões sociais", que buscavam, basicamente, melhorar as condições de trabalho de seus operários e prestar-lhes uma assistência social diante do que eles julgavam suas necessidades mais prementes: educação religiosa, alimentação e saúde. O período do movimento, posterior à *Rerum novarum,* caracteriza-se pela evolução à democracia cristã e à Ação Católica, fazendo a transição para a postura de recepção da Modernidade, operada pelo Concílio Vaticano II.

No caso da França, a primeira fase do catolicismo social, o período anterior à *Rerum novarum*, irá evoluir em duas etapas: a primeira, de 1850 a 1870, época sob a influência de Armand de Melun e Le Play; a segunda, de 1870 a 1890, época de Albert de Mun e a obra dos círculos operários católicos. Durante a primeira etapa, os seres humanos de ação, que se inquietam com a miséria, são relativamente poucos, e a maior parte deles se inspira em teorias de Le Play, que, combinadas com uma interpretação estreita do *Syllabus*, contribuíam com a doutrina da contra-revolução. Armand de Melun (1807-1877) se caracteriza pela organização da assistência e, como legitimista e membro da nobreza, visa à união das classes sociais. Ele quer organizar a previdência dentro dos parâmetros do cristianismo, independente do Estado, mas entre operários e burgueses.

Durante a segunda etapa, numa perspectiva oposta ao paternalismo, está a obra dos círculos católicos operários, fundada por Albert de Mun (1841-1914) em 1871. Na linha de Kolping, Albert de Mun vai criar os círculos operários católicos, que iriam exercer uma influência duradoura sobre o desenvolvimento do movimento social católico, assegurando uma larga publicidade às realizações de Léon Harmel e ao programa dos conselhos de estudo animados por René de la Tour de Pin. Mas é Léon Harmel (1829-1915) quem irá fazer a transição entre o legitimismo e o paternalismo ao sindicalismo e à democracia cristã. Em 1867, ele cria uma associação religiosa de homens, que se transformará em círculo católico, depois em sindicato misto e, finalmente, em 1893, em conselho de fábrica. Trata-se de uma cooperação dos operários, dentro do próprio conselho de administração, porém com participação condicionada aos católicos. Em 1872, no Congresso de Poitiers, ele se engaja nos círculos de Albert de Mun e torna-se homem de confiança de Leão XIII. Entre 1885 a 1892, toma a iniciativa de organizar peregrinações de operários a Roma, que se constituem numa das origens da *Rerum novarum*.

Com a *Rerum novarum,* o catolicismo social entra numa segunda fase, na medida em que o magistério pontifício acusa recepção de muitas das teses disputadas no núcleo do movimento, especialmente daquelas mais sintonizadas com os valores da Modernidade. Dá-se uma reviravolta, especialmente nos campos político e econômico, ao se propor a recristianização da sociedade e do Estado, não mais de cima para baixo, pela via clerical, mas a partir da base, através do laicato e de instituições profanas. A preocupação do papa é que os católicos entrem nas aspirações de seu século, a fim de penetrar, com um espírito cristão, todas as formas da civilização moderna. A abertura da hierarquia eclesiástica às liberdades políticas modernas se combina com a vontade de assegurar uma orientação do projeto político e social de recristianização. A abertura à Modernidade estimula a formação progressiva de diversas organizações encarregadas de enquadrar a vida cotidiana dos católicos e promover uma visão cristã da sociedade.

Mas, no plano cultural, a *Rerum novarum* ainda é muito tímida, alinhada com a mentalidade de cristandade. Continua a idéia de que o cristianismo deva estar ligado a uma civilização, a uma cultura. Continua o desejo mórbido de restauração de uma cultura cristã global — um catolicismo cultural. Para a encíclica, o que é um avanço em relação à cristandade, não se trata de influir somente no nível das consciências, mas de recristianizar as estruturas, ainda que em função do contexto e da evolução histórica das possibilidades da reconquista (n. 10). Para a época, foi um posicionamento arrojado, tanto que, se não dividiu os católicos, pelo menos levantou profundos debates e embates internos. Majoritariamente, irá impor-se a postura mais conservadora, mas muitos segmentos da Igreja, de modo especial a Ação Católica, fariam a Igreja avançar pela prática do diálogo com o mundo moderno. Infelizmente, terminado o pontificado de Leão XIII e até a metade do pontificado de Pio XII, impor-se-ão os tradicionalistas, que ressuscitarão a apologética. Dali em diante, a Ação Católica Especializada, a *Nouvelle Théologie* (Nova Teologia) e os movimentos pró-Vaticano II levariam a Igreja a adotar uma relação, cada vez mais determinada, de serviço e diálogo com o mundo moderno.

2.4. A pastoral de conjunto: a Igreja como Povo de Deus

A pastoral de conjunto e a eclesiologia "Povo de Deus" caracterizam o período de pós-cristandade oficializado pelo Concílio Vaticano II (*LG*, nn. 9-14). Na verdade, como acabamos de ver, o desejo de renovação e de reconciliação com a Modernidade, de superação de uma postura apologética para uma atitude de diálogo e serviço diante do mundo, vinha de longe. O próprio Pio X (1903-1914), apesar de seu conservadorismo, marcou seu pontificado com uma grande preocupação pastoral e colocou as bases de um gradativo processo de renovação eclesial com seu princípio *revertimini ad fontes* (volta às fontes). Mais tarde, do lado dos reformados, Karl Barth conclamaria ao *regressus ad verbum divinum* (volta à Palavra de Deus). Surgirão teólogos com sensibilidade pastoral, num esforço de contato mais profundo com a revelação e de *aggiornamento* do pensamento cristão com as exigências do mundo moderno.

Com isso, pouco a pouco, o Concílio Vaticano II ia sendo preparado, ainda que num processo lento, mas gradativo, em que seriam protagonistas diversos movimentos de renovação: o movimento bíblico, centrado na volta às Escrituras e a uma releitura da Palavra, tendo presente a história em seu contexto atual; o movimento eclesiológico, que buscava superar o eclesiocentrismo e recuperar a categoria "Reino de Deus", eclipsada por uma eclesiologia cristomonista; o movimento ecumênico, que sonhava com a restauração da unidade dos cristãos e com uma abertura do cristianismo a um verdadeiro diálogo com as religiões; o movimento laical, que reivindicava um lugar específico dentro da Igreja como sujeito e com identidade própria; o movimento teológico, que buscava superar os métodos do metarrelato agostiniano e tomista e colocar a teologia no interior do paradigma da racionalidade moderna; o movimento ecumênico, que se propunha gestar um novo rito, sobre novas bases teológicas e mais encarnado na cultura contemporânea etc.

Modelo de ação

Diferentemente dos dois modelos precedentes, em que os modelos eclesiológicos precedem os modelos de ação, nesse período a ação volta a ser o ponto de partida para a reflexão, tal como na Igreja primitiva e antiga, que se foi configurando a partir das exigências e necessidades da evangelização. Um passo importante é o respeito pela autonomia do temporal e o diálogo com as ciências — nesse particular, com as ciências do social. O diagnóstico de uma realidade de descristianização e a constatação da insuficiência e ineficácia das práticas e das estruturas pastorais existentes, bem como da parca incidência missionária dos cristãos nos ambientes secularizados, provocou uma nova atitude pastoral. Toma-se consciência das exigências da eficacidade da fé, ainda que em meio a uma sociedade emancipada. É preciso buscar uma nova forma de presença da Igreja no mundo, não em espírito de hostilidade e confrontação, mas de interação em forma de diálogo e serviço.

É importante observar que foram as práticas o fator propulsor dos avanços, tanto na pastoral como na reflexão teológica. Nesse particular, papel preponderante tiveram a Ação Católica — especializada em ambientes —, o movimento dos "padres operários" e o movimento de renovação paroquial, que contribuirá para o redescobrimento da dimensão diocesana da pastoral. Por um lado, a superação do paroquialismo e, por outro, de uma universalidade generalizante professada pelos movimentos de espiritualidade, deve-use à constatação da existência de uma ação eclesial desarticulada do contexto local, entendido, agora, não como "parte", mas como "porção" de um contexto global. Ajudados pela experiência da Ação Católica Especializada, os leigos encontram seu lugar na Igreja e assumem um papel protagonista, por sua situação privilegiada de inserção mais direta no mundo. Nascem ministérios leigos, não só para dentro, mas, sobretudo, para fora da Igreja. O culto deixa de esgotar a participação dos membros da Igreja na edificação do Reino de Deus já a partir deste mundo. As próprias verdades da fé são submetidas ao crivo de sua verificação histórica nas práticas eclesiais. Surge a catequese renovada, a liturgia ligada à vida e a pastoral social, fruto da consciência do significado e da vivência do tríplice ministério do batismo — o *tria munera*: ministério profético, litúrgico e da caridade (*LG*, n. 13). O sujeito da ação eclesial deixa de ser o clero, até então visto como "o pastor", para ser a comunidade eclesial como um todo, toda ela ministerial, fundada no mesmo batismo e no sacerdócio comum dos fiéis. O respeito do direito humano à liberdade religiosa dará origem ao serviço do diálogo ecumênico e macroecumênico. O respeito à autonomia do temporal impulsionará ações de cooperação e serviço em parceria com iniciativas, grupos e organizações da sociedade civil, em prol de um mundo solidário.

Nesse novo contexto pós-apologético, a missão não consistirá tanto em ir ao encontro dos afastados para trazê-los para dentro da Igreja, mas em levar gratuitamente o Evangelho e encarná-lo na história. A superação do paroquialismo e da pastoral territorial dar-se-á pela redescoberta da dimensão diocesana da pastoral, situando toda e qualquer ação, ainda que pontual e local, nesse horizonte. Para isso será levada a cabo uma reforma institucional, através da criação de organismos de globalização da ação eclesial, como as assembléias e os conselhos (*CD*, n. 27), assim como de novos mecanismos de coordenação, com equipes e seus primeiros responsáveis, cujas funções são definidas comunitariamente.

Modelo eclesial

O Concílio Vaticano II, sem deixar de ser teológico, quis ser essencialmente um concílio pastoral (*SC*, n. 1). Desde os "novos sinais dos tempos" (*GS*, n. 4), os padres conciliares debruçaram-se sobre a Igreja, buscando uma nova autocompreensão de seu ser e missão. Estabeleceram um diálogo com o mundo moderno, em atitude de solidariedade e cooperação. A Igreja, que finalmente reconhece não ter todas as respostas aos problemas do mundo de hoje, propõe-se, enquanto vai peregrinando na história com toda a humanidade, a buscá-las com "todas as pessoas de boa vontade", numa expressão de João XXIII. Enquanto instituição e, portanto, também fator cultural, reconhece a necessidade de renovar-se constantemente (*Ecclesia semper reformanda* [Igreja em contínua reforma]) e de colocar-se na ordem do dia (*aggiornamento*), não a partir de modismos e ideologias, mas através de uma verdadeira volta às fontes bíblicas e patrísticas.

Os principais elementos do modelo de Igreja do Concílio Vaticano II, tal como aparecem na *Lumen gentium* e na *Gaudium et spes*, são os seguintes:

- *Igreja entendida como comunhão* (*LG*, nn. 8-9). Enquanto *koinonía*, a Igreja é sacramento da unidade da Trindade e, nela, com os seres humanos e dos seres humanos entre si. Os ministérios são expressão da universalidade dos dons do Espírito, em vista do serviço para o bem de todos, cristãos e não-cristãos. Em vista disso, se redefine teologicamente o alcance do sacramento do batismo e, desde aí, a diversidade dos ministérios. Elabora-se uma nova teologia dos ministérios ordenados, especialmente do bispo em relação ao ministério petrino, no interior do colégio apostólico. Os leigos recuperam sua identidade e lugar na Igreja e na sociedade, enquanto membros de um mesmo corpo, que é a Igreja, constituída por uma única categoria de cristãos: os batizados. Rearticula-se o princípio sinodal ou de colegialidade entre as igrejas locais de uma região, país, continente ou em torno do ministério petrino. Em resumo: o que o Vaticano II entende por comunhão não é uma mera unidade ou obediência ao papa e aos bispos, mas a unidade da diversidade de seus membros e, destes, com todo o gênero humano.

- *Igreja entendida como Povo de Deus* (LG, nn. 9-13). Povo de Deus não são os leigos, mas todos os batizados, portanto faz parte dele o clero, cujo ministério se funda no sacerdócio comum dos fiéis, dom que Deus confere, pelo batismo, a todos os "filhos da Igreja". Todo o Povo de Deus é santo e pecador, ungido, profético, carismático, serviçal e partícipe da missão de Jesus Cristo, Morto e Ressuscitado, no Espírito. Um povo cuja autoridade é o serviço, devotado, preferencial e prioritariamente, ao menor e aos últimos. Enquanto novo Povo de Deus, a Igreja prolonga, na história, o peregrinar do antigo Povo de Deus rumo à Terra Prometida, o novo céu e a nova terra, resgatados pelo Crucificado para toda a humanidade. A Igreja é sacramento — sinal e instrumento — desse Reino, inaugurado por Jesus e edificado no Espírito por todas as pessoas de boa vontade. A configuração histórica de uma Igreja peregrina mostra sua precariedade institucional, superando o conceito de sociedade perfeita.

- *Igreja sacramento de salvação* (LG, n. 48). Superando o milenar eclesiocentrismo — *extra Ecclesiam nulla salus* (fora da Igreja não há salvação) —, a Igreja se autocompreende como "sacramento" de uma salvação universal, mas que passa, também, por outros meios que não aqueles dos quais a Igreja dispõe. O sacrifício de Cristo ultrapassa as fronteiras do mistério da Igreja, fazendo dela uma das mediações de salvação, ainda que não uma qualquer, dado que ela dispõe de todos os meios para tal e de meios privilegiados, como são a Palavra revelada e os sacramentos. Ainda que não haja salvação fora de Jesus Cristo, ela pode acontecer nele de maneira implícita, conforme a alegoria do evangelho de Mateus, capítulo 25. Isso descentra a Igreja de si mesma e de suas questões internas, e lança-a a abraçar como suas as grandes causas da humanidade, dado que o Povo de Deus partilha de seu mesmo destino — "as alegrias e esperanças, as tristezas e as angústias dos seres humanos de hoje... são também dos discípulos de Cristo" (*GS*, n. 1). Quanto à mediação eclesial, ela supera o catolicismo, porquanto a verdadeira Igreja de Jesus Cristo subsiste (*subsistit in*) na Igreja Católica e não somente nela (*solummodo*).

- *Igreja como corpo de serviço do Reino de Deus no mundo* (*GS*, n. 1). A Igreja não existe para si mesma, mas para o Reino de Deus, que, por sua vez, não se esgota nela. Ela é seu sacramento — sinal e instrumento de sua realização na história ("já"), ainda que consciente de que jamais se dará, aqui, em plenitude ("ainda não"). Em decorrência, está a necessidade, na Igreja, de um espírito de cooperação e serviço ao mundo, de diálogo e acolhida. Como dizia Irineu de Lyon, "tudo o que não é assumido, não é redimido". Redenção, como vimos, que ultrapassa as fronteiras da mediação eclesial, ainda que caiba à Igreja oferecer o Evangelho a todos e contribuir para a reunião e união de todos os seres humanos em torno do mesmo Pai.

- *A Igreja universal presente na Igreja local* (*LG*, n. 23; *CD*, n. 11; *AG*, nn. 20, 38). O Concílio Vaticano II redescobriu a universalidade do cristianismo na particularidade das Igrejas locais. A Igreja da cristandade havia confundido "catolicidade" com a particularidade romana; a "universalidade" como determinada particularidade que se estende sobre as demais, absorvendo-as e aniquilando-as. Para o Concílio, catolicidade não é uniformidade generalizada. A universalidade da Igreja se deve não a uma única forma de ser, mas à mesma fé, à sua fonte trinitária e ao dom da salvação que Deus oferece a todo o gênero humano. Segundo os Atos dos Apóstolos, a unidade consiste em "ter o mesmo" em comum (At 2,42ss). Por isso, na Antigüidade, as igrejas se denominavam "igrejas em" e não "igrejas de", justamente por serem "porção" do Povo de Deus e não "parte". Elas nascem diferentes, sem, por isso, se excomungarem. A parte não contém o todo, mas a porção sim. Desse modo, na igreja local está toda a Igreja, ainda que não a igreja toda. Está "toda a Igreja", pois é depositária da totalidade do mistério da salvação. Mas não é "a igreja toda", porque nenhuma Igreja local esgota este mistério. Daí que a catolicidade da Igreja está, desde a Igreja local, na comunhão das igrejas, porquanto a Igreja de Jesus Cristo é "Igreja de igrejas". Nessa perspectiva, a Igreja, quanto mais inculturada, quanto mais encarnada em cada cultura das diferentes culturas, tanto mais é universal e católica. Contrariamente, quanto mais encarnada numa única cultura e presente, assim, nas demais culturas, tanto menos é católica e universal.

2.5. A pastoral de comunhão e participação: a Igreja como eclesiogênese

É o modelo criado pela Igreja na América Latina e no Caribe, na perspectiva de uma "recepção criativa" do Concílio Vaticano II. Diferentemente da Igreja em outros continentes, os padres conciliares da América Latina não deram grande contribuição ao evento do Concílio, mas, durante sua realização, assimilaram seu espírito e, voltando aos seus países, antes de ponto de chegada, fizeram dele um ponto de partida para a ação eclesial e a reflexão teológica. A Igreja no continente, à luz da opção preferencial pelos pobres, recebeu e aprofundou as intuições do Concílio, acolheu suas teses e, de acordo com as necessidades concretas de seu povo, ampliou seus horizontes de aplicação.

Modelo de ação

Dada a forte conotação sociotransformadora e libertadora deste modelo, a ação pastoral é vislumbrada no protagonismo dos leigos e dos pobres. Em relação aos leigos, vê-os como sujeitos com "vez e voz", com ministérios próprios, oportunidade de formação bíblica e teológico-pastoral, concede-lhes lugar de decisão em conselhos e assembléias, bem como de coordenação à frente dos diferentes serviços pastorais. Quanto aos pobres, muda a ótica: de objetos da caridade alheia, passam a ser tomados como sujeitos de um mundo solidário e fraterno. A Igreja, além de assumir sua causa, assume, igualmente, seu lugar social, através de comunidades eclesiais inseridas numa perspectiva libertadora, com ênfase na pastoral social, dada a sua precária situação. Nascem serviços de pastoral com espiritualidade e fundamentação própria, como a pastoral operária, a pastoral da terra e rural, a pastoral da saúde e dos enfermos, a pastoral dos direitos humanos, a pastoral da criança, a pastoral da ecologia, a pastoral da consciência negra e indígena, a pastoral da mulher etc.

É a experiência e a peregrinação, na fé, da passagem de uma situação de cativeiro à libertação de todos os sinais de morte, que ferem a dignidade dos filhos de Deus. Para isso a comunidade eclesial é organizada em pequenas comunidades de vida na base, no seio das quais se promove a leitura popular da Bíblia. Há um esforço de todos em criar uma Igreja com rosto próprio, encarnando em sua cultura os ritos e símbolos da fé cristã. A liturgia é animada com cantos próprios. Ainda que em nível popular, assembléias, reuniões, dias de estudo, cursos etc. vão desenvolvendo uma reflexão teológica contextualizada, sobretudo uma espiritualidade de militância, colada à vida, marcada pela carência e pela exclusão.

No centro deste modelo, abre-se espaço para a reflexão e a ação das mulheres, dos contingentes afro-americanos e indígenas, que forjam, com base em suas práticas, uma releitura bíblica e das verdades de fé, fazendo da revelação palavra de salvação "para nós hoje", como diz o Concílio Vaticano II (*GS*, n. 62). A catequese privilegia a experiência e a inserção comunitária num processo de educação permanente na fé. A liturgia faz interação do mistério pascal com a "paixão" do povo, que, em seu rosto desfigurado, prolonga a paixão de Jesus Cristo no mundo. Na pregação ou na meditação da Palavra em cultos dominicais sem padre, procura-se alimentar a esperança do povo, atualizando a revelação no contexto das vítimas de um sistema injusto e excludente. Desde a fé, procura-se formar, igualmente, a consciência cidadã, para que os próprios excluídos, organizados como cidadãos, sejam protagonistas, em meio à sociedade civil, de um mundo solidário e inclusivo.

Modelo eclesial

A ação pastoral, nos moldes apresentados, configura um modelo eclesial específico. Teologicamente, suas bases se assentam sobre a "recepção criativa" do Vaticano II, feita por Medellín, e da *Evangelii nuntiandi,* efetuada por Puebla. É, portanto, um modelo eclesiológico com o rosto da Igreja na América Latina e no Caribe. Ele pode ser caracterizado como "eclesiogênese", enquanto "comunidade de comunidades", que nascem de pequenas comunidades inseridas em seu próprio contexto de exclusão. A partir dessa rede, a pequena comunidade eclesial se faz povo, isto é, insere-se no peregrinar do Povo de Deus e da humanidade, em busca da "Terra Prometida", da "Terra Sem-Males", de uma "Nova Sociedade", que se confunde com a dimensão imanente do Reino de Deus. No "Concílio de Jerusalém" da Igreja nascente, os cristãos se abriram aos pagãos (At 15,1-30); no Vaticano II, a Igreja abriu-se ao mundo; em Medellín, abriu-se aos pobres; e, em Puebla, às culturas. São realidades já presentes no Concílio Vaticano II, mas que na América Latina serão recriadas e ampliadas, com base em suas necessidades concretas de evangelização.

O Concílio Vaticano II acena para uma Igreja Povo de Deus, conformada por todos os batizados, em relação de comunhão e vivendo em comunidade, a exemplo do modelo apresentado pelos Atos do Apóstolos (At 2,42ss). Já a Igreja na América Latina e no Caribe irá situar o Povo de Deus no peregrinar histórico de toda a humanidade, partilhando com ela o mesmo destino e as mesmas promessas. O "mistério de comunhão" do Vaticano II (*LG*, n. 13) é vislumbrado no subcontinente enquanto co-responsabilidade de todos, numa Igreja toda ela ministerial, fazendo a passagem do binômio clero-leigos para comunidade-ministérios. A vida em comunidade é vista como possível somente em pequenas comunidades, de tamanho humano, vivências e de base (*Medellín*, n. 15,10). Só desde esta experiência fundante — eclesiogênese — é que é possível falar em "comunidade paroquial" ou diocesana, uma vez que não existe Igreja se não existir experiência e vivência da fé em comunidades concretas.

O Vaticano II também conclamou os batizados para a missão no mundo, em espírito de serviço e diálogo. "A esperança de uma nova terra, longe de atenuar, antes deve impulsionar a solicitude pelo aperfeiçoamento desta terra" (*GS*, n. 39). Diante disso, a Igreja na América Latina fará da missão no mundo um compromisso de transformação da sociedade atual em uma nova sociedade, uma ação não meramente religiosa, mas em parceria com todos os corpos intermediários e organismos que militam na perspectiva de um mundo solidário. O diálogo entre fé e ciência se traduzirá em interação entre saber científico e saber popular, entre fé cristã e ideologias enquanto mediações de ação, entre Evangelho e culturas, em perspectiva ecumênica, macroecumênica e com todas as pessoas de boa vontade.

Finalmente, na convocação do Concílio, o papa João XXIII havia advogado por "uma Igreja dos pobres, para que seja a Igreja de todos". Na América Latina, tal desafio se traduzirá na opção preferencial pelos pobres contra a pobreza (*Medellín*, n. 14,7-10); assumida e vivida na inserção nos meios populares (*Medellín*, n. 14,8-17); na transformação das estruturas como erradicação do pecado estrutural (*Santo Domingo*, n. 243) (Santo Domingo fala de "conversão das estruturas", n. 30); enfim, numa atitude profética, que não negocia os valores do Evangelho e, conseqüentemente, uma Igreja mártir, a exemplo do Mestre, que foi fiel até o fim.

Resumindo

Em cada época, a Igreja depara-se com desafios concretos a responder. Ela o faz dentro das condições e dos parâmetros culturais de cada época, o que acaba configurando "modelos" de ação e de Igreja distintos. A rigor, existe um único modelo, normativo para todos os tempos, distante do qual a Igreja deixa de ser a verdadeira Igreja de Jesus Cristo. Mas esse único modelo, de acordo com o modo de ser e de viver a fé em diferentes contextos, acaba configurando-se de modos distintos. Na trajetória da Igreja através da história, pelo menos cinco modelos de ação e de Igreja podem ser identificados: a pastoral profética — a Igreja como mater Ecclesia (mãe); a pastoral sacramental — a Igreja como mater regina (rainha); a pastoral coletiva — a Igreja como sociedade perfeita; a pastoral de conjunto — a Igreja como Povo de Deus; e, finalmente, a pastoral de comunhão e participação — a Igreja como eclesiogênese. Este último, o modelo latino-americano, reivindica uma "recepção criativa" do Concílio Vaticano II, na medida em que assume suas teses e intuições, recriando-as e ampliando-as, segundo seu contexto e as exigências concretas da evangelização.

Perguntas para reflexão e partilha

1) Quais as características fundamentais dos modelos de ação e de Igreja do Novo Testamento e dos que, a partir deste, foram se configurando através da história da Igreja?

2) Que modelos de ação e de Igreja você percebe presentes na comunidade onde você está engajado?

3) Que é necessário fazer para que o modelo neotestamentário se encarne em sua própria realidade, sobretudo na perspectiva dos pobres e excluídos?

Bibliografia básica

C. FLORISTÁN. *Teología práctica. Teoría y praxis de la acción pastoral.* Salamanca, Sígueme, 1991. pp. 53-80 (La acción pastoral de la Iglesia primitiva) e pp. 81-105 (La acción pastoral en la historia de la Iglesia).

A. BRIGHENTI. *Reconstruindo a esperança. Como planejar a ação da Igreja em tempos de mudança.* São Paulo, Paulus, 2000. pp. 32-48 (Modelos de ação da Igreja).

L. BOFF. *Modelos de teologia, modelos de Igreja.* Curso para coordenadores diocesanos de pastoral (Subsídio 3). Porto Alegre, Instituto de Pastoral da Juventude, 1988.

J. B. LIBANIO. *Igreja contemporânea. Encontro com a modernidade.* São Paulo, Loyola, 2000. pp. 109-151 (A caminhada da Igreja na América Latina).

J. COMBLIN. Os movimentos e a pastoral latino-americana. *Revista Eclesiástica Brasileira* 43 (1983) 227-262.

A. DULLES. *A Igreja e seus modelos.* São Paulo, Paulus, 1978.

J. B. LIBANIO. *Cenários da Igreja.* São Paulo, Loyola, 1999. Coleção CES.

A. FOSSION. Images du monde et images d'Église. *Lumen Vitae* 45 (1990) 61-70.

J. LOSADA. Modelos eclesiológicos y sus derivaciones en la evangelización y catequesis. *Actualidad Catequética* 92-93 (1979) 273-283.

J. MARINS et alii. *Modelos de Igreja:* comunidade eclesial de base na América Latina (por um modelo libertador). São Paulo, Paulus, 1977.

J. A. ESTRADA. *La Iglesia:* identidad y cambio. El concepto de Iglesia del Vaticano I a nuestros días. Madrid, Ed. Cristiandad, 1985. pp. 17-134.

Bibliografia complementar

Ph. HUGHES. *Síntesis de historia de la Iglesia*, Barcelona, Herder, 1984. JOÃO XXIII. O programático discurso de abertura. In: B. KLOPPENBURG. *Concílio Vaticano II — Primeira sessão.* Petrópolis, Vozes, 1962. M. AZEVEDO. *Comunidades eclesiais de base e inculturação da fé.* São Paulo, Loyola, 1986. G. ALBERIGO. *L'ecclesiologia del Vaticano II:* dinamismi e prospettive. Bologna, Dehonianae, 1981. G. BARAÚNA (Ed.). *A Igreja do Vaticano II.* Petrópolis, Vozes, 1965. Y. CONGAR. *A Igreja em nossos dias.* São Paulo, Paulinas, 1969. Y. CONGAR. *L'Église de st. Augustin à l'époque moderne.* Paris, Cerf, 1970. Col. Histoire des Dogmes. J. RIGAL. *L'ecclésilogie de communion:* son évolution historique et ses fondements. Paris, Cerf, 1997. I. ELLACURÍA. *Conversione della Chiesa al Regno di Dio:* per annunciarlo e realizarlo nella storia. Brescia, Queriniana, 1992. A. BARREIRO. As comunidades eclesiais de base como modelo inspirador da nova evangelização. *Perspectiva Teológica* 24 (1992) 331-356. L. BOFF. *Igreja:* carisma e poder. Ensaios de eclesiologia militante. São Paulo, Ática, 1994. G. GUTIÉRREZ. *Teologia da libertação:* perspectivas. São Paulo, Loyola, 1981. A. BRIGHENTI. *A Igreja do futuro e o futuro da Igreja.* São Paulo, Paulus, 2001. C. BOFF. Análise de conjuntura da Igreja Católica no final do milênio. In: I. LESBAUPIN, C. STEIL & C. BOFF. *Para entender a conjuntura atual. Neoliberalismo, movimentos populares, Igreja católica e ONGs.* Petrópolis-Rio de Janeiro, Vozes-ISER, 1996. C. BOFF. *Uma Igreja para o próximo milênio.* São Paulo, Paulus, 1999. Coleção Temas de Atualidade. A. BRIGHENTI. A Igreja Católica na América Latina na aurora do terceiro milênio. Desafios e perspectivas. *Convergência* 34 (1999) 395-413. J. I. GONZÁLEZ FAUS. El meollo de la involución eclesial. *Razón y Fe* 220 (1989) 67-84. G. GUTIÉRREZ. *Onde dormirão os pobres.* São Paulo, Paulus, 1998. Coleção Temas de Atualidade. D. HERVIEU-LÉGER. *Vers un nouveau christianisme?* Paris, Cerf, 1986. P. LADRIÈRE & R. LUNEAU (Orgs.). *Le retour des certitudes. Événements et orthodoxie depuis Vatican II.* Paris, Le Centurion, 1987. J. MARDONES. *Postmodernidad y neoconservadurismo. Reflexiones sobre la fe y la cultura.* Estella, Verbo Divino, 1991. A. TORRES QUEIRUGA. *El cristianismo en el mundo de hoy.* Santander-Bilbao, Sal Terrae, 1992. Colección Aquí y Ahora n. 17. P. VALADIER. *La Iglesia en proceso. Catolicismo y sociedad moderna.* Santander-Bilbao, Sal Terrae, 1987. Colección Presencia Teológica n. 58. J. COMBLIN. *O caminho. Ensaio sobre o seguimento de Jesus.* São Paulo, Paulus, 2004. pp. 133-226. A. J. de ALMEIDA. *Igrejas locais e colegia-*

lidade espiscopal. São Paulo, Paulus, 2001. G. V. Pixley. *O Reino de Deus.* São Paulo, Paulus, 1986. J. Sobrino. El Reino de Dios anunciado por Jesús. Reflexiones para nuestro tiempo. In: Ameríndia. *Tejiendo redes de vida y Esperanza. Cristianismo, sociedad y profecía en América Latina y el Caribe.* Bogotá, Indo-American Press, 2006. pp. 267-288.

Capítulo segundo

O ITINERÁRIO DA TEOLOGIA PASTORAL

A ação pastoral se articula, enquanto resposta a perguntas postas pela realidade, a partir das necessidades de evangelização. Tais respostas, de acordo com as diferentes épocas e contextos, conformam modelos de ação que, por sua vez, dão origem a modelos eclesiais distintos. Ou, como vimos, pode dar-se o contrário: modelos eclesiológicos predeterminados, que se sobrepõem às necessidades de evangelização. É que tanto os modelos de ação e muito mais os modelos eclesiológicos vêm sempre acompanhados de uma reflexão teológica, ora mais, ora menos profunda. Não existe uma ação humana não pensada, incluída a ação pastoral. À reflexão em torno da ação eclesial denomina-se "teologia pastoral". Não uma espécie de "teologia prática", enquanto aplicação de conteúdos preconcebidos, mas uma dimensão da teologia como um todo que, quando autêntica, tem em vista a ação evangelizadora.

Foi longo e difícil o itinerário histórico da teologia pastoral até aqui. E continua sendo, pois com a complexidade da realidade e a perplexidade diante de tantas mudanças ela se constitui, hoje, mais que nunca, numa tarefa desafiada e desafiadora. Para nós, na atualidade, por um lado, é pacífico o reconhecimento da dimensão pastoral de toda e qualquer teologia autenticamente eclesial; por outro, de sua identidade como disciplina autônoma no interior da teologia enquanto tal. Entretanto, para chegar aqui, que tampouco é o fim da história, a teologia pastoral foi-se constituindo ao longo de um processo que passou por cinco sucessivas etapas, num espaço de tempo de mais ou menos dois séculos, os dois últimos de nossa era.

Mas antes de entrarmos no itinerário da teologia pastoral propriamente dita, há uma pergunta que precisa ser respondida: se o patrimônio teológico da Igreja tem quase dois mil anos, dado que toda ação é acompanhada e permeada por uma reflexão, por que a teologia pastoral só surgiu nos dois últimos séculos? Que é que impedia sua elaboração ou que é que faltava para sua articulação, desde a ação?

O presente capítulo, num primeiro momento, tratará de responder a tal pergunta, que nos remete à história da teologia como tal. É importante ter presente que a teologia é um produto humano, sujeito às mesmas contingências históricas de qualquer outro saber. A teologia não é um saber absoluto, mas um saber "sobre" o Absoluto, que a ultrapassa infinitamente. Assim, só quando foram reunidas determinadas condições culturais é que foi possível, no interior da teologia como um todo, o surgimento da teologia pastoral como disciplina autônoma, ao lado das demais. Num segundo momento, uma vez explicitadas as condições de aparecimento da teologia pastoral, apresentaremos o itinerário histórico de sua gênese, crescimento e consolidação como disciplina autônoma, com identidade própria.

1. O ITINERÁRIO DA TEOLOGIA NO SEIO DA TRADIÇÃO ECLESIAL

A teologia não é o discurso "de" Deus, pois é um produto humano. Também não é o discurso "sobre" Deus ou sobre sua revelação em si, pois estes só são realidades atingíveis quando se dão "para nós". Se Deus não tivesse se comunicado ou se não continuasse se comunicando de modo humano, continuaria totalmente inatingível. A teologia só é possível se for um discurso sobre a "experiência humana da fé em Deus e sua revelação", em nossa vida contingenciada e historicamente situada. A Palavra de Deus só nos é acessível em palavras humanas. Por isso, nas Escrituras, a Palavra de Deus está "por detrás das palavras" humanas (C. Mesters). O próprio santo Tomás de Aquino cunhou o célebre princípio escolástico: "A revelação é recebida segundo o modo dos receptores" [*Cognita sunt in cognoscente secundum modum cognoscentis*] (*Summa*, II-II, q. 1; a. 2c). Como também afirmava que a fé não termina no discurso, mas na Coisa (Deus). Por isso a teologia não apenas muda, mas também muitos de seus postulados passam e são superados, de acordo com a evolução das condições culturais, a partir das quais ela articula seu discurso.

Assim sendo, a teologia pastoral só foi possível quando, no interior da racionalidade científica, deu-se a emancipação da razão prática, no contexto da segunda Ilustração. E não só. A teologia só pôde chegar à pastoral com um discurso normatizado e regrado, quando ela própria elaborou uma teologia da ação. Em outras palavras: quando ela tomou consciência de que Deus se revela através de "conceitos" e "símbolos", sim, mas também através de "ações", o nível performativo da *mensagem* revelada. Nesse particular, é curioso que, historicamente, houve uma primeira etapa da teologia, que pôs em evidência a apreensão da revelação a partir dos "símbolos" — teologia patrística ou como sabedoria; uma segunda etapa, em que o discurso teológico se articulou a partir de "conceitos" da revelação — a teologia medieval ou clássica; e uma terceira etapa, em que, apoiada na emancipação da razão prática, articulou seu discurso a partir da revelação captada nas "ações" de Deus — a teologia moderna. É oportuno passar isso em revista.

1.1. A teologia patrística ou a teologia como sabedoria

A reflexão teológica, no seio da Igreja primitiva e antiga, não é ainda uma teologia científica, nos moldes como entendemos a ciência hoje, com método e objeto de contornos regrados e normatizados. Ela guarda distância, senão quase separação, entre fé e razão. Em grande medida, fazer teologia consiste em meditar as Escrituras, com o objetivo de ajudar a conformar a vida pessoal e comunitária com a sabedoria divina, comunicada pela revelação. Desprovida dos recursos da crítica histórica e textual, a teologia elaborada pela comunidade eclesial e seus pastores faz uma leitura espiritual da Bíblia, privilegiando o nível simbólico da *mensagem* revelada. A Escola de Alexandria, com Orígenes, influenciado por Fílon, elabora o método alegórico de interpretação das Escrituras. Já a Escola de Antioquia tendia a privilegiar o sentido literal. Posteriormente, com a entrada em cena de santo Agostinho, irá impor-se a tendência de Alexandria, uma teologia como sabedoria, na medida em que o bispo de Hipona guardará, sempre, não apenas distância, mas também defenderá a supremacia da fé em relação à razão.

No modelo teológico da Igreja antiga, a história, a razão, o contexto social, as práticas sociais etc. não entram na reflexão teológica como componentes epistemológicos. Enquanto teologia espiritual, a tendência é apreender a realidade desde essa ótica. Com exceção da perspectiva de Irineu de Lyon, o neoplatonismo reinante, do qual também bebe Agostinho e que serve como pano de fundo, volatiliza qualquer tentativa de dar consistência própria à obra da criação, à história, às ações. São realidades que só encontram consistência e sentido, na medida em que são absorvidas pelo espiritual, passando da profanidade ao sagrado.

Conseqüentemente, a ação pastoral não só não é ciência como consiste em praticar obras espirituais, cuja consistência e valor estão para além das contingências das realidades históricas em que se vive. No fundo, não há teologia, estritamente falando, muito menos uma teologia da ação que, enquanto *locus theologicus*, pudesse tematizar, teologicamente, a prática. Na realidade, há duas histórias — a sagrada e a profana —, sendo que a história profana só encontra seu sentido quando se deixa absorver e se transforma em história sagrada. É a entrada do dualismo platônico no interior do cristianismo, sobretudo pelo viés estóico de Agostinho, subvertendo a unicidade antropológica e histórica da revelação bíblica, no seio da cultura semita. Irineu de Lyon, na segunda hora do período patrístico, será um cavaleiro solitário. É ele o verdadeiro pai da teologia cristã, articulando seu discurso não com base nas matrizes do neoplatonismo reinante, mas precisamente da revelação lida no interior da cultura semita. Mas ele será logo eclipsado por Agostinho, cuja cosmovisão será onipresente no cristianismo durante mil e quinhentos anos. O franciscanismo, na baixa Idade Média, tentará recuperar a tradição irineana, um esforço, porém, logo eclipsado pelo tomismo, que, teologicamente, continuará alinhado a Agostinho. Ela reapareceria nos movimentos preparatórios do Vaticano II e em seu evento e, hoje, luta para ficar, em meio às sérias dificuldades da Igreja em passar, na prática, da cristandade à Modernidade. A primeira parte da encíclica *Deus caritas est* é uma apologia da postura irineana, ainda que a segunda parte a contradiga.

1.2. A teologia escolástica ou clássica e a teologia como ciência

A teologia escolástica ou clássica, especialmente o tomismo, eleva a teologia ao patamar de ciência. Tomás de Aquino aplicará à teologia as categorias do pensamento filosófico então reinante: concretamente, o aristotelismo. É Aristóteles, o filósofo da natureza, em especial da natureza humana, quem dará a santo Tomás as bases para afirmar a graça sobre a natureza e estabelecer uma relação entre fé e razão. Foi sobre essa base que o tomismo pôde, claramente, distinguir entre natural e sobrenatural e formular o que é, quem sabe, seu axioma mais genial: a graça e a providência cristã não se eliminam, ao contrário, exaltam a natureza humana. Tomás de Aquino pôde, assim, dar um valor absoluto à atividade humana, à política e à vida social e sustentar a autonomia do pensamento humano em sua própria esfera.

Nesse particular, pode-se dizer que santo Tomás foi um precursor da Modernidade. Tanto que foi acusado de superestimar o elemento humano no conhecimento de Deus. Talvez por isso sua teologia, em relação à valorização da história, à autonomia da razão, ao valor da ação etc. tenha ficado praticamente nos enunciados. Na verdade, a teologia que vai dominar durante toda a Idade Média até a aurora do Vaticano II, é a teologia escolástica, sim, mas na perspectiva agostiniana da inconsistência do mundo profano em relação ao sagrado. Na imensa obra de Tomás de Aquino, a história ocupa apenas alguns parágrafos. Continuará a espiritualidade de *fuga mundi*, a falta de apreço pela natureza, o dualismo corpo-alma e, conseqüentemente, uma ação pastoral circunscrita à esfera do espiritual. A ação não tem consistência própria. As obras humanas, mesmo as boas, tal como sustentaria Lutero, apoiado em Agostinho, em grande medida, são obras más, pois procedem de uma natureza má, corrompida pelo pecado. É a graça que salva. A única ação importante é abrir-se a essa graça. Até a teologia das indulgências tem esse pano de fundo, na medida em que tudo se deve esperar de Deus, todo providente. A ação pastoral, conseqüentemente, consiste em receber os sacramentos, os únicos meios de salvação, e acusar assentimento intelectual das verdades da fé. A teologia clássica irá privilegiar um discurso articulado a partir de "conceitos" sobre tais verdades, pois se trata de uma verdade transcendente e revelada. Em outras palavras: de uma verdade essencialista, sobre a qual não incide a história, portanto verdades imutáveis para nós.

É pena, pois santo Tomás havia colocado as bases para uma teologia da ação, condição para a teologia pastoral, mas que, na época, não encontraram terreno para desabrochar. Se tivessem encontrado, em vez de inimiga da Modernidade a Igreja teria sido seu motor e, certamente, desde dentro, teria evitado muitos de seus equívocos e exasperações, que provocariam a crise desse projeto civilizacional nos dias atuais. Outrora, com o advento da Modernidade, deu-se uma secularização do cristianismo, através da desconfessionalização e imanentização de seus valores na vida social. Hoje, a crise da Modernidade, enquanto sua radicalização, está processando uma *ex*-culturação do cristianismo, fazendo a passagem para uma sociedade pós-cristã. Conseguirá o cristianismo reverter tal processo?

1.3. A teologia moderna européia, as teologias do genitivo e a teologia da libertação

A teologia moderna, o terceiro momento do percurso da racionalidade teológica cristã, aparece muito tardiamente em relação à Modernidade, somente nos preparativos e em torno do evento do Concílio Vaticano II. As bases para ela já estavam postas havia muito tempo, mas a Igreja não teve nem o discernimento, nem a isenção de espírito para tal, dado que as grandes conquistas da Modernidade se deram fora da Igreja, em grande medida contra a Igreja, ainda que apoiadas em valores evangélicos.

Em torno do humanismo (Erasmo, Galileu Galilei), da Renascença (Giordano Bruno, Thomas Morus, Maquiavel), da revolução científica (Francis Bacon), do racionalismo (Descartes, Spinoza, Leibniz, Kant), do empirismo (Hobbes, Berkeley, Hume) e do Iluminismo (Rousseau, Voltaire, Diderot), teceu-se a primeira Ilustração, que se caracteriza pela emancipação: da razão individual e subjetiva em relação à razão coletiva medieval; do ser humano (antropocentrismo) diante de Deus (teocentrismo); do temporal em relação ao espiritual; das ciências diante da fé etc. Em torno do Iluminismo (Fichte, Schelling e Hegel) e sua antítese, o marxismo (Feuerbach, Marx, Engels), precedido pelo socialismo utópico (Proudhon, Saint Simon, Fourier), teceu-se a segunda Ilustração, que se caracteriza pela emancipação da razão prática e dos sujeitos sociais, pondo em evidência a contingência de toda prática em relação aos sujeitos, aos lugares e aos interesses de cada época, incluída a prática teórica. Em outras palavras: por um lado, põe à luz do dia as contingências das condições materiais da elaboração dos conhecimentos e, por outro, faz da práxis não um simples lugar de aterrissagem de uma ortodoxia, mas fonte criadora de idéias.

No campo da teologia, coube a teólogos da envergadura de K. Barth, P. Tillich, K. Rahner, U. von Balthasar, E. Schillebeeckx, J. M. D. Chenu, Y. Congar, H. de Lubac, R. Guardini etc., que podem ser contados entre os grandes pensadores do século XX, o gigantesco esforço de elevar a teologia ao patamar da racionalidade moderna, em seu caso, acusar recepção no cerne da teologia da primeira Ilustração. Por sua vez, coube a teólogos da transcendência de J. B. Metz e J. Moltmann, na Europa, e a G. Gutiérrez, Leonardo Boff, J. Comblin, J. Sobrino, I. Ellacuría, J. Luis Segundo, H. Assmann, Clodovis Boff, J. B. Libanio e outros, fazer a teologia acusar recepção da segunda Ilustração. Ambos os modelos teológicos irão privilegiar a reflexão da revelação articulada com a história. O primeiro modelo, privilegiando a antropologia; o segundo, as práticas eclesiais e sociais, em especial dos pobres. Metodologicamente, passa-se de um procedimento analítico dedutivo ao indutivo, privilegiando o dado histórico diante de princípios definidos *a priori*.

A teologia moderna articulada desde a primeira Ilustração

Sobretudo a *Nouvelle Théologie*, gestada ao redor da Escola de Saulchoir, mas também K. Rahner e E. Schillebeeckx fizeram a teologia dar um grande passo ao articular um novo método teológico a partir da emancipação da razão individual e da subjetividade transcendental. A teologia continua a falar de Deus, mas falando do ser humano, situado no contexto da Modernidade, dotado de uma razão emancipada diante da fé e imerso numa realidade autônoma em relação ao sagrado. Passa-se de um contexto teológico de unanimidade cristã e cultural para a busca de justificação da contribuição da fé para a realização humana e o aperfeiçoamento da sociedade secular. Para isso, o ponto de articulação do discurso da fé já não pode ser uma leitura simbólica ou conceitual da revelação, mas uma releitura das fontes reveladas desde o nível performativo da *mensagem*, ou seja, em diálogo com a experiência de fé dos cristãos e com os questionamentos oriundos de uma racionalidade emancipada diante da fé. A filosofia da história, elaborada pelo idealismo, sobretudo a emancipação da razão prática, já haviam colocado as bases para um discurso que fizesse da história um verdadeiro *locus theologicus*.

Nesse contexto, o interlocutor da teologia é, sobretudo, o "não-crente" — como falar de Deus a um ser humano que, com base em uma razão individual e livre, afirma prescindir da transcendência? É a teologia situada na *secular city* (cidade secular) (H. Cox), confrontada com um mundo secularizado, em meio ao qual precisa dar razões da fé cristã. Aqui, a verdade é confrontada com a veracidade, com sua comprovação histórica. Desprovida de princípios *a priori*, que se imporiam de forma categórica, também a teologia entra na esfera de uma racionalidade dialógica, sem pretender vencer, mas convencer, pela persuasão de argumentos dignos de uma razão livre e autônoma diante da fé. Se para a teologia já era importante deixar Deus ser Deus, agora se torna um imperativo deixar o ser humano continuar humano e, a partir daí, tematizar o divino.

A teologia moderna articulada desde a segunda Ilustração

Um segundo momento da teologia moderna européia deu-se em torno das denominadas "teologias do genitivo" — a teologia política (J. B. Metz), a teologia da esperança (J. Moltmann), a teologia das realidades terrestres (G. Thils), a teologia da cultura (P. Tillich) etc. Elas elevaram a teologia ao patamar da razão prática, no interior da segunda Ilustração. Na América Latina, no mesmo horizonte científico, mas como uma teologia nova e diferenciada, surgirá a teologia da libertação (G. Gutiérrez, L. Boff, H. Assmann, J. Sobrino). Para essas teologias, o ponto de partida para a articulação do discurso sobre a fé não é meramente a experiência da subjetividade transcendental, mas a práxis dos sujeitos sociais, cristãos e não-cristãos.

As teologias do genitivo tomarão as práticas dos sujeitos sociais, em sua situação de injustiça, violência e pobreza, mas de forma genérica, sem descer ao discernimento das contradições dos mecanismos que as engendram. O pobre é mais uma categoria do que um sujeito concreto, do que fruto de mecanismos perversos que faz dele, antes de tudo, um empobrecido. O limite dessa reflexão está no diagnóstico da realidade, que, por sua vez, restringirá a ação eclesial a práticas que não terão o alcance de ir buscar e neutralizar as causas da pobreza. Não deixa de ser uma postura inocente, para não dizer marcada por uma dose de ingenuidade. Em outras palavras: é uma reflexão pretensiosa de universalidade, mas sem tomar devidamente em conta a adoção de pressupostos, conscientes ou inconscientes, atrelados a um lugar social, que faz do pobre mais um objeto da ação do que sujeito de sua própria libertação. No fundo, há o limite da falta daquelas mediações capazes de dar à teologia os dados de uma realidade que lhe escapa, para serem trabalhados, depois, a partir da própria pertinência.

Já a teologia da libertação, em continuidade com as teologias do genitivo, tomará as práticas dos sujeitos sociais em sua situação de injustiça, violência e pobreza, mas, em descontinuidade com elas, não de forma genérica, sem descer ao discernimento dos mecanismos que as engendram, mas concreta. Para isso fará uso de mediações socioanalíticas, que lhe permitem situar os sujeitos sociais, particularmente os pobres, no emaranhado dos mecanismos de uma sociedade de opressão, de luta de classes, de neocolonialismos etc. O ponto de articulação do discurso teológico é a práxis da fé dos pobres, bem como as práticas sociais dos oprimidos em geral. Aqui, a realidade de cativeiro e opressão, confrontada com as mediações hermenêuticas, é apreendida com todas as suas contradições, não de forma individual e pessoal, mas em seu contexto social e estrutural. O discurso teológico, em certo sentido, pelas mediações da prática, adquire um caráter militante, na medida em que a libertação precede a teologia, um ato precedido da experiência libertadora da fé.

2. GÊNESE, GESTAÇÃO E CONSOLIDAÇÃO DA TEOLOGIA PASTORAL

Tendo presente o itinerário da teologia como tal, ocupemo-nos, agora, da gênese, gestação e consolidação da teologia pastoral, situando sua trajetória no interior deste mesmo itinerário. Já dissemos que ela é uma disciplina autônoma, dentro da teologia como um todo. Ela só surgiu quando foram reunidas as condições culturais e eclesiais necessárias.

Antes de sua primeira configuração, no final do século XVIII, o que se refere ao objeto da teologia pastoral aparecia como um apêndice, primeiro da teologia moral, depois do direito canônico e, finalmente, da teologia dogmática. Nos três casos, a pastoral não passa da aplicação de uma ortodoxia previamente estabelecida. Ela não é uma ciência ou uma disciplina teológica, nem mesmo reflexão. É mera operacionalização de um projeto especulativo prévio, enquanto um conjunto de métodos didáticos, pedagógicos e formativos que aterrissam um conteúdo que não lhe pertence, uma vez que não lhe cabe ter ou ser conteúdo. Lembremo-nos de que estamos no interior do segundo momento da teologia cristã, na segunda escolástica, erigida em torno do Concílio de Trento, em que a Igreja e a teologia assumem uma postura apologética diante da Reforma Protestante.

No século XIX, pouco a pouco, foi-se desenhando o perfil da teologia pastoral como uma nova disciplina teológica. Ela deixará de ser um apêndice da moral, do direito canônico ou da teologia dogmática e se transformará em dimensão constitutiva e fundamental da teologia como um todo. Antes, as diferentes disciplinas teológicas continham a teologia pastoral; agora, é a teologia pastoral que passa a constituir o chão sobre o qual se edificam as outras disciplinas. Uma sã teologia, útil para a Igreja em sua tarefa evangelizadora, ou tem uma dimensão pastoral, ou deixa de ser eclesial. E não há autêntica teologia cristã sem ser teologia eclesial, porquanto o intérprete autorizado da revelação é sempre a comunidade de fé, ainda que sujeita à autenticação por parte do magistério. A rigor, o sujeito de uma autêntica teologia cristã é a comunidade eclesial. Assim foi para a definição do cânon da Bíblia, assim continua na tarefa de tirar deste baú "coisas novas e velhas".

2.1. Primeira etapa (final do século XVIII): a teologia pastoral como pragmática

Segundo Cassiano Floristán, em sua obra *Teología práctica*, já em 1215 o Quarto Sínodo Lateranense havia decretado que, junto ao *magister* especializado no ensino da *teologia especulativa*, houvesse um outro expert dedicado à educação do clero para o trabalho pastoral e a prática da confissão, o que se denominava *teologia prática*. Parece que tal denominação se deve a Pedro Canisio (1521-1597). Nessa perspectiva, obras como as de J. Malarus (*Theologiae practicae compendium* [Compêndio de teologia prática], 1585) e de P. Binsfeld (*Enchiridion theologiae pastoralis* [Manual de teologia pastoral], 1591) contribuíram para a reforma do clero, um projeto do Concílio de Trento (1545-1563). São manuais que, fundamentados no direito canônico, procuram ajudar o clero na *cura animarum* e na administração dos sacramentos. Entretanto, para esses manuais, juntamente com outros, como o *Manuale parochorum* (Manual dos párocos), de L. Engel, publicado em 1661 e que teve quinze edições durante os cem anos de aplicação deste projeto, a teologia pastoral não passa de uma *theologia casuum* (casuística).

Como disciplina teológica propriamente dita, a teologia pastoral tem sua gênese na Áustria, graças à contribuição do canonista beneditino Stephan

Rautenstrauch (1734-1785), entre os anos 1774-1777. Na verdade, a preocupação por uma ação pastoral mais qualificada veio do imperador José II, justamente nos seminários que ele próprio havia fundado. Rautenstrauch, colaborando com ele, montou um projeto de reforma das escolas de teologia, as quais deviam contemplar, na *ratio studiorum* (currículo acadêmico), "a formação dos pastores em sua profissão". Em 1677, por um decreto da imperatriz Maria Teresa, mãe de José II, a reforma é levada a cabo, com a adoção, para dita formação, do manual *Pastor bonus* (O bom pastor), do professor de Louvain, J. Opstraet, editado em 1698.

Como eram seminários criados pelo imperador, os bispos se opuseram a tal reforma, entre outros motivos porque enfocava a questão pastoral apenas a partir de um ângulo funcional e pragmático da formação do clero. De fato, a reforma se inseria dentro do espírito do *josefismo*, caracterizado pela servidão da Igreja ao Estado e pela submissão do clero à tutela do poder político.

A preocupação pela formação está motivada por uma postura apologética diante da Modernidade, concretamente contra o Iluminismo, e sua confiança irrestrita no poder da razão. O curso de teologia para a formação do clero, que tinha a duração de dois anos para o não titulado e de quatro para o doutorado, terá um quinto ano dedicado às "disciplinas práticas".

Como se pode perceber, nessa primeira etapa a teologia pastoral terá muito pouco de teologia. Compreende três secções: normas para a tarefa de ensinar (catequese, pregação), de santificar (administração dos sacramentos) e de governar a grei (administração paroquial). É tudo. Na verdade, trata-se de um compêndio de deveres práticos para formar o presbitério, homens do *establishment* ou, mais propriamente, o funcionário espiritual do Estado. Nesse contexto, "pastores" são só os ministros ordenados. Aos leigos, nenhuma formação, pois são destinatários da ação pastoral ou consumidores passivos de determinados benefícios que a instituição eclesial lhes confere, através do clero.

Seja como for, não se pode negar que um passo importante é dado. A teologia pastoral não é, ainda, uma ciência, mas já se constitui numa disciplina teológica. Com isso se estabelece uma relação entre a teologia e o modo ou o tipo de ação eclesial, entre reflexão teológica e situação da evangelização. Já há uma busca concreta de trazer a teologia para a vida, para iluminar a ação da Igreja no mundo.

2.2. Segunda etapa (início do século XIX):
   a teologia pastoral como soteriologia

Nesta etapa, entra em cena a Faculdade de Teologia de Tübingen, que desempenhará um papel preponderante na configuração da teologia pastoral, nesta e na etapa seguinte. O teólogo mais importante no período é Johann Michael Sailer (1751-1822), com sua obra *Vorlesungen ans der*

Pastoraltheologie (Preleções sobre teologia pastoral), publicada em 1788. Com ele se dá na teologia pastoral o deslocamento da preocupação e temática pedagógica ao conteúdo querigmático. A teologia pastoral começa a ter um conteúdo, um referencial teórico próprio, deixando de ser apenas um conjunto de métodos didáticos, pedagógicos e formativos. Continua uma disciplina direcionada à formação do clero e à *cura animarum*, pois tal é a eclesiologia da época, mas passa a haver um esboço de elaboração sistemática da teologia pastoral, apoiado nas Escrituras. Entender-se-á a pastoral como um serviço de mediação do ato salvífico de Jesus Cristo. Aqui está seu alcance e seu limite. O pastor não é um mero funcionário de uma instituição, seja ela a Igreja ou o Estado, mas o colaborador ativo de Deus na obra da salvação de todo o gênero humano. A pastoral brota desta vocação própria — ser mediação de salvação. Uma pastoral que não serve para salvar não serve para nada.

Por sua vez, o deslocamento do pedagógico ao querigmático propiciará, igualmente, a passagem da sacramentalização à priorização da pregação da Palavra. Estabelece-se o primado da pregação e da catequese, em relação às demais tarefas pastorais. O "pastor" é tirado do pragmático ou do utilitarismo e inserido no âmago da missão da Igreja, que, antes de tudo, consiste em levar a salvação a todo o gênero humano, pelo anúncio da revelação (querigma). A identidade do pastor é buscada no Cristo — o Bom Pastor — e em sua obra, que a Igreja continua. Por isso o pastor (ministro ordenado) é *alter Christus* — o mediador da comunicação da salvação. Não apenas o transmissor de um saber ou o promotor de uma educação moral, tal como concebia Rautenstrauch, nos parâmetros da Ilustração, que associava a religião à moralidade, mas o ministro comunicador da revelação da salvação na história. Com isso Sailer dá uma especificidade própria à realidade pastoral, vinculando-a à economia da salvação no cotidiano da humanidade.

Como se pode perceber, na etapa anterior a teologia pastoral tinha um enfoque antropocêntrico; nesta, a perspectiva é bíblica e histórica; naquela, o problema é pedagógico, relacionado com o "como" agir; aqui, é teológico, ligado ao conteúdo querigmático, ao "que" fazer. Com Sailer, a pastoral passa a ter duas fontes: a Escritura e a história. A primeira leva a pastoral a autocompreender-se como mediação de propagação da fé, dando maior importância à liturgia, à pregação e à catequese do que ao ensino religioso nas escolas; na segunda, conduz a pastoral para o centro do processo histórico salvífico, do qual a Igreja é mediação. Agora, o objeto da teologia pastoral passa a ser o estudo da continuação da obra redentora de Cristo na história, através da ação da Igreja. Dá-se um passo importante. A teologia pastoral deixa de ser apêndice de outras disciplinas para situar-se no interior da teologia dogmática.

2.3. Terceira etapa (meados do século XIX): a teologia pastoral como autoconsciência da Igreja

Esta etapa se configura em torno dos fundadores da denominada "Escola de Tübingen": J. S. Drey (1777-1853), J. A. Möhler e, sobretudo, A. Graf (1811-1867). Este último, discípulo de Möhler, deslocará a teologia pastoral da dogmática, em geral, para a eclesiologia, em particular. Para isso ele se apoiou em J. S. Drey, que concebia a pastoral não simplesmente na perspectiva da mediação de continuidade da história da salvação ou da obra de Cristo, mas vinculando-a ao próprio ser da Igreja, o lugar ou espaço histórico de uma "revelação contínua". A. Graf toma consciência de que a revelação não é algo estático e a Igreja, seu mero depósito. Revelação e tradição são duas realidades vivas, permanentes e dinâmicas na história. Não é simplesmente a pastoral, mas a Igreja como um todo, com suas diferentes ações, que atualiza, ininterruptamente, os atos salvíficos do "acontecimento primitivo".

Seu mestre, J. A. Möhler, já falava destas duas realidades — revelação-Igreja —, invocando o princípio da encarnação. Para ele, do mesmo modo que o divino e o humano, apesar de distintos, conformam uma unidade em Cristo; assim também a Igreja é divina e humana, tem um lado visível e outro invisível, sem que se possa separá-los. Em outras palavras: há uma unidade entre a ação pastoral (lado visível) com o mistério do ser da Igreja (lado invisível). Pois bem, apoiado em Möhler, Graf irá explicitar melhor a concepção de teologia pastoral enquanto consciência científica que a Igreja tem de si mesma, o que, aliás, já vinha de F. Schleiermacher (1768-1834). Para ele, o ser da Igreja compreende três aspectos essenciais: um passado, objeto da exegese bíblica, através da crítica histórica e textual; uma essência presente, imutável, que constitui o objeto da teologia dogmática e moral; e um futuro, sua autocompreensão contínua, objeto da teologia pastoral. Em outras palavras: para Graf, a teologia pastoral não está voltada para as questões práticas da Igreja, mas se debruça sobre a objetividade de seu próprio ser, enquanto realidade em permanente autoconstrução, a caminho da plenitude do Reino e que pode ser objeto de uma abordagem científica. Está voltada para o futuro.

Convém observar que daí decorrem duas importantes conseqüências: primeiro, a teologia pastoral é, definitivamente, dissociada de um mero pragmatismo eclesial e afirma seu caráter científico; segundo, o sujeito da ação pastoral deixa de ser somente o ministro ordenado, e passa a ser toda a Igreja, na medida em que todos são pastores pelo batismo. Conseqüentemente, o objeto da teologia pastoral não é, simplesmente, a formação do presbítero, mas a reflexão sobre o acontecer histórico da Igreja em relação ao futuro.

Aparentemente, aqui, a teologia pastoral se confunde com a eclesiologia, mas, na verdade, diante dos aspectos essenciais do ser da Igreja — um passado, uma essência presente e um futuro —, ela se constitui como a consciência científica da Igreja que se auto-edifica na perspectiva do futuro.

2.4. Quarta etapa (meados do século XX):
a teologia pastoral como teoria da práxis da Igreja

A renovação teológica contemporânea, operada pelo surgimento de uma nova teologia articulada com base na antropologia no cerne da racionalidade moderna, ajudou a teologia pastoral a dar novos passos. Cabe ressaltar, também, a rica contribuição da Ação Católica Especializada, fundada por J. Cardijn, e os movimentos em torno da preparação e da realização do Concílio Vaticano II. Três teólogos se sobressaem nesta etapa: F. X. Arnold (1898-1969), P. A. Liégé (1921-1979) e K. Rahner (1904-1984). Vejamos, rapidamente, a contribuição de cada um deles.

F. X. Arnold busca explicitar a natureza da teologia pastoral que, segundo ele, pressupõe uma teologia bíblica, que reflita sobre o conteúdo e a forma da revelação; uma teologia da história, que estude o caminhar da tradição eclesial através dos tempos; e uma teologia sistemática, que aprofunde o dogma e a moral, ou seja, o espírito e a essência do cristianismo. Para ele, a teologia pastoral tem a ver com revelação, tradição, as verdades da fé e sua vivência. Seu objeto são as ações eclesiais, ou seja, o testemunho e o anúncio da Palavra, a recepção e vivência dos sacramentos e o exercício da caridade em sentido amplo. A teologia pastoral é uma disciplina que teologiza as práticas eclesiais. Ela envolve todos os batizados e não apenas o clero, portanto é uma tarefa de todos e para todos, cujo sujeito é cada batizado.

P. A. Liégé também busca articular sua noção de teologia pastoral com a eclesiologia. Juntamente com Arnold, define a teologia pastoral como a ciência teológica da ação eclesial, ação formulada no mandato de Cristo aos apóstolos (Mt 28,18-20), em três ministérios básicos: o profético, o litúrgico e o caritativo. Em decorrência, para ele, a teologia pastoral consiste na reflexão sistemática sobre as diversas mediações da graça, de que a Igreja é depositária, para levar a cabo a edificação do corpo de Cristo. Em um de seus últimos trabalhos, *Positions de la théologie pastorale* (Posições de teologia pastoral), descreverá a teologia como "a teoria da práxis da Igreja".

Já no contexto do Concílio Vaticano II, K. Rahner dará um novo impulso à teologia pastoral, sobretudo em torno da importante obra, organizada por ele e elaborada pelos melhores pastoralistas da tradição alemã, *Handbuch der Pastoraltheologie* (Manual de teologia pastoral). A obra começa assumindo a tradição anterior: a teologia pastoral tem em vista toda a Igreja, não somente o clero, e constitui uma reflexão distinta da teologia especulativa, conformando uma disciplina sistemática e autônoma, no interior da ciência teológica como um todo.

Na seqüência, o manual faz uma exposição dos fundamentos teológicos da ação pastoral e um elenco das diferentes atividades da Igreja. A obra desemboca, ao final, numa definição de teologia pastoral, entendida como a ciência da auto-realização da Igreja (objeto material), à luz de uma reflexão teológica sobre a situação atual da Igreja e do mundo (objeto formal). Para K. Rahner, tal como para Liégé, o sujeito da ação pastoral é toda a Igreja em seu conjunto e a teologia pastoral é a teoria da práxis eclesial. Entretanto não seria indevido dizer que essa definição ficará mais no programático, uma vez que a tentativa de abarcar a Igreja em seu conjunto compromete uma reflexão mais centrada sobre as práticas pastorais concretas, em sua especificidade e matizes, enquanto respostas a contextos determinados. É o passo que dará a teologia pastoral, na perspectiva latino-americana, em sua etapa seguinte.

2.5. Quinta etapa (final do século XX): a teologia pastoral como reflexão da práxis libertadora dos cristãos e das pessoas em geral

Depois da publicação do *Handbuch* (Manual) de K. Rahner, durante a década de 1960, praticamente não aconteceram, na Europa, avanços na teologia pastoral, até porque não houve novos passos na ação eclesial. Nesse tempo, a Igreja na Europa dedicou-se, em grande medida, ao diálogo com o ser humano emancipado do religioso e ateu, mas que, de modo inesperado, gradativamente se extingue. E como a teologia pastoral atual se articula a partida da ação, é natural sua estagnação. No velho continente, o Concílio Vaticano II foi mais ponto de chegada do que de partida. E um ponto de chegada difícil, que gerou cisma, releituras dos textos conciliares fora de seu contexto, sem falar nas intervenções institucionais que sinalizam uma involução eclesial. Os seguimentos mais conservadores da Igreja sonham mais com uma nova cristandade do que com dialogar com uma Modernidade em crise, a qual, tudo indica, dará um passo adiante dentro do projeto civilizacional moderno. Caso isso aconteça, não há razão para tomar distância do Vaticano II; pelo contrário, será preciso fazer novos desdobramentos de suas intuições e eixos fundamentais.

É no que está apostando a Igreja na América Latina e no Caribe, ao fazer do Vaticano II não um ponto de chegada, mas de partida. A reflexão sobre novas práticas eclesiais e sociais, recolhida em torno de Medellín e Puebla, deu origem à teologia latino-americana, que, por sua vez, deu novo impulso à teologia pastoral, sobretudo nos anos 1970 e 1980. Nesse particular, papel importante exerceu a Ação Católica Especializada e as práticas populares eclesiais e sociais, respaldadas pela reflexão de "intelectuais orgânicos", teólogos, pastoralistas e cientistas sociais.

A primeira contribuição latino-americana consiste na passagem da teologia pastoral como auto-realização da Igreja para a auto-realização do Reino de Deus. Resquícios do antigo eclesiocentrismo fizeram K. Rahner falar, ainda, de "cristãos anônimos", na tentativa de fazer a teologia pastoral debruçar-se, também, sobre práticas não estritamente cristãs, mas no horizonte dos ideais evangélicos. Na América Latina, tirando as conseqüências de uma eclesiologia pneumatológica e reinocêntrica, a teologia pastoral vai além de uma reflexão sobre a práxis da Igreja. Por um lado, as ações eclesiais são situadas dentro do mundo, porquanto a Igreja está dentro do mundo e existe para ele. É impossível apreender as práticas eclesiais separando-as do mundo, isto é, tomando-as independentemente de seu contexto sociocultural, da trama das relações de poder, com valores e antivalores. Vê-se melhor a Igreja quando a olhamos desde o mundo e dentro do mundo. Por isso o olhar sobre as práticas eclesiais, num primeiro momento, não é um olhar teológico, mas a partir das ciências humanas e sociais, respeitando a autonomia do temporal. É sobre a contribuição das ciências que, fundamentada na pertinência teológica, se elabora uma visão pastoral da realidade.

Por outro lado, as ações eclesiais são tomadas em sua relação de serviço e cooperação com as ações de todas as pessoas de boa vontade. Dado que o Reino de Deus ultrapassa as fronteiras da Igreja, esta não só acolhe aquelas práticas que vão no horizonte do Reino como ultrapassa suas fronteiras para agir em parceria com todas as pessoas de boa vontade, num mundo cada vez mais pluralista. Nesse sentido, a teologia pastoral vai além da reflexão sobre a práxis eclesial para debruçar-se, igualmente, sobre as práticas das pessoas em geral. Não é preciso cristianizá-las para que adquiram seu valor em relação ao Reino. Os desígnios de Deus com relação ao plano da criação asseguram sua consistência própria, portanto sua importância também para a Igreja, que se situa no horizonte do plano da redenção, mas que, como dizia Irineu de Lyon, não suprime, antes recapitula o plano da criação, tocado, mas não corrompido pelo pecado.

A segunda contribuição da Igreja na América Latina e no Caribe à teologia pastoral é ainda mais genuína. Além de ser uma reflexão da práxis da Igreja e das pessoas em geral, essa reflexão é feita na ótica dos pobres. Dado que não há neutralidade possível em toda análise sobre qualquer objeto, pois todo conhecimento é interessado, a teologia pastoral na América Latina assume como seu o "interesse", ou seja, a causa dos pobres, pois eles são a causa de Deus, em sua escandalosa parcialidade em sempre tomar a defesa dos excluídos. Com isso a teologia pastoral transforma-se, também, numa teoria crítica da contingência do sujeito, dos lugares e do interesse subjacentes a toda prática, incluída a prática teórica. Antes de tudo, a teologia pastoral quer libertar a teologia de ideologias excludentes e situá-la, na perspectiva libertadora dos pobres, como o fio de ouro que tece as Escrituras. Assim, ela elabora sua prática teórica, por um lado, assumindo como sujeito o pobre e, por outro lado, também seu lugar social, a periferia, seja da sociedade, seja do sistema que produz essa mesma sociedade excludente. Seu interesse é a causa dos pobres, buscando incluí-los em um mundo justo e solidário, expressão do Reino escatológico de Deus na história.

Finalmente, uma terceira contribuição da Igreja na América Latina e no Caribe à teologia pastoral diz respeito aos sujeitos da própria teologia em relação ao seu método. Antes de tudo, ela não é produzida, unicamente, por teólogos profissionais, nem na academia. Há um ato primeiro e um ato segundo da teologia, também da teologia pastoral. O ato primeiro, para poder fazer teologia pastoral, desde a perspectiva dos pobres, é o engajamento pessoal com relação ao sujeito em questão e seu lugar social. É impossível ver, adequadamente, do lado de fora. Condição para a prática prático-teórica é a prática prático-prática, que implica conversão. É possível ver e apreender a realidade dos pobres com a condição de estar disposto a mudar a si mesmo. Esse é o ato primeiro.

O ato segundo é a reflexão sobre as práticas eclesiais e das pessoas em geral, na perspectiva dos pobres. Aqui também há originalidade, na medida em que a reflexão tem níveis distintos. Como ponto de partida, está o nível "popular", ou seja, a reflexão dos próprios sujeitos a respeito de seu próprio mundo. Ainda que seja uma reflexão em uma linguagem não-acadêmica e com um método menos regrado e sistemático, não deixa de ser uma reflexão científica, pois o saber popular é, também, dotado de um *logus* crítico. A partir do nível mais básico, a reflexão se complexifica, propriamente, no nível da reflexão pastoral em grupos de coordenação, conselhos e assembléias, bem como em cursos ou jornadas de estudo. Aqui, são tiradas conclusões, feitos encaminhamentos, avaliações retroalimentadoras e redigidos textos e documentos que, por sua vez, vão desembocar numa reflexão mais sistemática e regrada por parte de teólogos e pastoralistas profissionais. Em tal nível, a realidade, com seus clamores, conquistas e derrotas, é elevada ao conceito fundamental para alimentar a prática prático-prática, para poder recriá-la e fazê-la avançar, em sua vocação de fazer história de salvação. Pastoralmente, uma reflexão que não salva não serve para nada, uma vez que fora da salvação não há autêntica Igreja.

Resumindo

A teologia pastoral percorreu um itinerário longo e difícil, embora seja relativamente nova, pois surgiu e consolidou-se nos dois últimos séculos. É que sua elaboração dependia de uma teologia da ação, que, por sua vez, pressupunha uma evolução da teologia como um todo, que também dependia da emancipação da razão prática. A tradição teológica cristã percorreu três etapas básicas: a teologia sapiencial, no período patrístico; a teologia científica, na época medieval; e a teologia moderna, na época contemporânea, que tem dois momentos: a teologia moderna européia, que acusa recepção da racionalidade da primeira Ilustração, e as teologias do genitivo e a teologia da libertação, que fazem recepção da segunda Ilustração. Na aurora do movimento em prol da teologia moderna, para a qual irá contribuir, também, a teologia pastoral, é que esta teve sua gênese e gestação — a teologia pastoral como pragmática (1ª etapa) e a teologia pastoral como soteriologia (2ª etapa). No seio ou em interlocução com a teologia moderna, deu-se seu desenvolvimento e consolidação —, a teologia pastoral como autoconsciência da Igreja (3ª etapa), a teologia pastoral como reflexão da práxis eclesial (4ª etapa) e a teologia pastoral como reflexão da práxis libertadora dos cristãos e das pessoas em geral (5ª etapa). Em sua última etapa, a Igreja na América Latina enriqueceu-se com o alargamento de seu objeto — a práxis dos cristãos e das pessoas em geral, com uma ótica particular — a perspectiva dos pobres, com um método mais respeitoso, autodenominado temporal — a introdução da mediação das ciências humanas e socioanalíticas, da mediação hermenêutica e da mediação prática.

Perguntas para reflexão e partilha

1) Quais as etapas do itinerário da teologia na história da Igreja e as etapas que percorreu a teologia pastoral, de sua gênese à sua consolidação?

2) A perspectiva e o método da teologia pastoral, gestados na América Latina, continuam válidos ou necessitam de atualização?

3) Qual a contribuição que pode dar a teologia pastoral na projeção da ação da Igreja em sua comunidade?

Bibliografia básica

C. FLORISTÁN. *Teología práctica. Teoría y praxis de la acción pastoral.* Salamanca, Sígueme, 1991. pp. 107-119 (Historia de la teología pastoral).

A. BRIGHENTI. Pluralismo e teologia hoje. Implicações semânticas e sintáticas. *Revista Eclesiástica Brasileira* 241 (2001) 5-26.

J. A. RAMOS. *Teología pastoral.* Madrid, BAC, 2001. pp. 33-54 (Historia de la teología pastoral). Sapientia Fidei, Serie de Manuales de Teología.

F. X. ARNOLD. *Teología e historia de l'acción pastoral.* Barcelona, Herder, 1969.

D. BOURGEOIS. *La pastorale de l'Église.* Paris, Cerf, 1993. pp. 81-117 (Brève histoire de la théologie pastorale).

C. MENDOZA ÁLVAREZ. Los paradigmas teológicos latinoamericanos. In: E. CASTILLO, C. MENDOZA & F. MERLOS (Orgs.). *Los desafíos contextuales de la teología latinoamericana. Memorias del primer coloquio de teología.* México, Universidad Pontificia de México, 1996.

Bibliografia complementar

P. L. DUBIED. Une discipline parmi d'autres? *Cahiers de l'Institut Romand de Pastorale* 12-13 (1992) 41-43. B. REYMOND; J. M. SORDET et alii (Eds.), *La Théologie pratique:* statut, méthodes et perspectives d'avenir. Texte du Congrès International oecuménique et francophone de theologie pratique. Paris, Beauchesne, 1993. Coll. Le Point Théologique, n. 57. B. KAEMPH et alii (Eds.). *Introduction à la theologie pratique.* Strasbourg, Presses Universitaires, 1997. G. ADLER. Percorsi di teologia pastorale in area francofona. S*tudia Patavina* 43 (1996) 24-55. M. DONZÉ. La théologie pratique entre corrélation et prophétie. In: *Pratique et theologie.* Genève, Labor et Fides, 1989. pp. 183-190. M. MIDALI. *Teologia pastorale o pratica. Camino storico di una riflessione fondante e scientifica.* 2. ed. Roma, L.A.S., 1991. J. R. M. TILLARD. Pluralismo teológico y misterio de la Iglesia. *Concilium* (1984) 91-105. K. RAHNER. El pluralismo en Teología y la unidad de confesión de la Iglesia. *Concilium* 49/50 (1969) 427-448. C. GEFFRÉ. Diversidad de teologías y unidad de fe. In: AA.VV. *Iniciación a la práctica de la teología.* Madrid, Ed. Cristiandad, 1984. pp. 123-148. H. DENIS. *¿Teología para qué? Los caminos de la teología en el mundo de hoy.* Bilbao, Sal Terrae, 1981. J. M. CASTILLO. La teología después del Vaticano II. In: C. FLORISTÁN & J. J. TAMAYO. *El Vaticano II veinte años después.* Madrid, Ed. Cristiandad, 1985. pp. 137-172. F. MERLOS. *Hacia donde va la pastoral.* México, Palabra Ediciones, 2000. J. B. METZ. La teología en el ocaso de la modernidad. *Concilium* 191 (1984) 31-39. J. DUPUIS. Rumo a uma teologia cristã do pluralismo religioso. São Paulo, Paulinas, 1999. p. 18. H. KÜNG. *Teología para la postmodernidad. Fundamentación ecuménica.* Madrid, BAC, 1989. C. DELPERO. *Génesis y evolución del método teológico.* México, Universidad Pontificia de México, 1998. J. L. ILLANES & J. I. SARANYANA. *Historia de la teología.* Madrid, BAC, 1995. Sapientia Fidei, Serie de Manuales de Teología. S. VAGAGGINI. Teología. In: G. BARBAGLIO & S. DIANICH. *Nuevo diccionario de teología.* Madrid, Ed. Cristiandad, 1982. pp. 1668-1806. E. VILLANOVA. *Historia de la teología cristiana.* Barcelona, Herder, 1992. 3 tt. M. D. CHENU. La théologie como science au XIIIe siècle. *Archives d'Histoire Doctrinale et Littéraire du Moyen Âge II.* 1927. pp. 31-71. C. BOFF. *Teoria do método teológico.* Petrópolis, Vozes, 1998. C. PALACIO. Que lugar e que função para a teologia hoje? *Perspectiva Teológica* 27 (1995) 155-167. G. ANGELLINI. El desarrollo de la teología católica en el siglo XX. In: L. PACOMIO & F. ARDUSO (Eds.). *Diccionario teológico interdisciplinar.* Salamanca, Sígueme, 1984. v. IV, pp. 790-813. B. LONERGAN. *Método en teología.* Trad. de Gerardo Termolina. Salamanca, Sígueme, 1994. [Original en inglês: *Method in theology.* London, Darton, Longman and Todd, 1973.] A. MARRANZINI. La svolta antropologica en teologia secondo K. Rahner. In:

AA.VV. *Dimensione antropologica nella teologia.* Milao, Ancora, 1971. pp. 481-500. J. M. CASTILLO. La teología después del Vaticano II. In: C. FLORISTÁN & J. J. TAMAYO. *El Vaticano II veinte años después.* Madrid, Ed. Cristiandad, 1985. pp. 137-172. C. GEFFRÉ. *Como fazer teologia hoje. Hermenêutica teológica.* São Paulo, Paulus, 1989. J. GARIBAY. Hablar de Dios desde el umbral. Las víctimas y los nuevos paradigmas. *Christus*/México 719 (2000) 11-26. P. TRIGO. Situación de la teología al final del siglo XX. *Christus*/México 719 (2000) 31-33. E. SILVA ARÉVALO. La significación teológica de los acontecimientos. El estatuto histórico de la teología según Marie-Dominique Chenu. *Teología y Vida* 33 (1992) 269-297. J. DUPUIS. Méthode théologique et théologies locales: adaptation, inculturation, contextualisation. *Seminarium* 32 (1992) 61-74. I. BERTEN. Pour une théologie contextuelle. *LumVie* 200 (1990) 63-70. I. ELLACURÍA & J. SOBRINO (Eds.). *Mysterium liberationis. Conceptos fundamentales de teologia de la liberacion.* Madrid, Trotta, 1990. (2 vv.) C. PALACIO. Trinta anos de teologia na América Latina. In: L. C. SUSIN (Org.). *O mar se abriu. Trinta anos de teologia na América Latina.* São Paulo, Soter-Loyola, 2000. pp. 51-64. ENCUENTRO LATINOAMERICANO DE TEÓLOGAS. *El rostro feminino de la teología.* San José, DEI, 1986. CONFERENCIA INTERCONTINENTAL DE MUJERES TEÓLOGAS DEL TERCER MUNDO. *Aportes para una teología desde la mujer.* Madrid, Bíblia y Fe, 1988. E. LÓPEZ HÉRNANDEZ. La teología india en la globalización actual. In: L. C. SUSIN (Org.). *O mar se abriu. Trinta anos de teologia na América Latina.* São Paulo, Soter-Loyola, 2000. pp. 109-114. AA.VV. *Teologia afro-americana.* São Paulo, Paulus, 1997. A. APARECIDO DA SILVA. Caminhos e contextos da teologia afro-americana. In: L. C. SUSIN (Org.). *O mar se abriu. Trinta anos de teologia na América Latina.* São Paulo, Soter-Loyola, 2000. pp. 11-38. G. S. WILMORE & J. H. CONE. *Teologia negra.* São Paulo, Paulus, 1986. L. BOFF. *Ecologia. Grito da terra, grito dos pobres.* São Paulo, Ática, 1995. R. BERZOSA. *Hacer teología hoy. Retos, perspectivas, paradigmas.* Madrid, Ed. Cristiandad, 1994. pp. 115-135. J. SOBRINO. Teología desde la realidad. In: L. C. SUSIN (Org.). *O mar se abriu. Trinta anos de teologia na América Latina.* São Paulo, Soter-Loyola, 2000. pp. 153-170. C. BOFF. Como vejo a teologia latino-americana trinta anos depois. In: L. C. SUSIN (Org.). *O mar se abriu. Trinta anos de teologia na América Latina.* São Paulo, Soter-Loyola, 2000. pp. 79-95. L. BOFF; J. R. REGIDOR & C. BOFF. *A teologia da libertação. Balanço e perspectivas.* São Paulo, Ática, 1996. E. DUSSEL. *Teologia da libertação. Um panorama de seu desenvolvimento.* Petrópolis, Vozes, 1999. J. B. LIBANIO. *Teología de la liberación. Guía didáctica para su estudio.* Santander, Sal Terrae, 1989 (em português: *Teologia da libertação*: roteiro didático para um estudo. São Paulo, Loyola, 1987). Col. Fé e Realidade, 22. Col. Presencia Teológica, n. 55. J. B. LIBANIO & A. MURAD. *Introdução à teologia. Perfil, enfoques, tarefas.* São Paulo, Loyola, 1996. R. MUÑOZ. Para una eclesiología latinoamericana y caribeña. In: AMERINDIA. *Tejiendo redes de vida y esperanza. Cristianismo, sociedad y profecía en América Latina y el Caribe.* Bogotá, Indo-American Press, 2006. pp. 333-352.

Capítulo terceiro

O ESTATUTO EPISTEMOLÓGICO DA TEOLOGIA PASTORAL

A reflexão exposta nos capítulos anteriores nos dá conta que a teologia pastoral não é um conjunto de recursos didáticos, pedagógicos ou formativos para aplicar, seja o direito canônico e a moral, seja a dogmática ou a eclesiologia. Nem uma reflexão sobre o ser da Igreja. Ela é, antes de tudo, uma teologia da ação. É que a ação dá o que pensar, uma vez que não se constitui em um mero lugar de aterrissagem de uma ortodoxia previamente estabelecida, mas fonte criadora de idéias — um verdadeiro *locus theologicus*. O pressuposto da teologia pastoral é a reconciliação da teoria com a práxis, da verdade com a veracidade, com sua comprovação histórica. Em última instância, foi a teologia pastoral que elevou a teologia ao patamar da racionalidade moderna, o que não deixa de ser uma reconciliação com seu ponto de partida, na medida em que, na origem da revelação, está a ação, de Deus e de seus interlocutores. A ação se fez Palavra.

Já vimos que a ação sobre a qual a teologia pastoral se debruça é mais que a ação eclesial — é a práxis transformadora dos cristãos e das pessoas em geral. A ampliação do horizonte da prática se deve, fundamentalmente, a uma eclesiologia reinocêntrica, recuperada da Igreja primitiva pelo Concílio Vaticano II, que descentra a Igreja de si mesma e lança-a numa atitude de diálogo e colaboração com todas as pessoas de boa vontade (*AA*, n. 14). A ação dos cristãos não se esgota no espaço institucional ou confessional, mas se prolonga no engajamento histórico, enquanto cidadãos, na perspectiva de um mundo justo e solidário para todos, expressão imanente do Reino escatológico de Deus.

Nessa perspectiva e no contexto do Concílio Vaticano II, a teologia pastoral, depois de um longo itinerário histórico, plasmou-se como uma disciplina autônoma no interior da teologia como um todo, com seu objeto material e formal próprio, bem como seu método específico. Como toda ciência, ela também tem seus pressupostos (teologia pastoral fundamental), sua especificidade (teologia pastoral específica) e suas próprias mediações de ação (teologia pastoral prática).

Finalmente, como toda ciência, a teologia pastoral precisa justificar, interna e racionalmente, sua gramática e sua sintática, sua epistemologia e seu método. Seu procedimento deve ser público e normatizado por regras que assegurem sua pretensão de conhecimento crítico e sistemático; em outras palavras: de uma disciplina autônoma no interior e no conjunto das disciplinas que conformam a teologia enquanto tal.

1. TEOLOGIA E AÇÃO

A teologia se articula desde a experiência da fé, fundada na Palavra de Deus, codificada nas Escrituras, lidas e guardadas pela tradição eclesial. Por sua vez, as Escrituras, enquanto reflexão de uma experiência histórica concreta, já são, em certo sentido, uma "teologia" da ação, na medida em que codificam narrativas da intervenção de Deus na história da humanidade, particularmente no seio do antigo e do novo Povo de Deus. Tradicionalmente, convencionou-se dizer que, no processo de conexão com o evento salvador de Deus na história e sua conseqüente compreensão e vivência, primeiro viria a Palavra, que gera a fé, que, por sua vez, produz obras. Entretanto, sobretudo a *Dei Verbum* pôs em evidência dois condicionamentos da Palavra de Deus ou duas precondições para que haja revelação, que invertem a ordem dos três fatores (n. 5). Na realidade, para que haja revelação, primeiro tem de haver uma ação, que engendra a fé, que, por sua vez, torna o interlocutor capaz de acolher a Palavra, enquanto Palavra de Deus.

1.1. A primazia da ação no ato da revelação

Segundo Juan Luis Segundo, em bibliografia indicada no final deste capítulo, dado que Deus não pode falar de modo atemporal a um ser que é temporal, sob pena de permanecer imperceptível ou incompreensível, a primeira condição para que haja revelação é que Deus se expresse em linguagem humana. Assim, a Palavra de Deus chega, inevitavelmente, até nós em palavra humana (*DV*, n. 12). Por isso a Palavra de Deus não está no texto, mas "detrás das palavras" do texto. E como o ser humano não pode entender a linguagem eterna da revelação de Deus, desta só podemos compreender uma ínfima parte e ainda na medida do que podemos entender (Mc 4,33). A segunda condição para que haja revelação é o ato de comunicar. Revelar não é "depositar", mas veicular um significado que, para ser apreendido, implica mudar a própria existência. Só se começa a entender a revelação quando se começa a mudar a si mesmo, ou seja, quando a "diferença começa a fazer diferença". É a pergunta de Agostinho diante do mistério de Deus: "Para que me falas?". Portanto, conectar-se com o sentido da revelação pressupõe estas duas condições: que seja compreensível e que haja comunicação.

À diferença do Concílio Vaticano I, para o qual "Deus se revela para que o ser humano *saiba*", para o Vaticano II a revelação está destinada para que o ser humano *seja*, viva de outra maneira (*GS*, n. 22). Na primeira perspectiva, acolher a revelação é praticamente saber repeti-la, sem que isso produza diferença, sem que isso, necessariamente, mude a vida. Na segunda, a revelação, enquanto mensagem de Deus, é um ato de comunicação, no qual conhecer significa viver seu plano criador e comunitário. Em outras palavras: só há revelação quando há comunicação de uma verdade que muda a vida e transforma a história (*GS*, n. 11).

Então, o que vem antes: a revelação ou a fé? Como entender a fé como "resposta" à revelação? Como se pode perceber, para receber a verdade é preciso ter fé. A verdade de Deus, como não é uma evidência de razão, só pode ser acolhida na fé. Entretanto, que tipo de fé? O ponto de partida não é a fé teologal, mas uma "fé antropológica", que é precondição para que a diferença revelada faça diferença no ser humano (Jo 3,21; 1Jo 1,6). Fé antropológica enquanto busca de sentido da existência, que implica em lançar-se para além das evidências da razão. Sem busca de sentido e abertura a esse sentido desconhecido, fica inviabilizado o itinerário da fé. É o alto preço que se paga pelas coisas que ainda não se tem experimentado. Por sua vez, este "lançar-se", na fé, não é um ato solitário, mas solidário, um lançar-se fiando-se de outras existências que são testemunho da diferença que faz diferença na vida delas. Em outras palavras: só se encontra o sentido deixando-se "afetar" pelo sentido que se busca, enquanto opção livre, mas que se fia no testemunho dos que crêem. Fé cristã é sempre crer com os outros e naquilo que os outros crêem.

A liberdade na busca do sentido não se limita a dizer "sim" ou "não", mas faz parte do próprio processo da revelação. Em última instância, só existe revelação quando esta for o resultado da cumplicidade de duas liberdades: a liberdade de Deus em querer comunicar-se e a liberdade do ser humano em querer acolher, na vida, aquilo que ele não conhece, mas aspira intuitivamente, sustentado pela graça. Como Deus não se impõe, mas se propõe, a disposição e o ato de "fazer a verdade" (Jo 3,21) condicionam a possibilidade de a revelação revelar algo. Em outras palavras: não há revelação divina se não houver busca humana convergente com a Palavra que Deus quer revelar. O que Deus comunica não implica uma resposta pronta, pois a revelação não é um "depósito", um repertório de respostas. As respostas dependem das perguntas com as quais saio e me coloco a caminho, em êxodo, ao encontro da revelação.

Além disso, a revelação não é comunicação meramente interpessoal, entre Deus e o ser humano enquanto indivíduo, mas pedagogia verdadeira no processo histórico de um povo, no qual não se aprende coisas, mas se aprende a aprender. A comunidade, enquanto cumpre a função de intérprete, é parte integrante da revelação, na medida em que faz parte dela de maneira criadora. Por isso, antes de crer em Deus ou em sua revelação, crê-se na Igreja ou, mais propriamente, "em" Igreja, pois Deus fala através dela, dos que "viram [o túmulo vazio] e acreditaram".

1.2. Do símbolo à *lectio*

Já vimos que a revelação de Deus se expressa através de símbolos, conceitos e ações. Também já vimos que, historicamente, a teologia patrística nascente se articulou privilegiando, em sua reflexão, o nível simbólico. O credo, que contém os artigos de fé fundantes do cristianismo, é a expressão mais genuína de tal linguagem narrativa, que se refere a acontecimentos históricos concretos. Em grande medida, o cristianismo nascente está, ainda, muito ligado às matrizes bíblico-semitas, que desconhecem a formulação abstrata e conceitual grega. Há limites nesta linguagem, mas há o grande mérito de não correr o risco de passar da abstração a uma metafísica divorciada da história, o que se constitui no grande limite da cultura grega e que irá entrar na cosmovisão do cristianismo ocidental. Para o povo de Israel, bem como para os discípulos de Jesus e as comunidades primitivas, no princípio está a ação da comunicação de Deus e dos seus interlocutores, em cuja cumplicidade está a condição para que a diferença faça diferença.

No interior da época patrística, do símbolo se passou à *lectio divina*, que eleva a narrativa ao nível da contemplação, sem perder de vista o nível simbólico de uma teologia sapiencial colada na experiência da fé, no fundo, na ação. Ser cristão não consiste em crer em certas verdades ou em acusar recepção de certos conteúdos, mas é, antes de tudo, um modo de viver, dar testemunho de uma diferença que, por ter sido acolhida, faz diferença, ou melhor, uma diferença que é condição para acolher a diferença. Em seu tempo, os Padres da Igreja não estão interessados numa sistematização dos artigos de fé, nem na elaboração de um sistema racional desses artigos. Durante muito tempo, a teologia estará ligada à ação, à situação histórica da Igreja. O único objetivo da reflexão teológica é ajudar as comunidades a agir conforme os artigos da fé. Mesmo no interior da apologética, cujos principais representantes são Justino de Roma e Irineu de Lyon, a reflexão teológica não está interessada na disputa de idéias ou conceitos, mas é, fundamentalmente, uma teologia pastoral, na medida em que busca responder às ameaças históricas concretas à fé da Igreja. Não há dissensão de idéias, mas de concepção de condutas.

Além disso, a teologia cristã nascente no interior da apologética nos primeiros dois séculos do cristianismo não é feita por teóricos ou teólogos de academia. A dogmática cristã será plasmada com a ajuda da reflexão de pastores, sim, mas em torno do debate no interior das comunidades eclesiais, de sínodos e concílios, cujo interesse é a fidelidade à conduta cristã oriunda da vida, paixão, morte e ressurreição de Jesus, no interior do plano da criação. A *lectio divina* expressa bem essa contemplação teológica da revelação de Deus na história: em um primeiro momento, está a escuta da Palavra, vai-se ao texto (explicação gramatical); depois, aproxima-se dele com as questões postas pela vida, para detectar o que ele está dizendo para a situação concreta que se está vivendo (significação vital); finalmente, da vida confrontada com o texto se deduz, de forma reflexiva, suas implicações concretas para a vida pessoal e comunitária e para o mundo hoje. Dados os recursos culturais da época, a dialética texto–pré-texto–contexto carece de rigor analítico, mas não deixa de estar permeada pela busca de sua articulação desde o pólo da ação. Nesse sentido, dessa reflexão são extraídas "sentenças" que expressam o sentido do texto não do ponto de vista racional e lógico, mas histórico, através de "glosas", que o explicam e o atualizam.

1.3. Da *lectio* à *quaestio* e, desta, aos manuais

Por volta dos séculos XII e XIII, haviam proliferado tanto as "sentenças", recopiladas em livros, que apareceram diversas escolas dedicadas ao seu estudo. Fazendo uso do método dialético aristotélico, elas elevaram a teologia ao patamar de ciência — a escolástica. Aqui, vai acontecer um grave deslocamento, que só será recuperado no século XX, em torno do Concílio Vaticano II, com seu retorno às fontes bíblicas e patrísticas. O ponto de partida da teologia escolástica não será mais a ação de Deus na historia — a *lectio*, mas a *quaestio*, ou seja, a proposta de temas ou questões para a *disputatio*, a fim de chegar à organização das sentenças num todo orgânico, compiladas nas chamadas *sumas*. Só que as sumas já não serão mera compilação das sentenças. Através da *quaestio* e da *disputatio*, são acrescentados conhecimentos e idéias de ordem racional, que farão a teologia alicerçar-se não mais sobre a ação, mas sobre a autoridade e a razão. São valorizadas noções filosóficas abstratas, a partir das quais se vai à revelação, para chegar a conclusões teológicas, que perdem de vista seu ordenamento à correta conduta — a ortopráxis —, em favor do correto pensar — a ortodoxia. A *suma* mais importante será a de Tomás de Aquino, que definirá a teologia como "ciência de Deus" ou *doctrina sacra*.

A partir do século XVIII, das "sumas" se passará aos manuais. Não muda a teologia ou sua perspectiva, apenas é simplificada e mesmo empobrecida, em pequenos e resumidos manuais apologéticos. Não interessa a argumentação, mas sim as afirmações dogmáticas doutrinárias da fé. Esses manuais terão pouca Escritura, nada de história e muitos raciocínios silogísticos. A teologia, de reflexão sobre a ação, passa a ser especulativa, sem criatividade e sem diálogo com a história, desde o confronto das perguntas do cotidiano com a *mensagem* revelada. Para corrigir este equívoco, ainda no seio da escolástica, surgiria um movimento de renovação teológica, sobretudo com Duns Scotto e Guilherme de Ockham, buscando recuperar a tradição franciscana e, por sua vez, irineana, mas sem sucesso. O que não impediu de, mais tarde, ser assumida, mas pela Reforma Protestante, visto que, para Lutero, a teologia não é especulativa, mas prática, pois não se ocupa, unicamente, das coisas de Deus, mas da relação entre Deus e a humanidade.

1.4. Dos manuais ao reencontro com a ação

No catolicismo, seria preciso esperar pelo movimento em torno da preparação e do evento do Concílio Vaticano II para que a teologia voltasse a reconciliar-se com a ação. Para isso ela foi ajudada pela Modernidade e, com muito esforço e a duras penas, conseguiu romper com a racionalidade essencialista e aistórica medieval e, conseqüentemente, com a teocracia e o eclesiocentrismo. Foram de muita valia para a nova teologia, denominada "moderna", porquanto acusa recepção da racionalidade do projeto civilizacional moderno, a filosofia da história de Hegel, a emancipação da razão prática levada a cabo pelos filósofos da práxis, a filosofia vitalista de H. Bergson (1859-1941), a filosofia da ação de M. Blondel (1861-1949) e a hermenêutica como interpretação da história de W. Dilthey (1833-1911).

Do lado da teologia, esse reencontro da teologia com a ação deveu-se muito à Escola Querigmática de Dunsbruck (J. B. Lotz, F. Lakner, H. Rahner e F. Dander), à Escola de Saulchoir, com a *Nouvelle Théologie* (J. M. D. Chenu, L. Charlier, Y. Congar, J. Daniélou), bem como à contribuição de teólogos da envergadura de H. de Lubac, K. Rahner, E. Schillebeeckx, H. Küng e outros. Finalmente, esta nova perspectiva teológica será assumida pelo magistério através do Concílio Vaticano II. *Gaudium et spes*, ao fazer da leitura dos "sinais dos tempos" o ponto de partida da reflexão teológico-pastoral, reconcilia a teologia com o método indutivo, incorporando à reflexão teológica as práticas das comunidades eclesiais inseridas no mundo. Enfim, a práxis histórica passa a fazer parte integrante da inteligência da fé.

Com isso a teologia, enquanto saber humano, coloca-se em seu devido lugar. Em vez de "ciência de Deus", passa a ser a inteligência da fé do povo em Deus. A passagem de um Deus essencialista e conceitual para o plano da experiência de fé faz da teologia uma ciência práxica, já que seu objetivo último é a realização histórica da esperança e do amor, na perspectiva do Reino escatológico. Por sua vez, as teologias do genitivo irão ressaltar ainda mais o caráter práxico da teologia — *spes quaerens intellectum*. A teologia da libertação, ao autocompreender-se como reflexão "da" e "para" a práxis libertadora da fé, mergulha ainda mais profundamente no universo da ação, sobretudo ao fazer da opção pelos pobres um pressuposto e do compromisso com seu lugar social, condição para uma autêntica teologia eclesial.

2. TEOLOGIA E PASTORAL: ARTE E CIÊNCIA

Dado que a razão é hermenêutica, nenhuma ciência — incluída a teologia e até as ciências exatas — escapa a tal contingência da condição humana. A própria Escritura, enquanto codificação da revelação, elaborada na vida de um povo, já é uma hermenêutica. A tradição teológica posterior não foge a essa contingência, ou seja, tentar dizer o divino, que chega através do humano, de modo humano, sem nunca pretender que seu discurso tome o lugar do divino. O discurso teológico, ainda que sobre a revelação de Deus, será sempre humano, caduco. Por isso as teologias passam, como também a leitura que fazemos dos textos revelados, pois é sempre contingente ao contexto de um sujeito determinado. A rigor, na medida em que só podemos dizer Deus de modo humano, a teologia é uma tarefa impossível. Hoje, somos mais prudentes em não designá-la como "ciência de Deus" ou *doctrina sacra*.

Por isso o inevitável encontro de uma autêntica teologia cristã com a ação, a história, a experiência humana. Ou a teologia é teologia da ação ou não passará de uma ideologia. A tomada de consciência dessa contingência no diálogo com a Modernidade obriga toda teologia, por um lado, a ser, também, teologia pastoral, sob pena de deixar de ser eclesial; por outro lado, obriga a ação pastoral a fazer-se acompanhar pela reflexão, pela teologia. Em outras palavras: de um lado, a teologia não é uma tarefa meramente especulativa e, de outro, a pastoral não é apenas um receituário prático de uma ortodoxia originária da especulação. A ação pastoral tem uma função primordialmente criadora, enquanto a teologia constitui-se numa instância crítica desta ação.

2.1. Pastoral e arte

O ato de criar, também em pastoral, tem muito a ver com arte. Os santos Padres, como é o caso de Gregório Magno, concebiam a pastoral como *ars artium est regimen animarum*. Realmente, é uma dimensão imprescindível da pastoral. Um grande papel da pastoral consiste, diante de novos desafios e das necessidades da ação evangelizadora, em dar respostas novas às novas perguntas oriundas de um contexto determinado, confrontado com a *mensagem* revelada. Em sua essência, a pastoral é, necessariamente, criatividade, condição para fazer história da salvação de Deus na história da humanidade. "Vinho novo em odres novos", sob pena de dar resposta a perguntas que ninguém mais faz e tornar o Evangelho irrelevante.

Assim é que a Igreja foi-se autoconstruindo, constituindo-se no Espírito que a assiste e configurando a si mesma um rosto próprio, segundo a face estampada por seus povos. Daí se deve o fato de, no período patrístico, a Igreja ter sido pluricultural e tecedora de uma eclesiologia pluriforme. Na Idade Antiga, as comunidades eclesiais nascem diferentes sem se excomungarem, pois sabem que a unidade consiste em ter a mesma fé, na diversidade das diferenças que se complementam e se enriquecem. Porque o outro é plural, a unidade só é possível enquanto harmonização de diferenças que, antes de serem ameaça, são instância de novas possibilidades. Daí também o pluralismo eclesiológico no período, a diversificação da ação evangelizadora e a intrigante eficácia da fé diante do todo-poderoso Império Romano, bem como da idolatrada cultura grega e do conseqüente desprezo pelo mundo semita.

Foi na liberdade do influxo do Espírito e no risco da criatividade na resposta aos desafios encontrados em sua trajetória histórica que a Igreja foi desenhando o perfil de ministérios, ritos e práticas, que não caíram prontos do céu nem emanaram diretamente de Jesus. Assim se conformaram os fóruns colegiados para a definição do núcleo das verdades de fé, em torno de assembléias, sínodos e concílios, e a visibilização histórica da instituição como um todo.

A Igreja, em seu processo de autoconstituição histórica no Espírito, teve muito de arte. Uma arte bastante artesanal, é claro, a arte dos simples, mas quem sabe a condição de humildade para deixar o espaço necessário à presença criadora do Espírito. *Ecclesiam semper reformanda*, diziam os santos Padres, reforma que é, sempre, a arte de tirar da revelação "coisas novas e velhas". Sem arte, a ação evangelizadora cai na rotina esterilizante, no fundamentalismo pastoral ou no pragmatismo aleatório a curto prazo e anarquista num futuro não muito longínquo. A arte garante o lugar imprescindível da intuição, da individualidade e da subjetividade, por conseguinte, do profetismo e da originalidade dos carismas. É a arte na pastoral que faz da ação eclesial um ato co-criador em Deus Criador. É a arte na pastoral que preserva um futuro aberto às surpresas com que Deus, continuamente, age desafiando a humanidade. Em outras palavras: é a arte na pastoral que deixa Deus ser o Senhor da história, o verdadeiro piloto na condução da aventura da ação evangelizadora, continuidade da missão de seu próprio Filho, sob o dinamismo do Espírito vivificador.

2.2. Pastoral e ciência

Entretanto, por mais importante e enriquecedora que seja a arte na pastoral, as exigências da ação evangelizadora vão para além dela. Não basta a intuição e a criatividade. Ela precisa ser, também, ciência, que não anula a arte, mas que vem em seu auxílio, tornando-a mais crítica e conseqüente. Não que a arte não seja produtiva, mas pode não ser suficientemente comprometida e circunscrita no interior de uma racionalidade normativa. Sem o domínio de certos conhecimentos e técnicas, a arte pode tornar-se ingênua e voluntarista. Sobretudo, pode perder de vista seu contexto em contínua mudança, o dinamismo da historia, a evolução cultural e, conseqüentemente, sua capacidade de comunicação e de ser resposta a necessidades concretas.

Assim, a pastoral como ciência é fruto de seu encontro, além da arte, com a teologia e, a partir desta, com as ciências em geral, numa relação inter e transdisciplinar. No âmbito da ciência, primeiro vem o encontro da pastoral com a teologia, para constituir-se em teologia pastoral. Depois, vem o encontro desta com as demais ciências, para poder dar sua contribuição, com base em sua pertinência, à edificação de um mundo justo e solidário, o horizonte imanente do Reino escatológico de Deus.

Para o encontro da pastoral com a teologia, serve o processo gradativo de reflexão que vai da prática popular, passando pelo nível da autogestão de uma comunidade eclesial, para desembocar no nível mais elaborado e profissional. São os denominados três "P" da teologia: a teologia nos níveis popular, pastoral e profissional. Isso, por um lado, põe a teologia em seu verdadeiro lugar — um ato segundo, precedido pela prática da fé —, livrando-a do risco do academicismo que a torna irrelevante para seu tempo; por outro lado, livra-a da prática do empirismo e do pragmatismo, ligando-a à reflexão, dimensão que faz dela uma ação humana, dinâmica e criadora. Em outras palavras: um bom agente de pastoral é aquele que também é um teólogo em seu campo de atuação e um bom teólogo é aquele que também é um agente de pastoral. O divórcio de ambos é fatal, tanto para a teologia como para a pastoral. Uma boa práxis é aquela que é acompanhada por uma boa teoria e uma boa teoria é aquela que se funda na ação. As boas idéias não caem do céu, elas brotam da realidade.

Para o encontro da pastoral com as ciências em geral, vale o procedimento das mediações analíticas. Cada objeto, para ser abarcado, precisa de um método próprio, que irá constituir uma ciência autônoma em relação às demais ciências. A teologia, com seu método específico, é incapaz de apreender, por exemplo, o social em sua autonomia. Precisa recorrer às ciências do social. Também é incapaz de interpretar, sozinha, o dado revelado; ela necessita das mediações hermenêuticas, bem como não consegue aterrissar na ação sem a mediações da prática, que comporta, também, uma racionalidade própria. Assim, a pastoral sem a teologia é pragmatismo esterilizante e a teologia pastoral sem as ciências é teologismo espiritualizante de uma realidade que lhe escapa, uma metafísica religiosa.

3. TEOLOGIA PASTORAL: O ESTATUTO DE UMA DISCIPLINA AUTÔNOMA

Historicamente, como já vimos, a teologia pastoral passou de mera aplicação do direito canônico, da moral, da dogmática e da eclesiologia, para constituir-se em uma nova disciplina teológica, com seu objeto e método próprios. Enquanto disciplina, inserida no interior das ciências teológicas, comporta elementos reflexivos e operacionais, os quais se devem à sua própria vocação — ser uma instância crítica da ação evangelizadora no coração da história. A ação pastoral implica a contribuição específica da Igreja ao peregrinar da humanidade, da qual os cristãos são parte integrante. Como não é um receituário, a ação eclesial exige discernimento e reflexão daquelas mediações, capazes de atualizar a Palavra salvadora de Deus no contexto atual. A prática, para ser eficaz, exige reflexão e esta, sem a prática, torna-se irrelevante e ineficaz. Da conjunção do teórico com o prático nasce o imperativo da relação intrínseca entre o teólogo e o agente de pastoral, entre a teologia e a ação evangelizadora.

Concretamente, o estatuto da teologia pastoral, enquanto disciplina teológica, compreende três níveis sucessivos, tradicionalmente denominados: teologia pastoral fundamental, teologia pastoral especial e teologia pastoral aplicada. Vejamos, a seguir, em que consiste cada um deles.

3.1. Teologia pastoral fundamental: o "porquê" da pastoral

A teologia pastoral é, antes de tudo, teologia pastoral fundamental, porquanto tem fundamentos e pressupostos que a configuram de modo diverso das demais disciplinas teológicas, que, por sua vez, têm também seus próprios fundamentos e pressupostos. Basicamente, o "fundamental" da teologia pastoral está no fato de a pastoral ser uma realidade que permeia o "ser" e o "fazer" da Igreja no mundo como um todo. A Igreja existe para evangelizar e ela própria é fruto da evangelização. Em decorrência, esse "fundamental" também está no mostrar a interconexão entre a teologia pastoral e a ciência teológica como um todo e cada uma das disciplinas que a compõe, dado que a "pastoral" é uma dimensão que permeia toda a teologia. A teologia pastoral não é, simplesmente, a ciência do "fazer" da Igreja, mas também do seu "ser". Daí sua estreita relação com a eclesiologia, tal como quando foi concebida enquanto disciplina autônoma no seio da teologia. A teologia pastoral é o saber mediador da interconexão entre "eclesiologia essencial" e "eclesiologia existencial".

O caráter fundamental da teologia pastoral se deve, igualmente, ao fato de ela ter, como objeto material, a prática transformadora da fé dos cristãos e das pessoas em geral. É o que está na base da teologia como tal e da teologia pastoral em particular, constituindo sua face primeira. Assim sendo, a teologia pastoral tem a função, no interior da teologia, como disciplina autônoma, de fazer o percurso que estamos efetuando na primeira parte deste texto. Primeiro, cabe a ela mostrar o caráter histórico da ação pastoral, que se configura, através dos tempos, em distintos e sucessivos "modelos de ação" que, por sua vez, engendram modelos eclesiológicos. Se a realidade coincidisse com a visão que se tem dela, vã seria a ciência. Em outras palavras: se a pastoral coincidisse sempre com as necessidades e desafios da evangelização, vã seria a teologia pastoral. Segundo, cabe à teologia pastoral explicitar as distintas concepções de Igreja ou modelos eclesiológicos que se caracterizaram através da história, a partir dos modelos de ação ou vice-versa. A tradição não é um fóssil; ela progride, é também fator cultural. Cabe à teologia pastoral ajudar a Igreja a mudar-se continuamente, para ser sempre a mesma Igreja, nascida de Jesus Cristo e constituída pelo Espírito de Pentecostes. Terceiro, é da índole da teologia pastoral justificar sua razão de ser como disciplina, no interior da teologia. Trata-se de esclarecer as bases que possibilitaram seu aparecimento, gestação e consolidação enquanto ciência do "ser" e do "fazer" da Igreja, em meio à sociedade. Enquanto disciplina científica, precisa explicitar sua especificidade e sua identidade em relação às demais disciplinas teológicas. Não para pedir licença para teologizar, mas pelo dever de toda ciência comparecer diante do tribunal da razão. Finalmente, o "fundamental" da teologia pastoral implica dar conta de seu estatuto epistemológico enquanto ciência propriamente dita em relação à teologia, às demais disciplinas teológicas e às ciências. Cabe-lhe mostrar como abarca seu próprio objeto, com que método e como justificar seu produto final.

3.2. Teologia pastoral especial: o "que" da pastoral

Da mesma forma que "o porquê" da pastoral apareceu bastante tarde na Igreja, o "que" da ação eclesial está longe de um desfecho final. Há os que, apoiados no Vaticano II, vislumbram o "que" da pastoral desde as diferentes dimensões da ação evangelizadora — comunitária, bíblico-catequética, litúrgica, profética, sociotransformadora e ecumênica; os que o identificam, desde as exigências da evangelização — testemunho, diálogo, anúncio e serviço; até os que concentram o "que" da pastoral no *tria munera Ecclesiae* — sacerdote, profeta e rei —, em continuidade ao tríplice *munus Christi* (LG, n. 13). Sem incorrer em digressões, justifica-se, aqui, uma sucinta abordagem deste último esquema, dado que é o comumente assumido.

Convencionalmente, utiliza-se a trilogia sacerdote–profeta–rei para referir-se à missão de Cristo, confiada a seus discípulos e, por extensão, à Igreja. Entretanto as bases bíblicas não são muito claras. Os textos invocados para isso são a alegoria do Bom Pastor (Jo 10), como também o "eu sou o Caminho, a Verdade e a Vida" (Jo 14,6) e o "ide, fazei discípulos, batizai-os e ensinai-os a guardar o que ensinei" (Mt 28,18-20). Há, também, quem veja que Cristo aparece como "rei" nos sinóticos, "profeta" em João e "sacerdote" na Carta aos Hebreus.

Na época patrística, alguns Padres da Igreja também fizeram eco dessa trilogia, preocupados em relacionar o tríplice "ofício" de Cristo com as funções do povo de Israel no Antigo Testamento. É o caso de Eusébio de Cesaréia (265-340), João Crisóstomo (344-407), Pedro Crisólogo (406-450), Jerônimo (347-420) e Agostinho de Hipona (354-430). Sem poder entrar no teor de suas considerações, contentemo-nos com saber que, a partir dessa trilogia, os santos Padres não formularam uma teologia dos ministérios pastorais.

A eclesiologia medieval, que fará eco desse tríplice "ofício" de Cristo, tampouco chegou a formular, desde aí, um possível tríplice ministério de todo cristão. É a Reforma Protestante que insistirá nos fundamentos bíblicos do ministério pastoral, em sua tríplice vertente. E ela o fará na seguinte ordem: serviço profético, sacerdotal e real. Do lado católico, será o Catecismo de Trento — denominado "Catecismo Romano", editado em 1566 — que irá afirmar que "Jesus Cristo, nosso Salvador, no instante de sua encarnação, assumiu o tríplice ofício de profeta, sacerdote e rei" (c.2a. 3b). A partir do século XVIII, por influência dos reformados, a doutrina dos "três ofícios" entrará no uso corrente no seio do catolicismo. Depois, o Vaticano I referir-se-á aos "três ofícios" em sua doutrina sobre a Igreja: *magisterium, ministerium, regimen*; a encíclica *Mistici corporis*, de Pio XII, falará que "Cristo concedeu aos apóstolos e a seus sucessores o tríplice poder de ensinar, reinar e levar os seres humanos à santidade" (*AAS*, n. 1036), enviando-os "como mestres, chefes e santificadores dos crentes" (*AAS*, n. 1033).

Por sua vez, o Vaticano II irá expressar, em diversas ocasiões, a trilogia da ação pastoral, referindo-se ao *tria munera Ecclesiae*, em continuidade ao tríplice *munus Christi*. Concretamente, a *Lumen gentium* aplica o tríplice serviço pastoral a todo o Povo de Deus, "uma vez que Cristo — mestre, sacerdote e rei — é o Cabeça do novo e universal Povo de Deus" (*LG*, n. 13). Para muitos estudiosos do Concílio, a visualização da ação pastoral de todos os cristãos, a partir do tríplice ministério, é um dos passos mais importantes levados a cabo pela renovação teológico-pastoral impulsionada pelo Vaticano II. Hoje, tornou-se pacífico ver a ação da Igreja como um todo no tríplice ministério e na ordem protestante: o *ministério profético*, enquanto o serviço da Palavra em todos os níveis: evangelização, catequese e homilia (incluído, aqui, o papel do magistério); o *ministério litúrgico*, enquanto celebração dos mistérios cristãos: os sacramentos e a liturgia das horas (incluído o sacerdócio hierárquico); e o *ministério da caridade*, enquanto serviço da promoção da vida no mundo: a pastoral social, a organização e a direção eclesial (incluído o poder de jurisdição).

Como se pode perceber, o "essencial" da teologia pastoral consiste em visualizar os campos de incidência da ação eclesial e analisá-los em seu conjunto e em suas especialidades, tendo presentes os contextos social e eclesial. Nesse particular, por um lado, a teologia pastoral ajuda a não tomar um serviço eclesial como um compartimento isolado, mas situando-o no interior da globalidade das ações, no interior do *tria munera Ecclesiae*. A ação pastoral, como visa à salvação da pessoa toda e de todas as pessoas, bem como de seu próprio contexto, é sempre multidimensional. Não há "pastorais", no plural, mas "pastoral", no singular, pois a missão da Igreja é uma só e conforma um todo. Uma determinada ação pastoral pode e deve aprofundar sua especialização, mas sem perder de vista, jamais, a globalidade da ação da Igreja e o seu contexto socioeclesial. Os especialismos tornam inoperante qualquer ação, até mesmo a ação pastoral. Partir do particular e do concreto, sim, mas sem perder de vista o global, pois quem conhece só uma parte do todo, além de desconhecer o todo, torna-se incapaz de conhecer a própria parte.

Por outro lado, dado que a ação eclesial é multidimensional, cabe à teologia pastoral vislumbrar seus diferentes campos de incidência, segundo as necessidades dos diversos contextos e épocas. Uma ação pastoral generalizante, que não leva em conta as necessidades concretas, torna-se ineficaz enquanto mediação histórica de salvação integral e irrelevante para seu contexto. A partir do todo, pode-se ver melhor as partes, mas só a partir das partes é possível trabalhar e transformar o todo. Uma boa ação pastoral é sempre um conjunto de ações, segundo as necessidades do contexto em que a Igreja está. Isoladas ou generalizadas, são igualmente inoperantes. Há uma complementaridade no interior da multidimensionalidade da ação pastoral. Este é o primeiro limite ou primeira baliza da pastoral especial. O segundo é o da legitimidade de uma determinada prioridade em relação às demais ações, desde que não perca de vista o conjunto da ação evangelizadora. Tomar as ações como um conjunto não significa colocá-las todas numa mesma ordem de importância. Da mesma forma que há necessidades mais prementes e realidades que ameaçam a vida mais que outras, também existem ações pastorais mais prioritárias que outras. O terceiro limite diz respeito à diversificação dos contextos em que se dá uma mesma ação pastoral, o que implica a necessidade de uma diversificação no interior de uma determinada especialização. Assim, na catequese pode-se justificar diferentes estratos e, na pastoral social, diversos serviços, segundo a necessidade dos diferentes contextos. Mas pesa sobre eles o imperativo de espaços de globalização da ação, também no interior de uma determinada especialidade, para que, de repente, a catequese de iniciação não caminhe em direção oposta à catequese com adultos, por exemplo, ou a pastoral operária trabalhe em oposição à pastoral da terra. Um quarto limite está relacionado com a confusão entre "especializações" pastorais e "mediações" pastorais instrumentais. Uma coisa são as ações propriamente ditas, outra coisa é o marco organizacional dessas mesmas ações. Confundi-los pode levar a substituir ações por reuniões, a intervenção concreta pelo mero planejamento, enfim, a prática pela teoria. O quinto limite das especializações é o vanguardismo de pessoas ou grupos na ação pastoral, desvinculados do processo da comunidade como um todo. Se o sujeito da ação pastoral não for a comunidade, por mais que um serviço eclesial avance, muda pouco ou quase nada. Só há mudança quando todos mudam tudo. Nesse sentido, o Vaticano II nos ajudou a entender que nos salvamos ou nos condenamos em comunidade.

3.3. A teologia pastoral aplicada: o "como" da pastoral

O estatuto da teologia pastoral, enquanto disciplina autônoma, além de "o porquê" e do "que" da pastoral, ocupa-se também de seu "como", que diz respeito à aterrissagem de uma ação eclesial pensada na prática. A ação, incluída a ação evangelizadora, tem também sua racionalidade — sua razão prática, que é muito mais que uma mera operacionalização. Nesse particular, a ciência teológica sai de seus postulados, princípios de reflexão e operações de caráter analítico, para mergulhar na concretude de sua realização histórica. A ação pastoral, enquanto ação humana, ainda que respaldada pela graça e pela assistência do Espírito, também está sujeita às contingências das mediações da prática. Não há outro caminho, qualquer teoria, por melhor que seja, para fazer-se ação, necessita das mediações da práxis. No caso da teologia pastoral, essas mediações terão o caráter da especificidade da ação eclesial.

O "como" da pastoral leva a teologia ao diálogo, sobretudo com as ciências administrativas. Sem a mediação dessas ciências, a ação eclesial corre o risco de se espiritualizar e perder sua capacidade operativa e transformadora. Ainda que rezada, sem as ciências e, nesse caso, sem as ciências mediadoras da ação, a pastoral deixaria de ser uma ação corretamente pensada. Ela estaria ignorando a especificidade e a autonomia do temporal, o único palco da missão evangelizadora. É evidente que, na esfera da racionalidade da prática pastoral, estão definitivamente relegadas a um passado quimérico, tentações de providencialismos, milagrismos ou resultados mágicos.

Enquanto teologia pastoral aplicada, o "como" da ação pastoral, em primeiro lugar, diz respeito à explicitação dos objetivos e critérios de ação. Sem ter consciência de onde se quer chegar, dos resultados a alcançar e do modo e das condições para chegar lá, a ação deixa de ser corretamente pensada para ser uma ação, em grande medida, improvisada. São os objetivos e os critérios, derivados da utopia e da pedagogia evangélicas e confrontados com a realidade em que se está, que asseguram a especificidade da ação eclesial.

Em segundo lugar, estreitamente ligada aos critérios de ação, a teologia pastoral, ao pensar a intervenção numa realidade histórica concreta, não pode perder de vista os diferentes âmbitos da ação eclesial, assim como os diversos campos de atuação possível, capazes de ir antecipando o Reino de Deus na história. De um lado, limitar a ação pastoral ao espaço da subjetividade e, de outro, ao âmbito intra-eclesial, leva ao espiritualismo e ao eclesiocentrismo, que eclipsam o Reino de Deus e fazem da Igreja um fim em si mesma, em vez de lugar de mediação, tal como, de fato, ela é. A salvação ou a libertação integral da pessoa inteira e de todas as pessoas, bem como de seu contexto, implica uma ação abrangente, no interior do plano da criação, para além do estritamente religioso. Na perspectiva de Ireneu de Lyon, "a glória de Deus é o ser humano vivo; a vida do ser humano é a visão de Deus" (*AH*, IV,207), e na da *Redemptor hominis*, "o ser humano é o caminho da Igreja" (n. 14), independentemente de credo, raça ou cultura. O serviço que a Igreja está chamada a prestar é uma ação, desde a concretude do cotidiano local, em perspectiva universal e cósmica, pois universal e cósmica é a obra do Criador e a salvação que o Redentor nos trouxe e da qual a Igreja é mediação histórica.

Em terceiro lugar, o "como" da teologia pastoral diz respeito à projeção e à execução da ação eclesial propriamente dita. É o momento máximo de aterrissagem de uma ação pensada. Não se trata de chegar, aqui, a um receituário prático, mas, por um lado, de acenar para as formas concretas de intervenção na realidade que se vive, tendo em vista uma ação evangelizadora. Trata-se de determinar as respostas concretas às perguntas oriundas de um contexto determinado, que uma comunidade eclesial levará à prática. De outro lado, está a execução da ação, que, como ação pensada, não pode estar relegada ao voluntarismo e ao pragmatismo. Para que a ação aconteça, pensar sua execução significa dar-lhe aquele suporte institucional e organizacional necessário, para que se chegue aos resultados almejados. Prescindir da instituição, das estruturas, da organização e da coordenação ou da avaliação é estar exposto ao risco da anarquização. Entretanto também não se pode fazer da Igreja uma empresa, perdendo de vista sua peculiaridade institucional. Na obra da evangelização, não se pode esquecer que a instituição também é mensagem, que as estruturas são mensagem, que o mensageiro é mensagem. Em outras palavras: precisam estar configurados segundo os ideais evangélicos. Na ação pastoral, além dos fins, os meios precisam ser, também, evangélicos.

4. TEOLOGIA PASTORAL: SEU ESTATUTO ENQUANTO CIÊNCIA TEOLÓGICA

Ainda que debruçada sobre a práxis transformadora da fé, a teologia pastoral é um "pensar crítico" da ação, portanto ela é, antes de tudo, teoria ou, fundamentalmente, teologia. Já acenamos para estatutos epistemológicos reducionistas, que limitam seu objeto e seu método. Um deles consistia em ver a teologia pastoral como a disciplina teológica que transforma os elementos práticos de outras disciplinas teológicas em um receituário de práticas pontuais. A teologia pastoral seria uma ciência, mas só enquanto discernimento das formas de aterrissagem de uma ortodoxia previamente estabelecida. Ela não teria nem elaboraria conteúdos ou uma teoria, pois não passaria de um conjunto de elementos pedagógicos e didáticos, visando à operacionalização de determinados elementos teóricos. Também não seria uma reflexão da ação, mas somente dos meios que a tornam efetiva. Também já vimos o reducionismo da concepção de teologia pastoral como teoria da prática eclesial, seja ela só do clero, seja ela só dos cristãos. Sua função seria munir o funcionário eclesiástico dos requisitos necessários para a *cura animarum*. O horizonte teológico de tais modelos não é a Igreja dentro do mundo, nem o Reino de Deus.

Três diferentes paradigmas podem ajudar-nos a vislumbrar um estatuto mais satisfatório da teologia pastoral, enquanto disciplina teológica.

4.1. A teologia pastoral como ciência da auto-realização da Igreja

É o modelo epistemológico do *Handbuch der Pastoraltheologie*, organizado por K. Rahner. Também já acenamos para ele. Segundo tal modelo, a teologia pastoral é, essencialmente, uma eclesiologia, pois seu objeto material é toda a vida da Igreja. No seio da teologia pastoral, a Igreja no mundo seria o objeto da ação salvífica. A eclesiologia sistemática trataria da essência da Igreja (ser) e a teologia pastoral, enquanto eclesiologia pastoral, trataria de sua ação (fazer). Como se trata de uma instituição situada no hoje de sua realização histórica, seu objeto formal está marcado por sua situação atual. Há uma dimensão transcendental da Igreja (seu caráter divino, carismático) e uma dimensão social (seu caráter cultural, institucional), cuja conjugação coerente é tarefa da ação pastoral. Seu fundamento teológico é a encarnação no Verbo.

Segundo este modelo, a estatuto da teologia pastoral enquanto disciplina teológica estaria em fazer transparecer o caráter divino da Igreja através de seu caráter humano, descobrindo e fazendo acontecer a ação salvadora através da ação humana. Nessa perspectiva, compõem o objeto material da teologia pastoral os membros da Igreja e suas funções, o atuar da Igreja em suas diferentes atividades e suas estruturas formais. Segundo o *Handbuch*, o método consiste em três passos: primeiro, descrever e interpretar a situação atual da Igreja, com a ajuda das ciências humanas; segundo, refletir e analisar a situação a partir da revelação e do magistério; e terceiro, explicitar os imperativos da ação salvífica da Igreja hoje.

4.2. A teologia pastoral como ciência da práxis eclesial

É o modelo de Zerfaus-Hiltner, que busca superar o anterior, na medida em que não simplesmente confronta o "dever ser" da ação salvadora na Igreja com seu contexto atual, mas com a práxis eclesial. É do conjunto do "dever ser", confrontado com a práxis eclesial, que se gera crise e novas perguntas, de onde brota uma teologia pastoral capaz de atualizar a práxis de Jesus no hoje da história.

A teologia pastoral, neste modelo, diferente do anterior, mais que ciência da auto-realização da Igreja é ciência da ação. Metodologicamente, seu ponto de partida é a análise da práxis eclesial. Também aqui, as ciências humanas ajudam a apreender a ação pastoral. O segundo passo consiste em confrontar a práxis eclesial com o "dever ser". No modelo anterior, era o contrário. Aqui, o terceiro passo é conseqüência do segundo, desembocando numa práxis renovada em três dimensões: a organização, a comunicação e o pastoreio. A organização visa a promover a práxis comunitária; a comunicação diz respeito ao "onde" e ao "como" da proclamação do Evangelho; e o pastoreio ocupa-se da revisão da prática da Igreja, para responder às novas necessidades.

4.3. A teologia pastoral como ciência da práxis transformadora dos cristãos e das pessoas em geral

É o modelo, plasmado pela prática e pela reflexão da Igreja latino-americana, na perspectiva da opção preferencial pelos pobres. Aqui, a teologia pastoral é concebida como a reflexão da práxis transformadora dos cristãos e das pessoas em geral. É um modelo epistemológico tecido no horizonte, primeiro das teologias do genitivo européias, especialmente da teologia política e, depois, da teologia latino-americana.

Com relação aos modelos anteriores, há duas diferenças essenciais: uma de perspectiva e outra de método. Primeiro vem a nova perspectiva, que constitui o ponto de partida — a ótica dos pobres —, que, por sua vez, tem, como ponto de chegada, o horizonte do Reino de Deus. Depois, vem o método: a elaboração de um discurso — a teologia pastoral —, um discurso mediador entre as aspirações dos pobres e os ideais do Reino de Deus.

Segundo tal modelo, a teologia pastoral tem dois grandes momentos, precedidos por um momento zero, fundante: a opção pelos e a inserção no mundo dos pobres. O primeiro momento é o da prática libertadora, condição para o segundo, propriamente teológico: o da reflexão sobre a práxis libertadora dos cristãos e das pessoas em geral. O sujeito dos dois momentos — tanto da prática como da reflexão — é toda a comunidade eclesial, comprometida com as aspirações dos pobres, ainda que o momento da reflexão tenha, também, um nível profissional, elaborado por intelectuais, vinculados com as práticas populares, eclesiais e sociais.

Nessa perspectiva, o estatuto epistemológico da teologia pastoral, em seus dois momentos, enquanto disciplina teológica, tem três passos básicos:

- o primeiro passo, que pressupõe o momento-zero, é o da reflexão sobre a práxis transformadora da fé dos cristãos e das pessoas em geral, através das mediações das ciências humanas e socioanalíticas. Aqui, por um lado, as práticas não se resumem só à ação dos cristãos, mas também à das pessoas em geral na perspectiva dos pobres; por outro lado, a mediação analítica para apreendê-las não se restringe só às ciências humanas, mas inclui, principalmente, as ciências do social. A razão é o horizonte do Reino de Deus, para além das fronteiras da Igreja, bem como da autonomia do temporal, sua apreensão no emaranhado das relações de poder, e das estruturas da organização social e do trabalho. Perder de vista esses elementos é passar por cima de antagonismos históricos concretos, responsáveis por um mundo de crucificados. Sem conhecer os aspectos antropológicos e culturais, bem como os mecanismos estruturais que geram exclusão, o pobre será um grande desconhecido ou uma categoria genérica, sem rosto.

- o segundo passo de reflexão da teologia pastoral é o da confrontação dialética da realidade apreendida com as Escrituras, através das mediações hermenêuticas. Não se trata de simplesmente emitir a luz da revelação sobre a realidade analisada, mas de ir às Escrituras, carregados das perguntas postas pela realidade dos pobres. Não é um passo de mera aplicação, mas de interpretação, propriamente hermenêutico. Segundo Severino Croatto, citado na bibliografia deste capítulo, entramos, aqui, na delicada tarefa da hermenêutica bíblica, que é menos que "regras de interpretação" e mais que simples "atualização" do texto revelado. A hermenêutica nos leva a uma leitura crítica não-fundamentalista da revelação ou, mais propriamente, a uma releitura da mesma, criadora de sentido para a situação que se está vivendo. Para isso, primeiramente, é preciso levar em conta que toda leitura de um texto se faz "a partir de um lugar", o que significa que o leitor entra no texto com as perguntas que surgem da vida e não sai deste com respostas "textuais". Em segundo lugar, esse colocar-se em contato com o presente através do texto recebido não se explica somente por uma espécie de "congenialidade" entre o leitor e o autor do texto como seres históricos e da mesma natureza. Mais exatamente: caminha-se para uma "atemporalidade do texto", no sentido de que com aquele "entrar no" texto a partir da vida se ingressa, também, com o que pode vir a configurar-se como uma nova experiência de Deus. No caso do texto revelado, aí haverá "sintonias", mas também releituras das tradições contidas na Bíblia, fruto de uma constante confrontação com o já dito em outro contexto. Em terceiro lugar, a leitura da Bíblia, que propriamente é uma releitura, implica que o sentido de um texto cresce no momento em que é usado num contexto de vida. A propósito, o Vaticano II nos lembra de que a tradição progride (*DV*, n. 8), pois há uma história da interpretação da revelação. Na verdade, o sentido de um texto não está, objetivamente, contido nele, nem é único, como pensava Lutero, mas "se produz" no ato da leitura, que é um ato de apropriação e acumulação de sentido, pelo qual a intenção do autor fica ultrapassada pelo seu próprio texto. Essa releitura do texto revelado se faz a partir da vida, do próprio contexto, com seus conflitos e problemas, originando uma releitura crítica, visto que a Palavra que se lê aparece, manifestamente, como sujeito da crítica, tanto para quem lê como para que este se situe diante da realidade de maneira crítica; uma leitura que, necessariamente, supõe uma práxis hermenêutica, no sentido de produzir o novo para o novo contexto, que não cabe na tradição recebida.

- o terceiro passo de reflexão da teologia pastoral é o da projeção, a partir da ação presente, da ação futura, através das mediações da prática. A prática possui sua própria racionalidade e a teologia pastoral, enquanto disciplina teológica, fornece a racionalidade da práxis pastoral na perspectiva dos pobres, no horizonte do Reino de Deus e, portanto, em diálogo e colaboração com todas as pessoas de boa vontade. Dá-se, aqui, o diálogo com as ciências da ação, de modo particular as ciências administrativas. Não há como partir da prática e retornar a ela, de modo conseqüente, sem fazer uso dessas mediações. Seria, por um lado, fazer da realidade um mero lugar de aterrissagem de uma ortodoxia preestabelecida e, por outro lado, fazer da prática um receituário desprovido de reflexão, de teoria e, nesse caso, de teologia. A perspectiva dos pobres funciona, aqui também, como critério para a eleição daquelas mediações da prática, que contribuem com uma ação pastoral em prol de uma sociedade inclusiva e solidária. É o encontro da fé com as ideologias, entendidas essas como mediações para a ação e, portanto, necessárias, ainda que nem todas, porquanto muitas delas são, justamente, as responsáveis pela situação de exclusão da maioria.

Resumindo

O alicerce sobre o qual se assenta o estatuto epistemológico da teologia pastoral é a relação intrínseca entre teologia e ação. As próprias Escrituras, enquanto hermenêutica da revelação na vida de um povo, são, em alguma medida, teologia da ação. Assim nasceu a reflexão teológica durante a época patrística, uma hermenêutica do símbolo. Depois, a passagem da lectio *para a* quaestio *e desta aos manuais levou a teologia a perder de vista a ação. A emancipação da razão prática e a posterior reconciliação da teologia com ela fizeram emergir as práticas não simplesmente como aterrissagem de uma ortodoxia preconcebida, mas como fonte criadora de idéias. Desse reencontro com a ação nasceu a teologia pastoral, concebida como arte e ciência. Arte porque é, essencialmente, criatividade, no seio de uma Igreja* semper reformanda; *ciência porque não basta a intuição e a criatividade; a ação pastoral precisa, também, da normatividade de um discurso inter e transdisciplinar. Enquanto discurso normativo, a teologia pastoral tem seu próprio estatuto epistemológico. Primeiro, como disciplina autônoma no interior da teologia como um todo — com "o porquê", "que" e "como" —, estratificando-se em teologia pastoral fundamental, teologia pastoral especial e teologia pastoral aplicada; segundo, o estatuto epistemológico da teologia pastoral enquanto ciência teológica. Ainda que debruçada sobre a práxis transformadora da fé, a teologia pastoral é um "pensar crítico" da ação, portanto é, antes de tudo, teoria ou, fundamentalmente, teologia. Três modelos procuram dar conta desse estatuto: a teologia pastoral enquanto ciência da auto-realização da Igreja, a teologia pastoral enquanto ciência da práxis pastoral e a teologia pastoral enquanto ciência da práxis transformadora da práxis dos cristãos e das pessoas em geral.*

> **Perguntas para reflexão e partilha**
>
> 1) Que justifica a teologia pastoral como uma disciplina autônoma, no interior da teologia como um todo?
>
> 2) Até que ponto a prática pastoral, onde você está engajado, é fruto de uma ação pensada?
>
> 3) Que se poderia fazer para que os agentes de pastoral, em geral, fossem, em certa medida, também teólogos pastoralistas?

Bibliografia básica

Juan Luis Segundo. Revelación, fe, signos de los tiempos. In: I. Ellacuría & J. Sobrino. *Mysterium liberationis. Conceptos fundamentales de la teología de la liberación.* Madrid, Trotta, 1990. t. I, pp. 443-466.

S. Croatto. Historicidad de la revelación y hermenéutica bíblica en América Latina. *Medellín* 86 (1996) 121-137.

C. Floristán. *Teología práctica. Teoría y praxis de la acción pastoral.* Salamanca, Sígueme, 1991. pp. 123-212 (Teología).

H. Mottu. La recherche du champ propre de la théologie pratique. *Cahiers de l'Institut Romand de Pastorale* 12-13 (1992) 53-61.

M. Midali. *Teologia pastorale o pratica. Camino storico di una riflessione fondante e científica.* 2. ed. Roma, L.A.S., 1991. pp. 25-67 (La teologia pastorale in campo catolico); pp. 173-200 ("Manuale di teologia pastorale" e il superamento della sua visuale ecclesiologica); pp. 373-402 (Configurazione attuale da un punto di vista storico e critico); pp. 403-424 (Proposta di itinerario metodologico, teologico, empirico e critico).

Bibliografia complementar

P. M. Zulehner. *Teologia pastorale.* Brescia, Queriniana, 1992. v. 1: Pastorale fondamentale: la chiesa fra compito e attesa. B. Reymond & J. M. Sordet (Éds.). *La théologie pratique:* statut, méthodes et perspectives d'avenir.

Paris, Beauchesne, 1993. L. GAGNEBIN. Comment se fait la théologie pratique? In: B. REYMOND, J. M. SORDET et alii (Éd.). *La theologie pratique:* statuts — méthodes — perspectives d'avenir. Texte du Congrès international oecuménique et francophone de théologie pratique. Paris, Beauchesne, 1993. pp. 35-41. Coll. Le Point Théologique, n. 57. B. KAEMPH. Les grands axes des études de théologie pratique à Strasbourg. *Cahiers de l'Institut Romand de Pastorale* 12-13 (1992) 50-53. R. MARLÉ. *Le projet de théologie pratique.* Paris, Beauchesne, 1979. Coll. Le Point Théologique, n. 32. B. KAEMPH et alii (Éds.). *Introduction à la théologie pratique.* Strasbourg, Presses Universitaires, 1997. G. ADLER. Percorsi di teologia pastorale in area francofona. *Studia Patavina* 43 (1996) 24-55. M. DONZÉ. La théologie pratique entre corrélation et prophétie. In: *Pratique et théologie.* Genève, Labor et Fides, 1989. pp. 183-190. J. AUDINET. *Écrits de théologie pratique.* Montréal--Paris-Bruxelles-Genève, Novalis-Cerf-Lumen Vitae-Labor et Fides, 1995. M. VIAU. *La nouvelle théologie pratique.* Montréal-Paris, Ed. Paulines-Cerf, 1993. M. VIAU. *Practical theology. A new approach.* Leiden-Boston, Brill, 1999. M. VIAU. *L'univers esthétique de la théologie.* Montréal, Médiaspaul, 2002. M. VIAU. De la théologie pastorale à la théologie pratique. In: G. ROUTHIER & M. VIAU. *Précis de théologie pratique.* Montréal-Bruxelles, Novalis--Lumen Vitae, 2004. pp. 41-53. M. VIAU. La méthodologie empirique en théologie pratique. In: G. ROUTHIER & M. VIAU. *Précis de théologie pratique.* Montréal-Bruxelles, Novalis-Lumen Vitae, 2004. pp. 87-98. D. VILLEPELET. Pratique et action. In: G. ROUTHIER & M. VIAU. *Précis de théologie pratique.* Montréal-Bruxelles, Novalis-Lumen Vitae, 2004. pp. 121-136. J. M. GAUTHIER. De la praxis chez les chrétiens ou les pratiques chrétiênnes revisitées (Praxis ecclésiale, praxis des chrétiens, praxis sociale) In: G. ROUTHIER & M. VIAU. *Précis de théologie pratique.* Montréal-Bruxelles, Novalis-Lumen Vitae, 2004. pp. 137-149. K. BLASER. La théorisation des pratiques. In: G. ROUTHIER & M. VIAU. *Précis de théologie pratique.* Montréal-Bruxelles, Novalis-Lumen Vitae, 2004. pp. 205-219. J. G. NADEAU. Une méthode empirico--herméneutique. In: G. ROUTHIER & M. VIAU. *Précis de théologie pratique.* Montréal-Bruxelles, Novalis-Lumen Vitae, 2004. pp. 221-234. J. A. RAMOS. *Teología pastoral.* Madrid, BAC, 2001. pp. 81-100 (Raíces eclesiológicas de la teología pastoral); pp. 189-208. Sapientia Fidei, Serie de Manuales de Teología. C. BOFF & L. BOFF. *Como fazer teologia da libertação.* Petrópolis, Vozes, 1980. J. SOBRINO. Teologia e realidade. In: SUSIN, L. C. (Org.). *Terra prometida. Movimento social, engajamento cristão e teologia.* Petrópolis, Vozes, 2001. pp. 277-309. J. B. LIBANIO. *Teologia da libertação:* roteiro didático para um estudo. São Paulo, Loyola, 1987. A. MURAD. *Introdução à teologia. Perfil, enfoques e tarefas.* São Paulo, Loyola, 1996. C. MENDOZA-ALVAREZ. *Los paradigmas teológicos latinoamericanos. Colóquio de Teología Latinoamericana.* México, Universidad Pontifícia de México, 1996. J. G. NADEAU (Éd.). *La praxéologie pastorale:* orientations et parcours. Montréal, Fides, 1987. 2 vv. D. BOURGEOIS. *La pastorale de l'Église.* Paris, Cerf, 1993. pp. 56-79 (Statut épistémologique de la théologie pastorale); pp. 185-203 (Pourquoi le sacerdoce baptismal est-il structuré selon trois focnctions?).

PARTE II
TEOLOGIA PASTORAL ESPECIAL: O "QUE" DA PASTORAL

INTRODUÇÃO

Ainda que o "porquê", o "que" e o "como" da ação eclesial e de sua consciência reflexa — a teologia pastoral — se interpenetrem e se conjuguem num todo, pedagogicamente se justifica abordá-los separadamente. Assim, tendo já nos ocupado de "o porquê" da teologia pastoral, a segunda parte deste estudo se propõe abordar o "que" da teologia pastoral, de seu objeto enquanto reflexão da práxis transformadora da fé dos cristãos e das pessoas em geral.

Já dissemos que o cristianismo não é uma mera doutrina ou simplesmente um modo de pensar ou de ver a vida e o mundo. Ele é, antes de tudo, um comportamento, um modo de ser, de viver e de agir. Nas Escrituras, a pergunta daqueles que fazem a experiência do encontro pessoal, tanto com Javé no AT, como com Jesus e os apóstolos no NT, é, sempre, "que devo fazer..." (Lc 3,10). Eles entendem que o que está em jogo é a salvação, portanto não podem agir de qualquer modo, nem fazer não importa o quê. A salvação consiste não simplesmente em "saber" quem é Deus ou conhecer intelectualmente seus desígnios (gnosticismo), mas em "fazer" sua vontade, em realizar seu plano de amor na vida pessoal, comunitária, em relação à humanidade e a toda obra da Criação.

No último capítulo da parte anterior, ao abordarmos o estatuto da teologia pastoral como disciplina autônoma no interior da teologia, já fizemos alusão ao "que" da teologia pastoral, que se compõe, basicamente, do *tria munera Ecclesiae*: o ministério profético, o ministério litúrgico e o ministério da caridade (*LG*, n. 13). Vimos que foi graças à Reforma Protestante que essa trilogia, pouco a pouco, entrou, também, na teologia católica, de modo especial com o Concílio Vaticano II. Ainda que não tenha uma base escriturística clara, é uma realidade que, como tantas outras, se foi configurando no caminhar da Igreja, explicitando o que estava escondido na tradição revelada.

Convém ressaltar, de antemão, que os três ministérios conformam um todo inseparável, sob pena de desfigurar a essência do cristianismo. E que integra a vocação de todo batizado. Cada ministério está nos demais e se dá através deles. Entre eles, há uma relação dialética, cujo pólo de articulação, entretanto, é o ministério da caridade. A razão disso, também já a expressamos no capítulo anterior. É que a própria revelação, tal como a fé, é sempre precedida pela ação, ou seja, pela acolhida na vida daquilo que Deus nos quer dar. É só quando a diferença faz diferença que ela se torna vida, o único lugar possível da salvação de Deus. Evidentemente que a iniciativa sempre vem de Deus, que nos amou primeiro. Sua Palavra (ministério profético), acolhida na vida pelo dom da fé (ministério litúrgico), leva-nos a amar a Deus nos irmãos (ministério da caridade). Mas a porta da acolhida da Palavra e para a fé é o amor, que é o próprio Deus, que nos amou primeiro e, portanto, está com sua graça no começo de tudo.

Nesta segunda parte, em três capítulos, vamos abordar cada um desses ministérios. A pastoral profética compreende o ministério da profecia pelo testemunho (*martyría*), pelo anúncio (querigma), pela catequese (*didaskalia*) e pela teologia (*krísis*). A pastoral litúrgica (*leitourgía*) compõe-se da celebração dos sacramentos, da oração litúrgica, da pregação e da homilia. E o ministério da caridade compreende o serviço (*diakonía*) e a comunhão (*koinonía*).

Como se pode perceber, estamos, aqui, entrando na essência da originalidade da fé cristã, enquanto proposta de salvação, segundo a *mensagem* revelada no peregrinar do antigo e do novo Povo de Deus. Conseqüentemente, as fontes são eminentemente bíblicas e patrísticas. Também convém ter presente que por evangelização se entende o conjunto desses três ministérios fundantes da vida cristã. Ela não se reduz à pastoral profética e muito menos, no interior desta, à mera proclamação do querigma, tal como muitos tendem a entendê-la hoje. Segundo a *Evangelii nuntiandi*, a evangelização atualiza a obra da salvação como um todo, em estreita relação com a promoção humana (n. 31). Profecia, oração e serviço são três faces de uma única realidade: a vida e a missão de todo cristão, no interior de uma comunidade eclesial, inserida no coração da sociedade. Não são ministérios restritos a uma ação eclesial interna (*ad intra*). Cada um deles tem uma dimensão para fora da igreja (*ad extra*), pois é o mundo o espaço do testemunho e da vivência da fé. Os três ministérios incidem, portanto, no âmbito da pessoa, no âmbito da comunidade eclesial e no âmbito da sociedade.

Convém também chamar a atenção do leitor para o fato de que, por se tratar de um "manual básico" de teologia pastoral, na perspectiva do Vaticano II, optamos por colocar em relevância a base laical da Igreja, restringindo-nos aos três ministérios oriundos do batismo, a vocação fundante do cristão. É a partir desses três ministérios básicos (o ser e o fazer cristão) que se deve conceber o ministério apostólico na ação pastoral, tanto em relação aos ministérios ordenados como aos ministérios leigos ou serviços eclesiais.

Capítulo primeiro

A PASTORAL PROFÉTICA

O Concílio Vaticano II, como vimos, ajudado pela teologia protestante, recuperou a centralidade da Palavra na vida cristã e no seio da Igreja. Até então, o tríplice ministério do batismo era citado dando primazia ao culto — sacerdote–profeta–rei. O ministro ordenado, que monopolizava o sacerdócio comum dos fiéis, era visto, sobretudo, como "ministro do culto". E a missa era vista mais como sacrifício oferecido pelo ministro do que como banquete de toda uma assembléia, eclipsava os demais sacramentos da iniciação cristã. Felizmente, o Concílio, com os protestantes, irá dizer que o presbítero é, antes de tudo, "ministro da Palavra", no centro de uma comunidade toda ela evangelizadora.

No interior do tríplice ministério da vida cristã, o lugar e a função da pastoral profética é levar os interlocutores da ação evangelizadora a se conectarem com o evento da revelação — a Palavra feita carne em Jesus Cristo. E uma vez estabelecido este vínculo vital, cabe à pastoral profética acompanhar e nutrir o neófito no longo itinerário da fé que, na Igreja, se dá através de mediações privilegiadas como a *martyría* (testemunho), o *querigma* (anúncio), a *didaskalia* (catequese) e a *krísis* (formação teológica).

Antes de entrar em cada uma dessas quatro mediações da pastoral profética, convém começar situando-as dentro da nova teologia da missão. Aliás, em vez de "missão" melhor seria falar em "nova teologia da ação evangelizadora", elaborada na perspectiva do Concílio Vaticano II e da *Evangelii nuntiandi*. Tal exortação acusa a recepção da prática e da teologia da Igreja na América Latina. O termo "missão", historicamente, está associado a ir ao encontro do outro para trazê-lo para a Igreja. Já o termo "evangelização" expressa a idéia de levar gratuitamente o Evangelho e estabelecer, com o interlocutor, uma relação dialógica, que pode redundar na conversão. Mas isso não depende do evangelizador. Seu papel é "dar de graça". O que vem depois depende da liberdade do interlocutor e da graça de Deus. Na antiga visão de missão, tributária do eclesiocentrismo reinante, o objetivo é implantar a Igreja. Na perspectiva da evangelização, tanto na Igreja como fora dela, busca-se impulsionar o Reino de Deus, do qual a Igreja é uma mediação privilegiada, mas não a única. Nessa perspectiva, importa, por um lado, acolher os frutos do Reino já presentes na vida do interlocutor e seu contexto e ajudá-lo a encarnar, a seu modo, o Evangelho em sua vida e em sua cultura. A adesão a uma comunidade de fé é uma "conseqüência" natural do processo de acolhida do Evangelho e não "causa". A Igreja é fruto da Palavra, não causa dela. No contexto do Vaticano II, a superação do eclesiocentrismo (*LG*, n. 5), o respeito pela autonomia do temporal, o reconhecimento da liberdade de consciência, a legitimação da liberdade religiosa e a acolhida das diferenças, também de culturas, mudaram radicalmente a teologia da missão e, conseqüentemente, a compreensão e o exercício do ministério profético ou da Palavra.

Nesse particular, ainda a título de introdução, deixando a questão da modalidade da ação evangelizadora em relação ao ministério profético para a terceira parte de nosso trabalho, convém tecer algumas considerações a respeito da nova pedagogia da evangelização. São apenas quatro lembretes. Em primeiro lugar, a superação do eclesiocentrismo transforma qualquer forma de proselitismo num procedimento antievangélico. A sedução é a mais sutil das violências. A Igreja é mediação de salvação, certamente privilegiada por seus meios de santificação como a Palavra e os sacramentos, mas não única e exclusiva. Evangelizar não é sair da Igreja a fim de trazer "convertidos" para dentro dela, mas oferecer o Evangelho gratuitamente. A verdadeira conversão é fruto da graça, apoiada antes na persuasão do que na sedução e na coação.

Em segundo lugar, a evangelização, com o reconhecimento da liberdade de consciência, faz dos antigos destinatários verdadeiros interlocutores de um processo respeitoso do "sacrário da consciência" do outro, que ninguém tem o direito de profanar. Deus não se impõe, se propõe; bate à porta, cuja fechadura está do lado de dentro. O próprio Jesus é Evangelho — comunicação do Pai. Sem uma relação horizontal entre interlocutores, a mensagem evangélica não passa.

Terceiro, na obra da evangelização, o respeito pelo diferente desqualifica toda e qualquer pretensão de satanização da religião do outro, assim como etnocentrismos velados ou o mito de uma cultura superior. Dado que a revelação é sempre recebida segundo o modo dos receptores ("cognita sunt in cognoscente secundum modum cognoscentis" — *Summa*, II-II, q. 1; a.2c), o sujeito de um processo de evangelização inculturada não é quem leva o Evangelho, mas quem o recebe. De acordo com a pedagogia de Jesus, na obra da evangelização não é tanto o Evangelho que se incultura, mas os sujeitos da cultura que se apropriam dele a seu modo. E como não há cultura sem religião, também não há verdadeira evangelização sem diálogo inter-religioso. Antes do missionário, sempre chega o Espírito Santo. Por isso a primeira tarefa do evangelizador consiste, sempre, em acolher a obra que Deus realizou no âmago da cultura, incluída a religião, que é sua alma. A acolhida do Evangelho não exige nenhum sacrifício redutor do que na religião do outro é compatível com o Reino de Deus.

Finalmente, o último lembrete introdutório: o respeito pela autonomia do temporal obriga a Igreja a renunciar a qualquer resquício de mentalidade de cristandade, ou seja, de confundir cristão e cidadão, Igreja e Estado, evangelização e cultura cristã. A missão da Igreja se dá num mundo pluralista.

Quanto aos valores evangélicos, que são sempre autênticos valores humanos, cabe aos cristãos, como cidadãos, encarná-los na "cidade secular", juntamente com todas as pessoas de boa vontade.

Com esse pano de fundo, a pastoral profética, em suas diversas mediações, adquire outra perspectiva com relação à maneira tradicional com que a Igreja evangelizou por mais de um milênio e meio. Uma maneira ultrapassada, que certos segmentos da Igreja, ainda hoje, insistem em perpetuar, recusando-se a receber um Concílio que, mais que inovar, é o resultado da volta às fontes bíblicas e patrísticas, que, por sua vez, recolhem a pedagogia de Jesus, guardada e praticada, zelosamente, pela Igreja primitiva e antiga.

1. O MINISTÉRIO DA PROFECIA PELO TESTEMUNHO (MARTYRÍA)

Segundo a *Evangelii nuntiandi*, o testemunho é o primeiro meio de evangelização (n. 21) — falar de Deus sem falar. Importa, antes de tudo, "mostrar" Deus, mais que "demonstrá-lo". Talvez aí esteja um dos limites da Igreja na Europa, no diálogo com os ateus. Nós, os cristãos, cremos não na evidência de uma doutrina, mas em Alguém. Da Igreja primitiva e antiga, o que mais impactou os romanos foi a caridade dos cristãos, o modo como eles viviam, sobretudo a partilha dos bens e a assistência aos pobres. Imperadores romanos chegaram a propor ao Estado a mesma atitude em relação às plebes, que se rebelavam contra a crise econômica reinante. A Escrituras são insistentes e até repetitivas em afirmar que o que salva é a fé com obras — "Quero a misericórdia, não o sacrifício" (Os 6,6; Mt 9,13); "Não basta dizer: Senhor, Senhor..." (Mt 4,21); "Tive fome e me deste de comer, tive sede e..." (Mt 25,31-46). Mas a história da fé cristã sempre esteve tentada por elementos gnósticos ou marcada pela dicotomia entre fé e vida. Sobretudo a escolástica medieval tendeu a confundir a fé com o assentimento intelectual de certas verdades formuladas teoricamente. Mais importava a ortodoxia do que a ortopráxis. A própria espiritualidade monástica, fundada no *ora et labora*, também expressa essa tendência de separar a fé do cotidiano da vida. Às vezes, na evangelização, cuidamos muito do discurso, do que vamos "dizer", descuidando-nos do modo como vamos "fazer", esquecendo-nos de que o mensageiro é também, ou sobretudo, mensagem.

Felizmente, a emancipação da razão prática submeteu a verdade à veracidade, à sua comprovação histórica. Também as verdades da fé cristã. Se é verdade que Jesus Cristo salva, que Deus liberta, que a fé cristã é horizonte de sentido e força transformadora, que o Reino de Deus é plenitude de vida etc., é preciso que isso apareça e se demonstre pela vida, que se comprove na história, ou então a religião não passa de uma superestrutura de alienação, fuga das responsabilidades terrestres, projeção de desejos frustrados. Como foi oportuna e salutar a crítica da religião pelos mestres da suspeita — Marx, Freud, Sartre. Ela mudou, radicalmente, o exercício do ministério da profecia. A duras penas aprendemos que uma resposta adequada a essa crítica implicava muito mais que uma postura apologética, por mais engenhosa e brilhante que fosse. Para que a crítica dos filósofos da práxis não tivesse razão, era preciso mostrar, com a vida, que religião pode ser fator de libertação, de plenitude de vida, de realização humana na história. Evangelizar é muito mais que um anúncio no ar ou mesmo lançar a semente na terra, sem se preocupar com o terreno. Como a semente aspira aos frutos, assim também a Palavra de Deus.

Por outro lado, a mudança de postura não pode ser uma mera atitude de *captatio benevolentiae*, um engodo ou uma estratégia de reconquista, um modo de comprovação de uma teoria ortodoxa ou, pior, uma maneira sutil de sedução do outro, que é a mais vil forma de manipulação. Dar testemunho, antes de qualquer explicitação de determinados comportamentos e verdades da fé, é evangelizar segundo o modo discreto de Deus. Sempre que esquecemos a discrição, rompemos com a pedagogia de Deus. Como dizia Paulo VI na *Evangelii nuntiandi*, o testemunho é uma evangelização implícita, por onde sempre deve começar qualquer processo evangelizador (n. 21). O testemunho, inevitavelmente, irá suscitar perguntas por parte do interlocutor, e, então, esse é o momento de oferecer gratuitamente o Evangelho, capaz de responder a todas as buscas do ser humano. O testemunho sensibiliza e ajuda o outro a "descobrir", não a simplesmente aceitar o que Deus tem a lhe oferecer.

O termo de origem grega *martyría* significa "dar testemunho", que, na Igreja primitiva, era sinônimo de "dar a vida" pela causa do Evangelho. Era o máximo a que o ideal cristão podia chegar, a exemplo do próprio Jesus. E Jesus é *odòs*, caminho, de quem o cristão é seguidor. O próprio termo "cristão", surgido em Antioquia, designava os que se pareciam com Cristo ou a consciência de seus seguidores na originalidade do cristianismo em relação ao judaísmo (At 11,26). "Vede como eles se amam" (Tertuliano), diziam os pagãos, intrigados e curiosos pelo modo de vida das primeiras comunidades cristãs.

Assim, nós, os cristãos, precisamos tomar consciência de que, inseridos no contexto cultural moderno de superação de uma postura dedutiva e essencialista diante da verdade, a própria *mensagem* revelada só será digna de crédito quando acompanhada pelo testemunho, por sua verificação histórica. Sensível a essa exigência, Paulo VI recordava, na *Evangelii nuntiandi*, que "os seres humanos de hoje crêem mais nas testemunhas do que nos mestres e só crêem nos mestres quando dão testemunho" (n. 41). Fazendo eco desse imperativo, João Paulo II também afirmou que "o ser humano contemporâneo crê mais nas testemunhas do que nos mestres; crê mais na experiência do que na doutrina, na vida e nos fatos do que na teoria" (*Redemptoris missio*, n. 42). Sinal da importância de tal categoria na concepção atual da missão, os documentos do Concílio Vaticano II citam 88 vezes o termo "testemunho", 27 vezes a palavra "testemunha" e sete vezes, "testemunhar".

Para concluir tais reflexões em torno do testemunho, não se poderia deixar de mencionar que, enquanto "martírio", os pobres em sua situação de anonimato e opressão, são testemunhas vivas que interpelam nossa fé. Eles prolongam no mundo a Paixão de Jesus e estampam em seu rosto, o rosto desfigurado do Senhor. Independentemente de seus limites e também pecados, Deus escandalosamente opta por eles, não porque sejam melhores e mais santos do que outros, mas pelo escandaloso fato de serem pobres. Assim sendo, assumir a causa dos pobres, na medida em que é uma opção do próprio Deus, é o testemunho cristão por excelência, sobretudo no seio de uma sociedade que prescinde dos que não consomem. É o testemunho mais eloqüente de uma religião que, em lugar de ser fator de alienação, é força transformadora e libertação. Felizmente, a Igreja na América Latina e no Caribe conta com seus frutos mais preciosos — os santos das causas sociais. Oxalá a Igreja, um dia, possa reconhecê-los também como "sementes de novos cristãos", pois o corpo de um mártir nunca é enterrado, mas plantado.

2. O MINISTÉRIO DA PROFECIA PELO ANÚNCIO (QUERIGMA)

A forma evangélica da proclamação da Boa-Nova da salvação (querigma) é, basicamente, a explicitação do testemunho, que sempre deve preceder o autêntico anúncio de Jesus Cristo. O que estava implícito na vivência e na conduta agora vem à tona. Como dissemos, sem o testemunho a Boa-Nova é incompreensível, porquanto ela ocorre quando a acolhemos na vida. Antes de o fazer na Bíblia, Deus se revelou no livro da vida, o lugar de acolhida da revelação de Deus. Por isso anunciar a Boa-Nova não é transmitir um texto, mas o "caminho" de uma salvação que se dá através da fé acompanhada da "prática" de Jesus, tal como as comunidades eclesiais de todos os tempos buscam perpetuar na história: "Fazei isso em memória de mim..." (Lc 22,19; 1Cor 11,24-25).

Anunciar ou explicitar o querigma não é levar uma determinada versão de cristianismo, um catecismo ou um corpo de doutrina. O anúncio é sempre um diálogo entre interlocutores, mediado pela cultura. Concretamente, cabe aos sujeitos da cultura, aos quais se quer dar a conhecer a mensagem evangélica, apropriarem-se a seu modo do Evangelho. A tarefa de quem leva a *mensagem* revelada consiste, sobretudo, em facilitar-lhes o texto da Bíblia, a história do texto, a tradição de sua interpretação e criar o contexto eclesial comunitário de fé necessário para que possam ler, interpretar e assimilar a *mensagem* adequadamente. Significa que os membros da cultura que recebem o anúncio têm o direito de ter um contato o mais direto possível, tanto com o texto revelado como com a tradição de sua interpretação, justamente para que haja uma recepção original da *mensagem* e um processo de inculturação a partir das próprias matrizes culturais. Isso evita que se receba, como algo essencial, a versão cultural de cristianismo dos evangelizadores. É preciso deixar aberto o espaço para uma nova encarnação da *mensagem* na nova cultura, segundo as contingências de seu tempo e lugar. Mais bem se entende o Evangelho a partir da própria cultura do que da cultura do outro.

Como se pode perceber, o anúncio do querigma não é toda a tarefa da evangelização. Recorda Paulo VI, na *Evangelii nuntiandi*, que "a evangelização é uma realidade rica, complexa e dinâmica", difícil de definir. Possui "elementos variados: renovação da humanidade, testemunho, anúncio explícito, adesão do coração, entrada na comunidade, acolhida dos sinais, iniciativas de apostolado" (n. 24). O anúncio do querigma é apenas um dos momentos do processo de evangelização. E ainda: momento que pressupõe o testemunho. A Palavra revelada não é palavra oca, é Alguém. É palavra que se fez Vida, para que todos tenham vida. Nisso consiste o Evangelho enquanto "comunicação", do contrário o anúncio não comunica. Só há verdadeira comunicação da revelação quando o anúncio é precedido por sua vivência, ainda que a *mensagem* revelada transcenda e ultrapasse, infinitamente, a forma mais apurada e completa de sua encarnação na história. O Evangelho não existe fora da cultura, se faz cultura. Se fosse produto de uma cultura, não passaria de um produto humano.

No coração do anúncio está a pessoa de Jesus Cristo. Por isso o ministério da profecia pelo anúncio significa, desde a vida, explicitar o acontecimento e a obra de Jesus Cristo, que é o Reino de Deus, do qual sua Igreja é sinal e instrumento. Para Jesus, em seu tempo, evangelizar foi "proclamar uma Boa-Nova aos pobres" (Lc 4,18). Para nós, os continuadores de sua obra, não poderia ser diferente, "porque deles é o Reino de Deus". Anunciar o Evangelho, hoje, é fazer dele uma boa notícia aos que têm fome e sede de justiça, aos que choram e sofrem, aos misericordiosos e pacíficos... (Mt 5,1-2; Lc 6,20-23). É dizer que pela Vida, Paixão, Morte e Ressurreição de Jesus o Reino de Deus já está "entre nós", ainda que misteriosamente e, às vezes, quase invisível. É levar a compreender que já estamos potencialmente salvos. Basta acolher esta Boa-Notícia, fazê-la vida, vivendo como "filhos da luz" (Ef 5,8), e empenhar-se em transfigurar tudo o que está desfigurado. É anunciar, sobretudo aos excluídos, que não estamos jogados à própria sorte, à mercê dos opressores e de suas estruturas, que engendram dominação e morte. Que temos um Pai, que nos criou para a felicidade com ele, que nos enviou seu Filho, vencedor do egoísmo pelo amor sem medida, para introduzir-nos no Reino da Justiça e da Paz. É fazer ver, sobretudo pelo testemunho, que a Igreja continua sua obra e que quer ser esperança, em especial aos que lutam contra toda esperança. E que aquele que quiser ser salvo abrace tal Reino e não olhe para trás (Lc 9,62). Que terá na Igreja um espaço privilegiado para experienciá-lo e propagá-lo. Que o Reino é caminho estreito (Mt 7,13), mas vida plena (Jo 10,10); é cruz, mas salva (Mc 8,34);

é morrer, mas para ressuscitar (Rm 6,4); é tornar-se último, para ser primeiro (Mt 20,16). Entrar no âmago do mistério desse Reino é já começar a receber o cêntuplo ainda nesta terra, mesmo que com perseguição (Mc 10,30). Pois "eu vim trazer o fogo, a espada..." (Lc 12,49), disse Jesus.

Anunciar, explicitar o querigma, é um dever para quem descobriu este tesouro — "Recebestes de graça, dai de graça" (1Cor 4,7) —, mas também um direito de quem não o conhece — "Ide ao mundo inteiro, a todos os povos..." (Mt 28,19), recomendou Jesus, o Ressuscitado, que para isso enviou seu Espírito, o Paráclito, o Defensor. É tarefa de todos os batizados fazer essa proposição gratuita que, justamente por ser amorosa e respeitosa da liberdade e da situação do outro, pode redundar em abertura do coração, condição para a ação discreta e eficaz da graça, capaz de fazer "nascer de novo", "do alto", "do Espírito" (Jo 3,3).

3. O MINISTÉRIO DA PROFECIA PELA CATEQUESE (*DIDASKALIA*)

No caminho da fé, *martyría* (testemunho) e querigma (anúncio) conduzem à *didaskalia* (catequese). É conectado pelo testemunho, vivido e explicitado pelo anúncio do Evangelho do Reino que alguém, com base em sua liberdade e pela força da graça, pode fazer um verdadeiro processo contínuo de conversão à pessoa de Jesus Cristo e sua obra, o Reino de Deus. Apoiada na conversão, a catequese pode, então, ajudar o cristão a "confessar" sua fé. Fé também destinada a ser crítica pela *krísis* (a formação teológica), o que será assunto para o item seguinte.

Etimologicamente, o termo "catequese" provém do verbo neotestamentário "catequizar" (*kat-êchein*), que significa fazer ressoar uma palavra no ouvido de alguém e suscitar uma resposta. No século II, por catequese passou-se a entender o ensino fundamental na fé e da fé, através de um mestre (*didáscalos* ou *rabi*, em hebraico), tal como fez Jesus com seus discípulos.

3.1. Evangelização e catequese

É importante começar tomando consciência de que, se o anúncio (querigma) não esgota a tarefa da evangelização, tampouco a catequese o faz. Como disse João Paulo II, "a catequese é 'um' momento privilegiado do processo global de evangelização" (*Catechesis tradendae*, n. 18). Em relação à evangelização, a catequese tem seu caráter próprio e específico. Por outro lado, é uma especificidade que não pode desconectar-se, como diz o papa, dos demais "momentos" do processo global de evangelização. Por uma razão simples: a catequese, como parte integrante do *tria munera*, no seio da pastoral profética, é muito mais que um serviço pastoral específico; é antes uma dimensão da evangelização como um todo. Todas as ações da Igreja devem catequizar também, ainda que nem tudo se reduza à catequese. É uma dimensão da ação pastoral como um todo, sem por isso perder sua especificidade e particularidade.

Como já dissemos, dentro da pastoral profética a catequese pressupõe o testemunho e o anúncio. Em outras palavras: pressupõe a conversão inicial, enquanto adesão livre à globalidade do Evangelho do Reino. Depois é que entra a catequese como formação na fé de quem já aceitou o Evangelho. A finalidade da catequese não é "converter", mas dar a conhecer melhor o tesouro encontrado, levar a celebrá-lo no interior de uma comunidade de fé e vivê-lo como Igreja e como cidadão inserido na história. A catequese é o momento da educação e da formação cristã, que tem como meta levar o "convertido" a confessar ou a professar sua fé, através de uma vida cristã, no seio de uma comunidade eclesial, inserida na sociedade. A confissão da fé cristã, por aquilo que ela significa, não é um ato solitário, mas solidário. Na base, está a própria realidade trinitária de um Deus comunidade de amor, em que a catequese, sobretudo em sua fase catecumenal, tem a função de introduzir o catequizando não propriamente nos conteúdos da fé, mas na vida da comunidade eclesial. No fundo, a missão de catequizar não é tarefa de um catequista, mas de toda a comunidade, à qual o catequizando pertence. É toda a comunidade quem deve preocupar-se com seu crescimento na fé e com os frutos da conversão. Pois, por um lado, quem evangeliza, a rigor, é, antes de tudo, a Igreja como um todo, enquanto sinal e instrumento do Reino. Os diversos ministérios são entendidos a partir dela e não o contrário. Por outro lado, o catequizando é Igreja também, portanto não um simples objeto da catequese. Ele, a seu modo, também evangeliza, até o catequista. Como nos advertiu Paulo VI na *Evangelii nuntiandi*, a Igreja só evangeliza quando se deixa evangelizar (n. 15). Em outras palavras: como o aluno só aprende com professor que aprende, assim também, na catequese, o catequizando só é catequizado com catequista que também se catequiza ao catequizar.

Tal como na instituição do catecumenato da Igreja antiga, a catequese de iniciação tem uma importância decisiva e um lugar ímpar na vida do cristão. Os frutos do processo de formação na fé dependem muito de uma boa iniciação global e sistemática na fé da Igreja, na forma de um período intensivo e progressivo de formação integral e fundamental na fé. Não pode resumir-se na preparação à recepção de um sacramento particular. Os sacramentos são mais ponto de chegada de um processo (que, por sua vez, será também ponto de partida de outros processos) do que realidades desconexas e estanques na vida de indivíduos isolados.

3.2. Itinerário histórico da catequese

A catequese na Igreja primitiva e antiga

Na Igreja primitiva e antiga, a catequese tinha dois grandes momentos: a etapa de iniciação cristã e a etapa de crescimento e formação da fé dos iniciados. A etapa de iniciação cristã correspondia ao catecumenato. Tal como consta Cassiano Floristán, citado na bibliografia final, na Igreja primitiva, para os judeus que se convertiam, se lhes conferia imediatamente o batismo. Para os pagãos, que não conheciam "a pedagogia para Cristo" (AT), achou-se necessário fazer uma preparação catecumenal prévia ao batismo. Essa preparação consistia numa instrução na fé cristã, sim, mas, sobretudo, tratava-se de criar no convertido uma nova conduta (*ethos*), pela participação na vida da comunidade eclesial ("a comunhão dos santos"). O catecumenato, na verdade, introduzia o convertido na vida da Igreja, no cerne dos três ministérios (*tria munera Ecclesiae*), porquanto tinha um caráter catequístico (ministério da Palavra), litúrgico (ministério litúrgico) e de conduta ou vivência cristã (ministério da caridade). Sem a demonstração concreta de trilhar o caminho de Jesus (*odòs*), o catecúmeno não era admitido e introduzido no seio da comunidade eclesial. Convém não perder de vista que estamos falando da conversão e formação na fé de catecúmenos adultos.

Na Igreja antiga, testemunhos como o de Justino ou de Hipólito de Roma nos revelam que, entre a metade do século II e início do século III, o catecumenato era uma instituição bem organizada. Tinha a duração, normalmente, de dois ou três anos de preparação. Os candidatos eram admitidos sob a condição de um exame de sua conduta ou comportamento, bem como das reais motivações da conversão. Uma vez aprovados, eram denominados "catecúmenos". Percorrido um longo período de reuniões constantes, orações e participação na liturgia da Palavra, uma vez admitidos, convertiam-se em eleitos (*electi*). Nessa etapa, a preparação era intensificada através de reuniões diárias com instrução, acompanhada da imposição das mãos e exorcismos, até serem batizados na noite pascal, geralmente por imersão na "piscina" batismal. Ao saírem da piscina, recebiam o crisma, vestiam-se de branco e entravam no templo, onde o bispo lhes impunha as mãos, ungia com o óleo de ação de graças e traçava o sinal-da-cruz na fronte. O rito terminava com o beijo da paz.

A partir do século IV, com as "conversões" em massa, o catecumenato se reduziu ao tempo da Quaresma, em que se ministrava aos convertidos uma catequese básica, celebrava-se o rito do sinal-da-cruz na fronte, do exorcismo e do sal. Há um fato novo: cresce o número de crianças ao batismo e diminui o de adultos. Por isso a substituição da instrução pelo rito. A razão é o surgimento de uma determinada teologia do pecado original, que induzia a batizar as crianças o quanto antes. Além disso, há um outro fato novo: separa-se o batismo (administrado pelo pároco), da confirmação (reservada ao bispo) e da eucaristia (reduzida à "primeira comunhão" de crianças). É o fim da tradicional "catequese de iniciação cristã" e, com ela, do catecumenato.

A renovação da catequese pelo Concílio de Trento

O Concílio de Trento levou a cabo todo um esforço de renovação da catequese, impulsionado pela Reforma Protestante, que havia devolvido a Bíblia às mãos do povo e dado um grande destaque à Palavra e à instrução no centro da celebração do culto. Entretanto, pouco a pouco, foram se configurando os três modelos tradicionais de catequese, que chegariam até o Concílio Vaticano II. Historicamente, os três modelos se deram numa ordem cronológica.

1) A catequese como aula de catecismo — Neste modelo, identifica-se a catequese com a aprendizagem memorística do catecismo de Trento, que contém um elenco de enunciados dogmáticos e morais. Há verdades nas quais se deve crer e mandamentos a cumprir. O método consiste em transmitir, na íntegra, uma doutrina em que todo cristão chegado ao uso da razão deve fazer assentimento intelectual. Os conteúdos são os mesmos para todos, universais, sem preocupação em mostrar a conexão deles com a vida. Afinal, crianças estão sendo instruídas. A finalidade da catequese é preparar para os sacramentos, tomados de maneira descontextualizada da vida e da Igreja enquanto comunidade de fé. A razão disso, em grande medida, é porque se recebe os sacramentos para a "salvação da alma", segundo a teologia de então.

2) A catequese como educação do cristão — Este modelo procura renovar o método e o conteúdo, ligando-os com o contexto e a vida do catequizando. Aparece no século XIX. Com relação ao método, são introduzidas as ciências humanas, especialmente a pedagogia e a psicologia. Toma-se consciência de que o importante não é só uma doutrina a ser transmitida, mas também o catequizando, que deve participar ativamente do processo catequético. Em outras palavras: o catequizando é um sujeito, não mero objeto da catequese. Quanto aos conteúdos, procura-se passar de um "corpo de doutrina" de Alguém, que tem, sim, uma mensagem de salvação, mas da qual o catequista é testemunha. Catequizar-se não é saber de memória uma doutrina, mas fazer experiência dos conteúdos da fé anunciados e acolhidos na vida. Catecismo não é um livro, mas sobretudo a experiência do catequizando como lugar da revelação de Deus, ainda hoje, pois ele continua a revelar-se. É verdade, não se trata de outra revelação, mas daquela que as Escrituras encerram. Sim, sempre a mesma, mas de maneira nova, porque "ele é o Deus dos vivos, não dos mortos". Nessa nova perspectiva da catequese, pode-se perceber toda a contribuição e influência da teologia querigmática de Insbruck.

3) A catequese como um momento privilegiado de evangelização — No contexto do Concílio Vaticano II, a nova concepção de revelação, de Igreja, de missão e de mundo operou uma profunda mudança na concepção da catequese. Primeiro, ela se insere no contexto global da ação evangelizadora. Segundo, com relação ao método, assume a perspectiva dialogal e de serviço ao mundo (*GS*, nn. 3, 40; *CD*, n. 13), superando qualquer resquício apologético. Terceiro, a catequese é situada no conjunto da ação pastoral, por um lado, como um momento de aprofundamento da fé, em vista da participação efetiva na Igreja e na sociedade; por outro, é assumida como uma dimensão de todas as ações eclesiais. Por isso ela passa a ser orgânica, progressiva, integral e permanente, abarcando também os adultos. Sobretudo na perspectiva da *Gaudium et spes*, o aprofundamento da mensagem evangélica põe em relevo também a dimensão social e política da catequese, na medida em que ela prepara o cristão para sua missão no mundo (*GS*, nn. 39, 43).

3.3. Pautas de uma catequese renovada

Preocupações atuais

As radicais mudanças ocorridas na configuração do cristianismo a partir do século IV desestruturaram a catequese, sem que até hoje se tenha encontrado uma resposta satisfatória a desafios que perduram desde essa época. O batismo de crianças antes do processo catequético, a primeira eucaristia no início dele e a confirmação no final, por um lado, dão a impressão de que a função da catequese é preparar para a recepção dos sacramentos. Por outro, sugerem que é algo reservado a crianças. Sem falar no eclipse da catequese de iniciação. Há, ainda, a questão da linguagem da catequese, que, uma vez dirigida a crianças, incapazes de uma abordagem mais sistemática e profunda, contribui, no desejo de simplificar, para empobrecer os conteúdos e também para passar a imagem de que a catequese não é algo para adultos. Poderíamos falar, ainda, da séria deficiência na preparação dos catequistas, muitas vezes adolescentes tão cheios de disponibilidade quanto de dúvidas sobre aquilo que lhes encarregaram de comunicar e que, com toda boa vontade, buscam testemunhar.

Na verdade, tudo isso é reflexo de um modelo eclesiológico que ainda privilegia a sacramentalização em relação à evangelização ou concebe aquela desvinculada desta. Felizmente, já há amplos segmentos da Igreja que, acusando a recepção do Concílio Vaticano II e da *Evangelii nuntiandi*, deram passos significativos, tanto na reflexão quanto no exercício de uma catequese renovada. Também, com o avanço da consciência da liberdade religiosa e da autonomia das subjetividades, pouco a pouco se vai superando um catolicismo cultural, no sentido de mero prolongamento de uma tradição ou costume social herdado. Além das comunidades eclesiais, que, em muitos lugares, são os verdadeiros sujeitos da catequese, os pais se fazem cada vez mais parceiros do processo catequético de seus filhos, tomando consciência da necessidade de, eles próprios, assumirem em sua vida a catequese permanente, como adultos. Sabem que os filhos começam recebendo sacramentos apoiados na fé dos pais e padrinhos, portanto que eles são os primeiros responsáveis pelo seu itinerário catequético.

No contexto das exigências de uma formação catequética, por um lado enquanto momento privilegiado do processo global de evangelização e, por outro, da catequese como uma dimensão da ação eclesial como um todo, duas diretrizes básicas se impõem: fazer da catequese de crianças um verdadeiro processo de iniciação cristã e impulsionar uma consistente catequese com adultos. Tanto uma como a outra, é fundamental que estejam inseridas no seio da comunidade eclesial.

Catequese de iniciação

É impossível ser, de fato, um cristão, sem passar por um processo de iniciação cristã. Assim acontece com tudo na vida e não poderia ser diferente com a religião. Como o cristianismo é, antes de tudo, um caminho (*odòs*), uma forma diferente de viver e não só de ver e pensar, e de viver a fé em comunidade, apoiados no mistério da comunidade da Trindade, entrar na vida cristã é passar a partilhar a aventura da fé de uma comunidade eclesial concreta. A fé e o tesouro da mensagem evangélica são realidades que se recebem pessoalmente, mas através da comunidade. Sem esta, a mensagem não passa e não se chega a descobrir esse tesouro. A rigor, a iniciação cristã não pode ser feita só pelo catequista ou pelos pais. Ela pressupõe uma comunidade de fé, no interior da qual o catequizando, uma vez inserido, é capaz de fazer um processo, que começa pela catequese de iniciação e continua na catequese com adultos.

Como se trata de iniciação ao cristianismo como um todo, entende-se por participação em uma comunidade concreta mais que a presença em atos de culto, mas na vida da Igreja como um todo. A partir da experiência de fé em sua comunidade concreta, o catequizando precisa, também, ir descobrindo a vida da Igreja em sua paróquia, na diocese e nos demais âmbitos. Precisa ir conectando-se, pessoal e comunitariamente, com Jesus Cristo, no Espírito — sua proposta do Reino de Deus —, com a revelação do rosto do Pai, seu plano de salvação para o mundo inteiro, enfim, com o sentido e a missão de sua Igreja no mundo e com o papel de cada cristão em seu meio. Lugar importante, já desde esse primeiro momento do processo catequético, precisa ter a Bíblia. Aliás, como na Igreja antiga e primitiva, a catequese precisa ser menos dogmática e moralista. Em outras palavras: menos doutrinal. Tem de ser, essencialmente, bíblica. É a partir daí que se chega, de modo mais adequado, às verdades da fé e suas conseqüências para a vida cristã.

Importante também é o contexto no qual a comunidade e, dentro dela, catequizados, catequistas, pais e padrinhos estão inseridos. Uma boa iniciação cristã não acontece da mesma forma em todos os lugares. Não se pode perder de vista os sujeitos concretos envolvidos, pois mais importante é a vivência da fé do que a aprendizagem memorística de certos conteúdos ou de uma doutrina. O contexto é importante, não simplesmente por uma questão de buscar-se a linguagem adequada para que se dê uma comunicação mais efetiva, mas, sobretudo, para que os catequizandos possam ir encarnando a fé cristã na vida pessoal, comunitária e social. Em outras palavras: uma boa catequese precisa inserir-se no centro de um processo de evangelização inculturada. Tal como há todo um processo de entrada em uma cultura (enculturação) e de internalização pessoal (endoculturação), assim com relação à iniciação à vida cristã, no interior de uma comunidade eclesial contextualizada. Quando falamos de "cultura", estamos falando não de um compartimento da vida humana, mas situando-a nos mundos que forjam cultura — o mundo material ou do trabalho, o mundo social ou do poder e o mundo interpretativo ou do imaginário.

Há ainda, no que concerne à catequese de iniciação, a questão da exigência e necessidade de uma catequese integral. Primeiro, por não poder estar dirigida somente à recepção dos sacramentos, que têm um lugar central na vida cristã, a catequese deve ser situada no interior do mistério da Igreja como um todo: a rigor, o grande e único sacramento do Reino de Deus, em Jesus Cristo. É desde a realidade sacramental do ser da Igreja que se deve entender os sacramentos da vida cristã. Os sacramentos estão para a vida cristã e não a vida cristã para os sacramentos. Segundo, em razão de a catequese de iniciação constituir-se numa porta de entrada no cristianismo e sua vivência como um todo, precisa enfocar a globalidade da fé cristã e seus conteúdos. É o início de um processo de educação e formação de toda a fé, em toda a vida, na vida toda. Catequese integral também no sentido de introduzir na vivência do cristianismo em todas as dimensões da vida pessoal, comunitária e social.

Finalmente, sobretudo com o avanço das ciências humanas, em especial da psicologia evolutiva e da aprendizagem, hoje temos mais clareza da necessidade de o processo catequético de iniciação ser gradual. A gradualidade é a condição de todo e qualquer processo e muito mais em se tratando de pessoas que vão entrar na vida de uma comunidade eclesial e, com ela, buscar viver a fé cristã integral. Para isso, primeiro cabe respeitar a condição etária. Do ponto de vista metodológico, a pedagogia e a psicologia da criança e do adolescente dão à catequese de iniciação uma contribuição inestimável. Depois, vem a vinculação com a maturidade humana. A maturidade da fé caminha com a maturidade humana, assim como a maturidade humana ajuda a crescer e amadurecer na fé. A graça se apóia sobre a natureza, dando a esta uma importância fundamental. Catequizar não é passar certos conteúdos, é contribuir para que o catequizando vá, pouco a pouco, fazendo em si uma síntese entre fé e vida. A revelação é uma mensagem de salvação da pessoa inteira, em comunidade, dentro da sociedade. A fé ajuda a amadurecer humanamente, mas há certas situações humanas que, se não resolvidas, impedem de acolher a fé. Como já vimos, a fé teologal se apóia, sempre, na fé antropológica. Tudo por uma questão de respeito de Deus à liberdade humana. Ora, a catequese de iniciação não pode desrespeitar o respeito de Deus, mas pode ver aí a verdadeira pedagogia da evangelização.

Catequese com adultos

Historicamente, a catequese, de um processo de educação e formação na fé, que tinha o batismo como porta de entrada na Igreja, passou a ser instrução de crianças depois do batismo, em vista da reconciliação, da eucaristia e da confirmação. Hoje, além da urgente necessidade de recuperar e desenvolver uma consistente catequese de iniciação, impõe-se o desafio da catequese com adultos. Por duas razões. Primeiro, porque não tiveram uma boa catequese de iniciação. Segundo, porque, mesmo os que a tiveram, não estão isentos da exigência de uma catequese que seja, além de integral e gradual, também permanente. Por mais que se aprimore a catequese de iniciação com crianças, adolescentes e jovens, é na idade adulta que se pode chegar a uma verdadeira fé adulta — "quando era criança, me alimentava como criança...", recorda são Paulo (Hb 5,13). Não se trata de um crescimento espontâneo, que acompanha o desenvolvimento necessariamente. É muito comum encontrarmos adultos infantis na fé. A fé adulta, nos adultos, requer educação, seguimento, ou seja, um processo de formação permanente.

A catequese com adultos, enquanto catequese permanente, não se desliga dos momentos catequéticos precedentes. Ela guardará, sempre, seu caráter catecumenal, pois se trata, a rigor, de aprofundar a vocação batismal, que encerra o tríplice ministério de que se constitui a vida cristã como um todo. Mas significará um passo importante para uma adesão a Jesus Cristo plenamente responsável. Como lembra *Catechesis tradendae*, a catequese com adultos "é a forma principal de catequese, porque está dirigida a pessoas que têm maiores responsabilidades e a capacidade de viver a mensagem cristã sob a forma plenamente desenvolvida" (n. 43).

Não teremos comunidades eclesiais maduras, evangelizadas e evangelizadoras, consolidadas nos fundamentos da fé, sem uma catequese com adultos de qualidade. Também aqui, o sujeito da catequese é a comunidade, enquanto espaço propício para o conhecimento e a vivência da fé cristã, no confronto com o contexto social em que se vive. Cabe destacar, nesse particular, o caráter altamente catequético das pequenas comunidades de vida ou das comunidades eclesiais de base. Sua centralidade na Bíblia assegura uma catequese vivencial, em que os conteúdos são vistos em estreita relação com a experiência pessoal e comunitária. O mesmo não se pode afirmar dos movimentos eclesiais, mais voltados para a espiritualidade e a experiência emocional do religioso, dado seu vazio teológico ou de reflexão crítica. A primazia e a centralidade da Bíblia na catequese não desqualifica, entretanto, o valor de instrumentos de apoio como o *Catequismo da Igreja Católica* e os Diretórios para a Catequese, seja o Diretório Geral, sejam os diretórios nacionais, como o recém-publicado pela Igreja no Brasil.

4. O MINISTÉRIO DA PROFECIA PELA TEOLOGIA (*KRÍSIS*)

A pastoral profética tem na teologia seu pólo crítico. O itinerário da fé, com relação ao ministério da profecia, que começa pela interpelação de um testemunho (*martyría*), passa pela conversão enquanto acolhida da *mensagem* revelada (querigma), desemboca na profissão da fé explicitada pela catequese (*didaskalia*) e alcança sua maturidade quando mergulha na teologia (*krísis*). No exercício do ministério da profecia, não basta a conversão e a profissão de fé. É preciso "dar razões" à própria fé, recebida e vivida no seio de uma comunidade eclesial, inserida no mundo. A fé não é um ato "da" razão, mas é um ato "de" razão. Uma religião irracional seria indigna do ser humano, pois negaria precisamente um dom que nos torna semelhantes a Deus: a liberdade, fruto de uma consciência livre. Uma fé irracional, em vez de ser fator de plenitude do ser humano, seria sua negação. Ao contrário, a fé cristã quer potenciar o ser humano. Quanto mais humano, mais divino e vice-versa. Esta é a peculiaridade do cristianismo, que tem na encarnação do Verbo a negação de qualquer evasão religiosa de corte dualista, que oponha o divino ao humano, a fé à razão, o espírito à matéria, o mundo a Deus. Um Deus Pai Criador e seu Filho encarnado fazem da fé, necessariamente, um processo de *cristificação* (Gl 2,20), de libertação integral do ser humano, salvando, mesmo, a razão humana do absurdo ou do contra-senso e, conseqüentemente, a existência humana da náusea ou de uma paixão inútil.

Já falamos que a teologia livra-nos de uma fé ingênua, porquanto é sua instância crítica. Por isso, também, o seu profetismo. Primeiro, cabe na fé a audácia do questionamento, da dúvida, das perguntas, de perguntar-se pelo aparente silêncio de Deus ou até a sensação de sua omissão diante de situações humanas extremas. Não é um despropósito perguntar a Deus: "Como será isso?" (Lc 1,34), tal como Maria diante do anjo Gabriel. É antes sinal de maturidade e da compreensão da fé como um ato responsável e livre. Indigna do ser humano seria uma fé que exigisse o mero assentimento intelectual de um corpo de doutrina que se impõe por si mesma. A Palavra de Deus quer ser salvação "para nós hoje", afirma o Vaticano II (*GS*, n. 62). Na religião, o ser humano tem o direito de mergulhar inteiro, com todas as faculdades da razão, com todas as ciências. É apoiada nelas e só assim que a fé será um ato "de" razão, pois é na razão que o ser humano encontra a base adequada para lançar-se para além dela. A fé não anula a razão, ao contrário, a pressupõe, ao mesmo tempo que a supera. Em segundo lugar, se o ser humano tem o direito de pensar criticamente a fé diante de Deus, da mesma forma tem o direito e o dever de fazê-lo dentro da Igreja e desde a Igreja. O dever está respaldado no convite de Pedro a "dar razões à própria fé". Do direito a isso nem se deveria falar, pois se Deus admite o questionamento, muito mais deveria fazê-lo a Igreja, uma instituição inscrita na precariedade do presente. Mas justamente pelos seus limites o dever de profecia pela teologia se torna um direito nem sempre atendido e incentivado e, infelizmente, outras vezes, limitado. Por isso a função profética da teologia, também dentro da Igreja.

Nessa perspectiva, todo batizado, para aceder a uma fé madura, precisa ser, em certa medida, também um "teólogo". Conseqüentemente, a Igreja tem o dever de propiciar as condições para que ele o seja. A teologia, na história da Igreja, um pouco menos na época antiga, sempre tendeu a estar monopolizada, primeiro por alguns pensadores cristãos e, depois, pelo clero. O termo "leigo", por causa disso, chegou a ter uma conotação pejorativa, enquanto sinônimo de quem não sabe ou é ignorante em algum assunto. O ministério da teologia, que é o de atualizar a revelação, de pô-la em diálogo com a cultura em cada época, não é uma tarefa reservada a especialistas, mas de toda a comunidade cristã. É a comunidade de fé, como um todo, e o magistério dentro dela, como instância de autenticação da fé, quem tem de ir tirando "coisas novas e velhas" do tesouro da revelação. Para isso, é preciso saber reler o texto revelado em sua experiência vital, o que é impossível sem reflexão, sem a teologia em diálogo com as ciências, as culturas e as demais religiões, pois é nesse emaranhado de relações que o cristão vive sua fé.

Já falamos que a reflexão teológica tem níveis, começando pelo popular, passando pelo pastoral, para desembocar no profissional. Isso não significa, entretanto, que os leigos fiquem no nível popular, o clero no nível pastoral e os teólogos de academia no nível profissional. Também na teologia é preciso superar o binômio clero-leigos e chegar ao binômio comunidade-ministérios. A teologia, enquanto se inscreve no interior do ministério da profecia, é uma tarefa de todos os batizados. Os níveis da teologia estão mais no plano do grau de criticidade e sistematização da reflexão do que em relação a sujeitos determinados. No nível da base, o sujeito da reflexão teológica é toda a comunidade eclesial; no nível pastoral, é toda a comunidade ou delegados dela; e no nível profissional, ainda que sejam alguns de seus membros, refletem no seio da comunidade. A teologia é, essencialmente, a inteligência da fé, elaborada por todo o Povo de Deus. É premente a necessidade de leigos e leigas capacitados também para uma reflexão teológica de tipo profissional. É condição para que os leigos possam ser, de modo pleno, os protagonistas da evangelização, como afirmaram os bispos da América Latina em *Santo Domingo* (nn. 97, 103, 293, 302).

Finalmente, o ministério da profecia através da teologia necessita, além de espaços de liberdade no interior da instituição eclesial, de uma palavra de incentivo e de apoio da parte do magistério. A liberdade é a prerrogativa da criatividade. É preciso ver, como algo normal, a distância prudencial que o teólogo às vezes toma, seja da instituição eclesial, seja do magistério, para poder ver com mais objetividade e isenção de espírito o objeto de sua reflexão. Como também é normal e necessário o levantamento de hipóteses de trabalho e sua discussão para além da academia, porquanto é todo o Povo de Deus o sujeito da teologia. Criar significa ensaiar e, portanto, estar sujeito, também, a errar. A aprendizagem por ensaio e erro é uma condição humana que não se pode superar. Cabe ao magistério pontualizar, evitar extremos, mas deixando sempre espaço para a criatividade e a pluralidade, também na pesquisa teológica. Não há o que temer, pois, diante da dúvida entre uma posição do teólogo e outra do magistério, a tradição nos diz para seguir o magistério, que tem na Igreja a missão de ensinar na fé. A teologia é, apenas, uma instância crítica do magistério, com a função de ajudá-lo, assim como a todo o Povo de Deus, a conservar a autenticidade da fé, fundada na *mensagem* revelada e atualizada continuamente em seu peregrinar através da história, no seio de uma humanidade toda ela peregrina e destinatária da salvação universal de Deus.

Resumindo

No interior do tríplice ministério da vida cristã, o lugar e a função da pastoral profética é levar os interlocutores da ação evangelizadora a conectarem-se com o evento da revelação — a Palavra feita carne em Jesus Cristo. E uma vez estabelecido esse vínculo vital, cabe-lhe acompanhar e nutrir o neófito no longo itinerário da fé que, na Igreja, se dá através de mediações privilegiadas como a martyría *(testemunho), o* querigma *(anúncio), a* didaskalia *(catequese) e a* krísis *(formação teológica). O testemunho busca, antes, mostrar a fé que a demonstrar, no respeito à liberdade do outro e na discrição da pedagogia divina, estabelecendo entre os interlocutores uma relação dialógica e horizontal. O anúncio consiste, a partir das perguntas que provoca o testemunho, em explicitar o que estava implícito, isto é, o evento Jesus Cristo e seu Reino, enquanto proposta de salvação, que espera uma resposta de conversão. Nesse campo, a catequese é um itinerário gradual e permanente de educação e formação na fé, que tem por meta a confissão da fé. A catequese de iniciação e a catequese com adultos são, hoje, os principais desafios a responder. Finalmente, com a formação teológica, o catequizando alcança a maturidade cristã, na medida em que se torna capaz de "dar razões à própria fé". O sujeito da teologia é todo o Povo de Deus, dentro do qual os(as) leigos(as) precisam ser contemplados(as) com mais esmero por parte da Igreja, propiciando-lhes a oportunidade e as condições para uma capacitação mais profunda, até mesmo de nível profissional. O saber, na Igreja, não pode continuar monopolizado pelo clero, pois, do contrário, os(as) leigos(as) estarão impedidos(as) de desempenhar sua função de protagonistas da evangelização.*

> **Perguntas para reflexão e partilha**
>
> 1) Como situar a pastoral profética em relação à missão dos cristãos como um todo e quais as quatro mediações privilegiadas de tal ministério?
>
> 2) Em sua vida e em sua comunidade eclesial, em que medida as quatro mediações do ministério da profecia ocupam um lugar importante na ação evangelizadora?
>
> 3) Que seria necessário fazer para que as comunidades eclesiais foram, de fato, comunidades proféticas?

Bibliografia básica

C. FLORISTÁN. *Teología práctica. Teoría y praxis de la acción pastoral.* Salamanca, Sígueme, 1991. pp. 359-382 (Misión, *Kerigma*); pp. 383-396 (El testimonio); pp. 421-457 (Catequesis, *didaskalia*); pp. 459-476 (El catecumenado).

J. A. RAMOS. *Teología pastoral.* Madrid, BAC, 2001. pp. 401-421 (La pastoral de la Palabra). Sapientia Fidei, Serie de Manuales de Teología.

D. BOURGEOIS. *La pastorale de l'Église.* Paris, Cerf, 1993. pp. 205-235 (La dimension prophétique du sacerdoce baptismal).

L. ALVES DE LIMA. A catequese na América Latina a partir do Vaticano II. *Medellín* 89 (1997) 5-66.

F. MERLOS ARROYO. Características atuais da catequese na América Latina. *Revista de Catequese* 83 (1988) 6-11.

L. ALVES DE LIMA. *Elementos fundamentais de catequese renovada.* São Paulo, Salesiana, 1986.

E. ALBERICH. Um novo paradigma para a catequese. *Revista de Catequese* 101 (2003) 34-41.

F. MERLOS ARROYO. Fundamentos teológicos da catequese latino-americana. *Revista de Catequese* 21 (1983) 17-21.

A. ANTONIAZZI. Catequese de adultos: um desafio que não pode esperar. *Revista de Catequese* 30 (1985) 18-25.

R. MENDES DE OLIVEIRA. A comunidade: fonte, lugar e meta da catequese. *Revista de Catequese* 21 (1983) 7-16.

Bibliografia complementar

M. J. POIRÉ. Initier à la vie chrétiènne et construire l'identité chrétienne des sujets. G. ROUTHIER & M. VIAU. *Précis de théologie pratique.* Montréal-Bruxelles, Novalis-Lumen Vitae, 2004. pp. 343-357. A. FOSSION. Faire résonner la

Parole: la pratique catéchétique. G. ROUTHIER & M. VIAU. *Précis de théologie pratique.* Montréal-Bruxelles, Novalis-Lumen Vitae, 2004. pp. 377-387. A. BINZ. Accompagner les adultes sur les chemins du croire. G. ROUTHIER & M. VIAU. *Précis de théologie pratique.* Montréal-Bruxelles, Novalis-Lumen Vitae, 2004. pp. 401-411. J. G. NADEAU. Du témoignage à la théologie pratique. G. ROUTHIER & M. VIAU. *Précis de théologie pratique.* Montréal-Bruxelles, Novalis-Lumen Vitae, 2004. pp. 425-437. C. GEFFRÉ. La révélation comme histoire: enjeux théologique pour la catéchèse. *Catéchèse* 100/101 (1985) 59-76. E. SCHILLEBEECKX. *História humana, revelação de Deus.* São Paulo, Paulus, 1994. J. B. LIBANIO. Itinerário da fé, hoje, a propósito da teologia da fé. In: CNBB — DIMENSÃO BÍBLICO-CATEQUÉTICA. *O itinerário da fé na iniciação cristã de adultos.* São Paulo, Paulus, 2002. pp. 296-331. I. BROSHUIS. A Bíblia e a catequese. In: *Fé adulta.* São Paulo, Paulinas, 2002. CNBB — DIMENSÃO BÍBLICO-CATEQUÉTICA. *Crescer na leitura bíblica.* São Paulo, Paulus, 2003. Estudos da CNBB, n. 86. W. GRUEN. Bíblia e catequese. *Revista de Catequese* 37 (1987) 20-39. J. J. RODRIGUEZ MEDINA. *Teología pastoral de la Palabra de Dios.* Madrid, PPC, 1978. W. GRUEN. Interação entre experiência e mensagem na catequese. *Revista de Catequese* 24 (1984) 27-37. CNBB. *Catequese renovada:* orientações e conteúdo. 32. ed. São Paulo, Paulinas, 2003. Documentos da CNBB, n. 26. M. PASSOS (Ed.). *Uma história plural:* quinhentos anos do movimento catequético brasileiro. Petrópolis, Vozes, 1999. R. VIOLA. L'avenir de la catéchèse en Amérique Latine. *Lumen Vitae* 51 (1996) 55-64. H. DERROITTE. *La catéchèse décloisonnée:* jalons pour un nouveau projet catéchétique. Bruxelles, Lumen Vitae, 2000. C. FLORISTÁN. *Catecumenato:* história e pastoral da iniciação. Petrópolis, Vozes, 1995. R. VIOLA. *Visages de la catéchèse en Amérique Latine.* Paris, Desclée, 1993. A. ANTONIAZZI. Formação de cristãos adultos: desafios e respostas. In: CNBB — DIMENSÃO BÍBLICO-CATEQUÉTICA. *O itinerário da fé na iniciação cristã de adultos.* São Paulo, Paulus, 2002. pp. 225-271. B. FERRARO. Jesus, o formador de adultos. *Revista de Catequese* 96 (2001) 51-62. R. MENDES DE OLIVEIRA. Catequese de adultos. *Revista de Catequese* 43 (1998) 5-16. F. MERLOS ARROYO. O rito da iniciação cristã de adultos: uma leitura teológica. *Revista de Catequese* 99 (2002) 34-42. J. I. NERY. Catecumenato e catequese com adultos. *Revista de Catequese* 91 (2000) 35-52. M. H. RODRIGUES. As necessidades educativas especiais dos portadores de deficiência visual e seu itinerário catequético. *Revista de Catequese* 88 (1999) 37-43. L. ALVES DE LIMA. A dimensão político--libertadora da catequese. *Revista de Catequese* 20 (1982) 5-17. J. I. PIMENTA TEÓFILO. Linhas metodológicas de uma catequese libertadora. *Revista de Catequese* 23 (1983) 23-26. T. J. DÍAZ. Algumas notas sobre a metodologia catequética. *Revista de Catequese* 88 (1999) 9-22. J. KESTERING. Elementos de metodologia catequética. *Revista de Catequese* 82 (1998) 47-52. C. BOFF & L. BOFF. *Como fazer teologia da libertação.* Petrópolis, Vozes, 1980. Col. Como Fazer. G. GUTIÉRREZ. La opción profética de una Iglesia. In: AMERINDIA. *Tejiendo redes de vida y esperanza. Cristianismo, sociedad y profecía en América Latina y el Caribe.* Bogotá, Indo-American Press, 2006. pp. 307-320.

Capítulo segundo

A PASTORAL LITÚRGICA

Juntamente com a pastoral profética e a pastoral da caridade, a pastoral litúrgica integra o *tria munera Ecclesiae*, compondo o "que" do ser e do agir eclesial. Na perspectiva cristã, a liturgia é ação, ainda que não seja toda a ação da Igreja. Também essa é raiz do termo. Etimologicamente, liturgia designa "algo que se faz". Trata-se de uma ação que tem suas próprias características, distinta das demais ações da Igreja. Em grande medida, a liturgia é uma ação simbólica a serviço da esperança, na medida em que ela antecipa, na fé, aquilo que se espera. Ela celebra os mistérios cristãos através do culto, que atualiza a obra de Jesus, fazendo memória de sua Vida, Paixão, Morte e Ressurreição, bem como deixando vislumbrar e experimentar as primícias de seu Reino. É uma ação que se dá no Espírito Santo, que nos leva ao Pai Criador e ao Filho Redentor, com o coração agradecido pela vida, que, nele, adquire todo sentido e grandeza.

Teologicamente, a liturgia é a ação que, com outras, constitui o fundamento da Igreja, manifesta seu ser, sua origem e esperança e é fonte de toda a sua missão. É nela que se expressa com mais evidência o caráter sacramental da Igreja, que passa pela celebração dos sacramentos, pela oração litúrgica, pela pregação e a homilia e pela piedade popular. Por questão de espaço, iremos nos limitar, a seguir, à abordagem dos fundamentos teológicos e pastorais da ação litúrgica como um todo e do lugar e significado, na vida cristã, da oração litúrgica da pregação e da homilia.

1. FUNDAMENTOS TEOLÓGICOS DA AÇÃO LITÚRGICA

A ação litúrgica está, fundamentalmente, voltada para a sacramentalidade da Igreja, por sua especial relação com o Espírito de Pentecostes, quem a constitui mediadora de seus dons. Nesse sentido, a liturgia é a atualização da obra redentora de Jesus Cristo, aqui e agora, no hoje de nossa história. Trata-se de uma atualização simbólica, mas que, enquanto sacramental, é também real. O símbolo determina a linguagem litúrgica, incompatível com uma linguagem racionalista e conceitual, sempre demasiado curta para expressar os mistérios da fé. O símbolo fala pela metáfora, pela poética e pela estética. Nesse particular, como a liturgia é sempre a ação de toda a Igreja, é importante que toda a assembléia esteja iniciada em sua linguagem específica. Além disso, a linguagem da liturgia é simbólica, mas nem por isso unívoca e monocultural. À catolicidade da fé cristã e sua encarnação na pluralidade das culturas está inerente, também, o pluralismo litúrgico.

Enquanto ação de toda a assembléia, seu modo de ser cultural condiciona as formas de culto, ainda que sempre sobre mistérios comuns.

Entre as mudanças fundamentais efetuadas pelo Concílio Vaticano II está a incorporação da assembléia na liturgia (*SC*, n. 27). De destinatária passiva durante todo o período da cristandade, ela passa a sujeito ativo. Quem celebra, não é quem preside uma celebração litúrgica, mas toda a assembléia. Contribuíram para isso uma nova eclesiologia e uma nova antropologia, não como inovação absoluta, mas como recuperação da originalidade eclesial, propiciada pelo movimento de volta às fontes bíblicas e patrísticas. Com o Concílio surgiu uma série de mudanças, a começar pelo idioma. A celebração em língua vernácula é muito mais que uma mera mudança de forma. Foi um primeiro passo para uma verdadeira comunicação na ação litúrgica de toda uma assembléia celebrante. Por sua vez, os conteúdos ganharam destaque em relação às rubricas e textos, outrora imutáveis. A diversidade de formas de celebrar segundo as peculiaridades de cada contexto sociocultural contribuiu para celebrações mais compreensivas e simples. Uma grande aliada da liturgia passou a ser a catequese, sobretudo de iniciação cristã, sem descuidar-se da catequese sacramental e com adultos. E tudo isso desde a centralidade da Palavra na liturgia. Foi com o Vaticano II que a Bíblia voltou a ocupar seu devido lugar na liturgia e na vida da Igreja. Na celebração da missa, vai-se valorizar, ao mesmo tempo que distinguir, as duas mesas — a da Palavra e a da eucaristia. Segundo o Concílio, ambas merecem "igual" veneração (*DV*, nn. 21, 26; *SC*, nn. 48, 51; *PO*, nn. 18; *PC*, n. 6).

Outra mudança radical na reforma efetuada pelo Concílio Vaticano II foi situar a ação litúrgica dentro da história da salvação — ela tem uma referência ao "passado", na medida em que é memorial da salvação conquistada por Jesus Cristo, através de sua vida oferecida uma vez por todas (*SC*, nn. 5-6); tem uma referência ao "presente", uma vez que a salvação, para nós, acontece no hoje da comunidade reunida, toda ela celebrante e agraciada por seus frutos (*SC*, n. 7); e tem uma referência ao "futuro" escatológico, uma vez que ela leva a comunidade a fazer acontecer a Páscoa de Jesus Cristo na paixão do mundo, através da missão dos cristãos (*SC*, n. 8).

2. ELEMENTOS FUNDAMENTAIS DA PASTORAL LITÚRGICA

A compreensão da liturgia passou por toda uma evolução. Primeiro, foi entendida como uma ação da Igreja, que, portanto, também é pastoral. Depois, foi assumida como objeto de uma atenção pastoral, pois, na medida em que conforma um dos campos da práxis eclesial, é uma dimensão de todos os demais campos. Não há verdadeiro serviço pastoral sem uma dimensão litúrgica, ou seja, sem que ele seja celebrado na fé.

2.1. Ação litúrgica e pastoral litúrgica

A ação litúrgica precede a pastoral litúrgica. A pastoral litúrgica já é uma ação litúrgica pensada. Portanto a liturgia é mais que pastoral, mais que parte integrante do "fazer" da Igreja. Ela é parte essencial de seu ser, enquanto exercício do sacerdócio de Jesus Cristo. Já a pastoral litúrgica integra o seu agir, ainda que, evidentemente, em estreita relação com o seu ser. O ato litúrgico é *opus operatum*, uma ação apoiada na eficácia da graça. A pastoral litúrgica está relacionada com o *opus operantis* — a ação do Povo de Deus em vista da fruticação da graça recebida. A ação litúrgica contém o mistério da fé; a pastoral litúrgica se ocupa de fazê-lo ressoar na vida pessoal, comunitária e na sociedade.

Entretanto isso não significa que a ação litúrgica possa dar-se, adequadamente, sem uma pastoral litúrgica. Toda celebração litúrgica é, em certa medida, pastoral litúrgica, na medida em que o ato histórico, enquanto sinal sensível de um mistério que se celebra na fé, exige a ação pastoral da assembléia celebrante. Se o ato litúrgico não se prolonga na vida cotidiana, nas esferas pessoal, comunitária e social, não passa de um ato vazio, que ofende a Deus — "se dizes que ama a Deus e não amas o irmão, és um mentiroso"; "quero a misericórdia, a justiça, e não o sacrifício"; "não é dizendo Senhor, Senhor, que se entra no Reino dos Céus, mas fazendo a vontade de Deus" etc.

2.2. Pastoral litúrgica e ação pastoral

Embora a liturgia seja uma ação, o Concílio Vaticano II afirma que ela "não esgota toda a atividade da Igreja" (*SC*, n. 9), portanto a ação pastoral é mais ampla que a pastoral litúrgica. A liturgia não esgota nem o "fazer", nem o "ser" da Igreja. Para além e, em certa medida, "antes" da liturgia está a pastoral profética — o testemunho (*martyría*), o anúncio (querigma), a catequese (*didaskalia*) e a reflexão teológica (*krísis*). O testemunho precede a liturgia enquanto ato interpelador da fé, presença do sentido de Deus e revelação do significado cristão do projeto humano. Por sua vez, o anúncio, pela Palavra de Deus, leva à conversão e à entrega pessoal à causa do Reino. A catequese inicia o convertido na vida cristã, portanto também na liturgia, que, por sua vez, tem uma rica dimensão catequética. A formação teológica "dá razões à própria fé" e ajuda a levar a vida para a liturgia e a liturgia para a vida.

Mas há, também, um "depois" da liturgia, enquanto tempo da comunidade ou do serviço. A pastoral do serviço é mais ampla que a pastoral litúrgica, ainda que não autenticamente eclesial, se não estiver, também, integrada por esta. O que se celebra na ação litúrgica — a ação redentora de Jesus Cristo — é vivido simbolicamente para ser testemunhado e partilhado na vida pessoal, comunitária e social. Do ponto de vista eclesial, a finalidade *ad intra* da liturgia é fazer a comunidade ser, cada vez mais, sacramento do Reino, vivendo a fraternidade, ícone da Trindade. Para fora da Igreja, a finalidade *ad extra* da liturgia é o serviço no mundo, a toda a humanidade, para que o Reino de Deus, visível na Igreja, seja realidade também na sociedade, em suas instituições e organizações. O Reino de justiça, de paz e de amor é o símbolo global dos desígnios de Deus para toda a humanidade, para toda a obra da criação.

Evidentemente que o "antes" e o "depois" da liturgia, mais que etapas cronológicas, são apenas momentos lógicos, na medida em que ambos se reclamam mutuamente. A liturgia, na Igreja, é sempre ponto de "chegada" e de "partida", simultaneamente; cume e fonte de toda a vida cristã, como afirma o Vaticano II (*SC*, n. 10). Cume, porque nela se celebra e já se realiza na história, sacramentalmente, o que esperamos; fonte, pois é da liturgia que emana a força da graça que, em última instância, é a que salva, ainda que sempre deva estar acompanhada da colaboração humana.

Como se pode perceber, a liturgia faz parte do "ser" da Igreja e a ação litúrgica, embora preceda a pastoral litúrgica, na medida em que se prolonga na vida, supõe uma pastoral litúrgica, no interior da pastoral como um todo. Sem esquecer que a liturgia é muito mais que um mero campo de ação. É uma dimensão da ação pastoral como um todo, o que não anula a possibilidade e a necessidade de constituir-se numa ação pastoral específica também.

As implicações disso são múltiplas e concretas. Primeiro, a liturgia não pode ser celebrada de maneira desligada da pastoral profética e da pastoral do serviço. Por isso, diante de todo ato litúrgico, cabe perguntar-se que ações pastorais a sustentam, para não se tornar ato ritualista vazio e sem conseqüências para a vida cotidiana. Da mesma forma que cabe cuidar para que a liturgia estampe sempre um caráter profético, de modo que ela seja, também, testemunho, anúncio, catequese e formação na fé, sem falar em sua dimensão *ad extra,* no serviço para além da própria comunidade eclesial. Juntamente com o serviço *ad intra*, a missão da Igreja no mundo aponta não só para o "passado" (memória) e o "presente" (realização na fé), mas igualmente para o "futuro" da liturgia, na medida em que o ato celebrado, além de memória, se faz anúncio e esperança do Reino de Deus para o mundo.

2.3. Critérios da pastoral litúrgica

A pastoral litúrgica, dada a sua especificidade, tem suas próprias exigências e critérios. Diversos fatores estão implicados: a participação de toda uma comunidade celebrante, sua linguagem simbólica, bem como seu significado e conseqüências para a vida cristã e eclesial.

A liturgia como ação de toda uma comunidade celebrante

A nova teologia da liturgia, extraída das intuições e afirmações do Concílio Vaticano II, acentua que o sujeito da liturgia não é quem a preside, mas toda a comunidade de fé reunida em assembléia litúrgica. A comunidade eclesial é o principal sacramento da Igreja, que permite fazer acontecer na vida todos os demais sacramentos. Sem assembléia reunida não há Igreja e sem Igreja não há sacramentos, ainda que não tenham sido instituídos por ela. Embora dados à Igreja, os sacramentos só acontecem, em Jesus Cristo, pela Igreja. Por isso, a rigor, o Concílio desautoriza celebrações "privadas" ou pessoais, ainda que em "nome da Igreja" (*SC*, nn. 26-27). Toda celebração litúrgica é celebração da Igreja e, para que haja Igreja, faz-se necessário uma assembléia, não invisível, mas reunida. Sempre que há um ato litúrgico, celebra-se *in persona Ecclesiae* — em nome da Igreja —, que não é uma realidade virtual, mas histórica. Por isso o Concílio fala de "participação plena, consciente e ativa nas celebrações litúrgicas" de todos os fiéis, de toda a comunidade celebrante, "em virtude do batismo" (*SC*, nn. 11, 14, 21, 27, 30, 41, 48).

Primeiro, participação "plena", enquanto membros ativos de uma assembléia toda ela celebrante, mediante as aclamações do povo, as respostas, a salmodia, as antífonas, os cantos, assim como os gestos e as posturas corporais. Na liturgia, não é simplesmente a razão ou o coração que entram em comunicação com o mistério, mas a pessoa inteira, com todas as suas dimensões. Como se trata do exercício de uma linguagem simbólica, o corpo e os símbolos desempenham um papel fundamental, com o cuidado de não cair no emocionalismo e no ritualismo.

Segundo, participação "consciente", porque a racionalidade deve estar sempre presente, sobretudo pela iniciação cristã nos mistérios que se celebram, pela catequese e pela formação permanente. Não se trata de intelectualizar a liturgia, mas de torná-la vivencial, experiencial, conscientemente ligada à vida como um todo. O juridicismo e o ritualismo são os dois grandes riscos da liturgia. Para evitá-los, é de valia uma boa formação bíblica e litúrgica, à qual todo o Povo de Deus precisa ter acesso para poder ser, de fato, assembléia celebrante.

Finalmente, participação "ativa", no sentido de uma participação harmoniosa e efetiva na celebração por parte de toda a assembléia, através dos diferentes ministérios — ordenados e não-ordenados —, com a presença do laicato, devidamente formado e capacitado. Nesse particular, a Igreja tem uma dívida para com a mulher. O fato de não haver nenhum ministério oficial conferido a ela não significa que não possa ter uma participação ativa na vida da Igreja como um todo, incluída a liturgia. O que não dispensa o direito dela ao acesso a ministérios concretos. Para uma participação ativa, é indispensável a "equipe de liturgia", que zele pela capacitação da assembléia celebrante, pela formação dos diferentes ministérios litúrgicos e que harmonize a participação de todos.

Lugar privilegiado na liturgia ocupa o canto, mas não qualquer canto e de qualquer forma. Trata-se do "canto litúrgico", com melodia e letra em sintonia com o tempo litúrgico, a dimensão do mistério celebrado naquele dia, a motivação particular da celebração em questão, sem se esquecer da participação de toda uma assembléia celebrante. Aspecto importante é, também, a dimensão contemplativa da liturgia. Toda celebração precisa dispor de espaços de silêncio, de meditação, de interiorização, para a confrontação do celebrado com a vida pessoal. É o silêncio que propicia a internalização do celebrado e permite que o mistério se faça vida. Alguém em silêncio ao lado do outro é, também, comunicação e participação, porque no silêncio nos fazemos interação para o essencial — a presença silenciosa de Deus em nossa vida.

A liturgia como ação compreensível para toda a assembléia

Celebrar mistérios não significa incompreensão do que se está celebrando. Mistério não se explica, se vive. Mas para vivê-lo é preciso compreendê-lo. Não se trata de uma mera compreensão intelectual. Já frisamos que a linguagem litúrgica é mais simbólica e ritual do que racional. Por isso a participação consciente na liturgia está mais relacionada com a iniciação cristã do que com a formação intelectual. Iletrados iniciados têm uma participação litúrgica mais qualitativa que ilustrados não-iniciados. Uma liturgia que não comunica não tem grandes conseqüências na vida cristã. Torna-se um rito concebido de forma mágica e realizado por alguns para o benefício de outros, que o encomendaram e esperam, passivamente, seus frutos.

Entrar em sintonia com o mistério é um processo gradativo, progressivo, apoiado na vivência e na catequese. Os sacramentos não são instrumentos da graça, apesar das pessoas. Ao contrário: se há a liberdade da oferta da graça, há, também, a liberdade de sua recepção. A eficácia da graça é sempre o resultado de duas cumplicidades: a cumplicidade da liberdade de Deus em oferecê-la, sem que se mereça, e a da liberdade do ser humano em acolhê-la, na gratuidade. Por isso os sacramentos não são instrumentos da graça que produzem efeitos independentemente de quem os recebe através de uma celebração. Eles são, antes, sinais e antecipações proféticas da utopia do Reino de Deus, que, para serem eficazes, além da graça de Deus, precisam ser recebidos consciente e ativamente. Certamente, a inatividade ou a parca operatividade de nossas assembléias litúrgicas deve-se muito à falta de comunicação e interação com seus participantes. O formalismo vazio e a rotina ritualista são os grandes responsáveis pelo tédio de nossas celebrações litúrgicas.

Para isso, na liturgia, o presidente da celebração desempenha um papel fundamental, assim como os demais ministérios litúrgicos. Nesse particular, é de grande valia uma pequena monição prévia, que expresse o sentido e o valor do que se vai celebrar. Não se trata de explicar o mistério, nem conteúdos, mas de convidar a assembléia a vivenciá-lo, acolhendo-o na vida. Por isso, é sempre oportuno conjugar o normativo com a criatividade, sem transgressões nem modismos. Quando se conhece bem cada parte de uma celebração, os textos a serem meditados, seus símbolos e ritos, sempre é legítimo e recomendável fazer adaptações às características e ao contexto da assembléia. A comunidade tem o direito de incorporar sua vida à liturgia, assim como sua própria linguagem, seus gestos e símbolos, suas buscas e necessidades concretas. Se a liturgia se desliga da vida da assembléia celebrante, deixa de ser mediação da salvação de Deus no hoje de sua história; deixa de ser mediação da graça.

Aqui, encontramo-nos com o desafio da inculturação. Curiosamente, "culto" e "cultura" têm a mesma raiz etimológica. A celebração litúrgica, enquanto expressão da fé de uma assembléia, é sempre, também, expressão cultural de um povo. Tal preocupação já está presente no Concílio Vaticano II, que fala em "adaptar a liturgia à mentalidade e tradição dos povos" (SC, nn. 37-40), fruto do redescobrimento das culturas (GS, nn. 53-54). A religiosidade ou a piedade popular é uma dessas expressões ricas e legítimas, ainda que devam ser trabalhadas pastoralmente. Os ritos, para que não se tornem incompreensíveis, precisam encarnar-se, continuamente, em novas expressões. A tradição não é um fóssil, ela progride, como salientou o Vaticano II (DV, n. 8). Toda linguagem litúrgica, incluída a do passado, é sempre elaborada culturalmente. Ora, as culturas são dinâmicas, progridem. Por isso toda fixação imobilista descaracteriza o símbolo, tornando-o incompreensível. A comunicação, na liturgia, depende diretamente da linguagem, de uma linguagem atualizada ao dinamismo das culturas das assembléias celebrantes. Falar em inculturação da liturgia é advogar por um pluralismo litúrgico. É algo delicado para a unidade da Igreja no essencial, mas fundamental para que o contingente não comprometa o acesso ao próprio mistério que se celebra.

A liturgia como celebração e não como recitação de um rito

"Celebração" significa "festa". A celebração litúrgica é sempre uma festa. Até em momentos de dor a celebração guarda sua dimensão festiva, pois, paradoxalmente, são nesses momentos que a realidade pascal — de cruz, de sofrimento, de abandono e de morte, mas sobretudo de ressurreição, de vida e de vitória — é posta mais em destaque. E a festa implica liberdade, alegria, espontaneidade e expressões simbólicas próprias.

Enquanto linguagem de festa, a linguagem litúrgica não é a dos conceitos, mas a dos símbolos. Uns são universais, outros são e podem ser locais. Mas mesmo os símbolos universais precisam sempre ser contextualizados, para continuarem significando o que realmente significam. A cultura local é o ponto de partida de uma liturgia contextualizada e inculturada. Os símbolos, quanto mais locais, vitais e espontâneos, mais significado têm. Eles remetem ao belo, à estética, à importância do corpo, dos sentimentos, dos sentidos. A celebração litúrgica é algo antes a experienciar do que a refletir ou assistir. A liturgia cristã tem sua base na cultura semita, que praticamente desconhecia a linguagem conceitual. A própria revelação nos chegou mais através de símbolos que de conceitos; mais através da narrativa que pela lógica e evidência de um discurso. Nesse particular, ciências como a semiótica, a antropologia cultural ou a psicologia, a filosofia e a sociologia religiosa têm uma valiosa contribuição a dar. É um vasto campo aberto à pesquisa, sobretudo aos liturgistas, aos quais a Igreja deve uma palavra de incentivo à criatividade e à busca.

Entretanto em uma celebração litúrgica, por mais experiencial e vivencial que seja, não se pode perder de vista que ela, ao situar-se no horizonte dos mistérios da fé, está para além da experiência imediata. Todo imediatismo é magia, não liturgia, a qual se situa no tempo de Deus, não em nosso constumeiro imediatismo, que é tentação de possuir e dispor de Deus, uma forma de manipulá-lo. A liturgia é tridimensional no tempo — tem um passado, que se celebra e se experiencia no presente, mas cuja plenitude do que se espera está reservada para o futuro. Liturgia e escatologia se tocam, interagem continuamente. Os sacramentos trazem para a vida algo real, mas sem deixar de ser de forma sacramental, simbólica. As curas no ministério de Jesus tinham um caráter simbólico, tanto que não curou todos os doentes que encontrou. Mais importante que a saúde é a salvação, que também passa pela saúde, mas não só. A linguagem litúrgica é sempre mediada ou mediatizada pelos símbolos, que acenam para realidades escatológicas, não imediatas. A escatologia tem uma dimensão intra-histórica, mas não só. É, sobretudo, força para manter a esperança de alcançar a plenitude da vida, que se dá na ressurreição de Jesus e, nele, em nossa própria ressurreição. Vida nova, que começa nesta vida, que cresce como "semente de mostarda" (Mt 13,31-32), que produz frutos "cem por um", mas cuja tentação de construir celeiros maiores é pura insensatez (Lc 12,16-21). É o Filho do Homem que um dia virá recolher o que plantou, aqueles "tesouros que a ferrugem não corrompe e as traças não corroem" (Mt 6,19-21).

Na perspectiva da liturgia como festa, o símbolo central do cristianismo, que integra sua natureza e plasma sua origem e seu fim, é o banquete. É a imagem de um banquete universal que é sempre invocada no contexto da Aliança, tanto na antiga como na nova Aliança. Na celebração de ambas, está um banquete, a ceia pascal judaica e a última ceia de Jesus com seus discípulos. Em decorrência, toda celebração litúrgica se insere no memorial das alianças, às quais se referem às Escrituras. Ambas as alianças são válidas ainda hoje, pois a denominada "nova" Aliança não suprime a "antiga", apenas a plenifica. A única diferença é que, para os cristãos, é o banquete da Páscoa de Jesus que dá a chave de leitura do banquete da Páscoa judaica. A última ceia, enquanto celebração da Vida, Paixão, Morte e Ressurreição de Jesus, é primícia do Reino a que todos podem ter acesso pela única porta, que é o Cristo Ressuscitado.

Associada à imagem da festa e do banquete está a participação, nele, dos pobres. A celebração litúrgica é banquete inclusivo dos excluídos, por isso, especialmente, partilha com os pobres, do pão, mas, sobretudo, é comunhão com sua causa, que é a de um mundo fraterno e solidário para todos. É a expressão simbólica da comunhão dos irmãos entre si, enquanto filhos de um mesmo Pai, chamados a participar de sua vida. É a reunião de toda a humanidade em torno da mesa do Pai, mesa inclusiva dos cegos, famintos, coxos, surdos, mudos, leprosos, pecadores públicos, enfim, dos pequenos e simples, que são sempre os mais abertos e disponíveis a ouvir e acolher o convite universal de Deus. Em outras palavras: na liturgia, o símbolo é um significante, que tem um significado, que adquire todo seu sentido e compreensão à luz da Palavra revelada. Por isso a Palavra é, sempre, parte essencial do banquete, que com o símbolo compõe a liturgia. Nessa perspectiva, o novo rito da celebração eucarística elaborado pelo Concílio Vaticano II fez questão de pôr em destaque as duas mesas, a da Palavra e a da Eucaristia. E todas as celebrações litúrgicas passaram a dar um grande destaque à Palavra. A Igreja sabe que ela própria é o resultado da acolhida da Palavra que um dia lhe foi dirigida por Alguém.

Outro elemento importante da liturgia, enquanto celebração e não recitação de um rito, é a "repetição". Fazer "memória" é repetir uma "solenidade" (*solus annus* — todo ano), é celebrar um fato anualmente repetido. É a repetição que garante manter sempre viva a memória pessoal e coletiva. Por um lado, ela recalca o dado na memória e, por outro, possibilita à memória reproduzi-lo. Por isso a pedagogia do "ano litúrgico" e dos "tempos litúrgicos" e sua importância para a liturgia enquanto celebração de um significante que tem um significado. Pedagógica, também, é sua relação com as estações, o trabalho agrícola ou artesanal, as fases etárias de uma pessoa etc. Essas realidades temporais acenam para uma repetição não-aleatória, rotineira, racionalizante, mas ligada à vida cotidiana, uma vez que é para a sua vivência no cotidiano que os ritos litúrgicos existem.

Como em toda celebração festiva, também na liturgia os gestos têm grande importância. É um rico recurso, pois a linguagem dos gestos é a mais próxima do símbolo, que é a linguagem litúrgica por excelência. Os gestos são a linguagem do corpo, que sempre deve ter um lugar importante na liturgia. A cultura racionalista ocidental, da qual o cristianismo é prisioneiro, levou a Igreja, praticamente, a reduzir a participação do corpo na liturgia a gestos como ajoelhar-se, levantar-se, sentar-se. O cristianismo ocidental, na realidade, perdeu sua matriz oriental-semita, mais simbólica que conceitual. Ajoelhar-se, levantar-se, sentar-se são gestos quase que insignificantes para celebrar uma festa. Ora, a liturgia, enquanto memória, é também o espaço da representação, da encenação, da coreografia, da dança, da linguagem visual etc. O teatro nasceu com os ritos religiosos. Também os concertos musicais. A oratória. Tudo o que o cristianismo perdeu e que as culturas autóctones guardam zelosamente e esperam poder um dia introduzir na celebração de sua fé na vida.

Além disso, tal como uma peça de teatro ou um filme, que precisam de cenário, a celebração necessita de ambientação adequada do espaço litúrgico. O lugar onde se celebra é, também, linguagem litúrgica, que influi na celebração e em seus frutos. Nesse particular, o cristianismo não pode perder de vista seu componente doméstico e participativo dos primórdios. Houve sérias perdas na passagem da *domus Ecclesiae* (igrejas das casas) para os templos e basílicas. Pouco a pouco, a celebração litúrgica foi-se adequando à tradicional religião do templo, perdendo seu caráter de assembléia celebrante, numa inter-relação de diálogo e partilha em torno de um banquete festivo. A missa estampa, ainda hoje, muito pouco de seu caráter de ceia, símbolo fundamental para fazer emergir todo o seu significado. O espaço também é símbolo, que pode contribuir para ou impedir de chegar ao mistério que a liturgia atualiza. Decoração, iluminação, distribuição dos móveis influem diretamente na celebração. Sem falar na arquitetura de nossos templos. Não é qualquer arquitetura que leva à oração, à interiorização, à comunicação com os outros e com Deus, ao silêncio. Nem qualquer cor. O ambiente litúrgico precisa, também ele, remeter ao mistério. Um mistério que nos foi dado não para ser refletido, mas para ser celebrado festivamente, acolhido simbolicamente e vivido na fé.

3. A ORAÇÃO LITÚRGICA

A fé cristã, enquanto significa crer com os outros e naquilo que os outros crêem, implica uma espiritualidade eclesial, sustentada pela oração litúrgica. Não basta a oração pessoal, por melhor e mais abundante que seja. A celebração eucarística é a oração litúrgica por excelência, enquanto memória do mistério central da fé cristã: Vida, Paixão, Morte e Ressurreição de Jesus. Não há Igreja sem eucaristia. Ela resume a nossa fé e nos insere na verdadeira perspectiva da oração cristã, a gratuidade e o serviço desinteressado. Deus está para além do útil, da contingência deste mundo. Os dons com os quais ele quer agraciar-nos são apenas o necessário para a travessia à Terra Prometida, à "outra margem do mar", para a "Jerusalém celeste". Por isso a verdadeira oração desemboca na contemplação, que, se por um lado não nos tira da realidade do mundo, por outro nos lembra que as coisas mais importantes da vida são aquelas que não servem para nada. As realidades mais importantes não são mediação para nada, elas apontam para o fim e nos imergem nele — a escatologia —, para sermos acolhidos na história como beduínos, que armam uma tenda hoje para ser desarmada amanhã. A oração, como diz Paulo, "é o gemido do Espírito em nós", que nos leva a pedir aquilo que Deus nos quer dar — a vida plena nele, a salvação, dom gratuito. Um dom ainda que nunca possível de ser acolhido e vivido sozinho e sem a adesão livre e responsável.

3.1. Itinerário da oração litúrgica

A oração na Igreja e sua inteligência reflexa — a teologia espiritual — têm, também, sua evolução. Pelo menos três grandes momentos podem ser identificados. O primeiro esteve marcado, de um lado, pela oração colada à vida e, de outro lado, pelo dualismo platônico, estranho ao cristianismo. A fé cristã professa uma antropologia unitária, tal como a vislumbrou Irineu de Lyon. Esta é a matriz genuína do cristianismo, que tem na encarnação do Verbo o princípio da unidade entre o plano da criação e o plano da redenção. Os três primeiros séculos do cristianismo, respirando ainda a cosmovisão semita, estiveram marcados por tal perspectiva. Mas não tardou a infiltração da cultura da época, marcada pelo neoplatonismo. O dualismo platônico entrou no cristianismo, sobretudo pelo estoicismo, do qual Agostinho de Hipona foi uma das portas principais. A distinção platônica entre a "teoria" — contemplação de idéias eternas, fundadoras do real e ocupação do ser humano livre — e a *poiesis* — prática relativa às realidades móveis e frágeis, ocupação do escravo — levou a Igreja, desde o final da época antiga e durante toda a época medieval, a conceber a vida "contemplativa" como superior e separada da vida "ativa". O testemunho extremo da fé e o modelo de vida cristã, que na Igreja antiga era o martírio, pouco a pouco vai sendo eclipsado pelo modelo da vida monástica: contemplação, fuga do mundo e virgindade. A espiritualidade beneditina, sintetizada no *ora et labora*: o *et* entre o binômio, na verdade, sinaliza não a distinção entre as duas realidades, mas a separação e a supremacia da oração em relação à ação. Por mais de mil anos, os cristãos tenderam a rezar assim. Coincidentemente, foi o tempo de uma fé formal, de um catolicismo cultural, de eclipse do Evangelho social e de parca contribuição dos cristãos para um mundo mais fraterno e solidário para todos. A consigna de "salva tua alma" reduziu a ação evangelizadora à *cura animarum*.

O segundo momento está marcado pela racionalidade moderna, em seu movimento de afirmação do temporal e do humano em sua própria esfera, bem como de supremacia da práxis em relação à teoria. Para a razão moderna, as idéias não são fruto da contemplação de idéias eternas, mas da reflexão sobre a práxis. Em meio à Modernidade nascente, Inácio de Loyola contribuiu para uma espiritualidade equilibrada, fazendo uma nova síntese entre o criacional e o espiritual, entre razão e fé, sem cair no fideísmo protestante ou no racionalismo ilustrado. Para ele, pelo discernimento pessoal no Espírito, a ação ou a vida, lugar da união com Deus e da santificação, não se opõe nem se sobrepõe à contemplação. Toda ação verdadeiramente cristã tem uma dimensão contemplativa, assim como toda contemplação autenticamente cristã tem uma dimensão ativa. Alicerçados numa tal teologia espiritual, a Igreja viu surgir movimentos leigos e religiosos claramente marcados pela missionariedade e o serviço aos pobres. O modelo de cristão, antes o mártir e depois o monge, agora é o missionário. Mais que trazer pessoas para dentro da Igreja, pouco a pouco se vai tomando consciência de que o mais importante é levar o Evangelho para fora, é contribuir, como Igreja, para a edificação do Reino de Deus já a partir deste mundo. A Ação Católica Especializada irá colaborar, significativamente, para uma espiritualidade encarnada na história, transformadora e militante por um mundo solidário e fraterno.

O terceiro momento se dá em torno da experiência eclesial na América Latina, na qual a contemplação não somente se dá na ação, mas em uma ação libertadora. Tanto a ação como a oração, cada uma guarda sua identidade e autonomia, mas conformam duas realidades inseparáveis da experiência de Deus no serviço aos mais pobres. Essa perspectiva é fruto da consciência de que o amor universal de Deus, dadas as diferenças sociais entre seus filhos, manifesta-se de modo diferente. Deus ama a todos, mas, de modo diferenciado e em especial, os mais indefesos, pobres e excluídos. É sua escandalosa e generosa opção pelos pobres, para que o mundo criado para todos seja de todos e a humanidade inteira possa, na fraternidade, fazer a experiência de sentir-se amada por um Pai comum. Aqui, a espiritualidade, em particular a oração, adquire um caráter profético e militante. Não se reza "para" os pobres, fazendo-os objeto de uma piedade sentimental, mas se reza "com" os pobres ou "como" pobre, de seu lugar social, fazendo-os sujeito de um processo de edificação de um mundo novo. A oração, gemido do Espírito em nós, faz eco, também, do grito dos pobres, que clamam inclusão. Nessa perspectiva, viver com os pobres, saber escutar o grito dos excluídos, ser sensível à sua causa é a primeira escola de oração libertadora. O pobre é a mediação histórica mais palpável de Deus. Acolhê-lo e servi-lo é condição de acesso a Deus. A segunda escola é uma comunidade de fé, comprometida com a causa dos pobres, que é a causa de Deus. É ali, na inserção, que se faz a experiência concreta do seguimento do Jesus das bem-aventuranças. É na oração que se faz ação e é na ação que se faz oração, que se pode encontrar o Senhor na vida cotidiana. A ação do cristão é a história de sua oração. E a oração eficaz é aquela que vivencia o encontro com Deus no encontro com os irmãos, em especial com os mais pobres.

3.2. A Liturgia das Horas

Além da celebração eucarística, faz parte da tradição da Igreja, desde os tempos antigos, reunir-se para rezar juntos. O próprio termo Igreja — *Ekklesia* — significa "assembléia em oração". No início do século III, com o surgimento do monaquismo, os monges já realizam dois momentos de oração diária: um ao nascer do sol (hora da ressurreição) e outro no pôr-do-sol (hora da criação), ambos como prolongamento da ação de graças da eucaristia dominical. A comunidade participava ocasionalmente desses ofícios. Essa prática de fazer oração em determinadas horas do dia tem origem no mundo judaico e foi seguida pelos cristãos desde o início da Igreja. A *Didaque* que, segundo alguns autores, é do ano 63, tempo da redação dos escritos do NT, já testemunha a respeito da recitação do pai-nosso, três vezes ao dia. Clemente Romano, na sua carta aos Coríntios, no ano 90, menciona os tempos e as horas estabelecidas para fazer o que mandou o Senhor: as oblações e os ofícios sagrados (40.1). Plínio, o Jovem, em sua carta a Trajano, no ano 112, fala da reunião matinal dos cristãos para cantar um hino a Cristo como se fosse um deus. Voltando ao monaquismo, mais tarde foram acrescentados outros três momentos: a terceira (hora do Espírito de Pentecostes), a sexta (hora da crucifixão) e a nona (hora da morte de Cristo). O objetivo era celebrar, não só no domingo, mas todos os dias, o mistério pascal. Depois, os monges acrescentaram ainda as "completas" — o ofício noturno —, expressando o dever de ação de graças, dia e noite, pelo mistério da Páscoa.

No século IV, dada a impossibilidade da participação do povo, ao lado do "ofício dos monges" surge outro tipo de oração em comum — a oração do povo. Juntamente com os presbíteros e o bispo, a comunidade se reúne para rezar salmos e hinos, de manhã e à tarde. Entretanto, tal "ofício popular" logo desapareceu, permanecendo somente o monástico, em latim, uma língua que o povo já não entendia. Pouco a pouco, vai impor-se a missa diária, mais como ato de piedade do que, realmente, celebração eucarística. Na Idade Média, a missa seria reduzida a uma das tantas formas de adoração da Eucaristia.

Teológica e pastoralmente, o Concílio Vaticano II recuperou a Liturgia das Horas como "oração da Igreja". Primeiro, abrindo-a à língua vernácula, dado que ela pertence a todos os fiéis. O latim havia-se tornado uma língua clerical. Segundo, dado que a Liturgia das Horas é uma oração litúrgica, o Concílio colocou-a no interior da assembléia litúrgica. Não é oração de alguns para os outros, mas oração da Igreja. Terceiro, por ser "santificação das horas", o Concílio trouxe a Liturgia das Horas para o tempo presente, para o cotidiano da vida do cristão, com orações específicas para o dia, a semana e os tempos litúrgicos (*SC*, nn. 88-91). A fé cristã, enquanto memorial, está voltada para o passado, mas em vista de um futuro a ser antecipado no presente. A verdadeira oração é sempre atual. Quarto, ela foi simplificada, reduzindo-se sua estrutura: hino, salmodia, leitura bíblica, responsório e preces, terminando com o pai-nosso e a oração final. Além disso, o Concílio deu ênfase a dois momentos centrais: *laudes* (manhã) e *vésperas* (tarde), adaptando, assim, a Liturgia das Horas às condições da vida moderna.

Apesar da reforma conciliar, ficou o grande desafio da falta de tradição da Liturgia das Horas entre os leigos, sem falar na dificuldade de compaginar o modo e o conteúdo da oração dos salmos com a mentalidade e a cultura atual. Maior ainda é o desafio de fazer da Liturgia das Horas uma oração popular. Esforço louvável e promissor é o Ofício das Comunidades, que, no Brasil, apoiado em belas melodias, cada vez mais ganha espaço, sobretudo em reuniões de cunho pastoral, em todos os níveis eclesiais.

3.3. A necessidade de rezar liturgicamente

Se, por um lado, a oração litúrgica não dispensa a oração pessoal, por outro a oração pessoal está longe do alcance e do significado da oração comunitária associada à liturgia. É na celebração litúrgica que a oração expressa melhor o mistério do sacramento da Aliança — o Povo de Deus em comunhão com o Criador e toda a sua criação, por meio de seu Filho Jesus, no Espírito, sendo sinal e instrumento de salvação para toda a humanidade. A oração litúrgica, na medida em que assume, igualmente, a linguagem simbólica, expressa melhor do que com palavras o mistério da vida e da morte, da festa e do compromisso, do começo e do fim, a começar pela força do símbolo da própria assembléia reunida em oração. Nela, em certa medida, já se faz realidade o que se espera na fé. É muito mais plausível crer com os outros que de forma isolada e individual.

A comunidade, reunida em assembléia, é sempre o melhor espaço para a escuta e o discernimento da vontade de Deus. Este continua se revelando e se manifestando à humanidade, dirigindo-se às pessoas, comunidades e povos. Mas o lugar apropriado do discernimento, assim foi para Israel e assim continua hoje, é sempre a tradição, a comunidade de fé. A oração nada mais é do que abrir-se e acolher a Palavra de Deus, que se fez carne em Jesus Cristo e povo em sua Igreja. Evidente que se há de ter o cuidado para que o comunitário não se imponha e eclipse o pessoal. A oração comunitária, no interior de uma celebração litúrgica, não pode prescindir da originalidade das pessoas que a integram, de sua situação particular, da espontaneidade e da criatividade pessoal. Entretanto, é a oração litúrgica a garantia de uma espiritualidade eclesial, assim como o antídoto de uma piedade individualista e intimista. Uma assembléia litúrgica solidificada é sempre fonte de equilíbrio emocional, discernimento cristão e compromisso eclesial. Quando se reza "em" Igreja e "com" a Igreja, no seio de uma comunidade compromissada com a edificação do Reino de Deus, já a partir da história, a oração será sempre "o gemido do Espírito" (Rm 8,26), que nos impulsiona a continuar a obra de Jesus.

4. A PREGAÇÃO E A HOMILIA

O Concílio Vaticano II, ao mesmo tempo que introduziu a Palavra de Deus em todas as celebrações litúrgicas, também colocou em destaque a pregação e a homilia. Por "pregação" se entende a atualização da Palavra de Deus feita pelo presidente de uma celebração litúrgica diante da assembléia. Quando a pregação é feita por um ministro ordenado, denomina-se "homilia", por tratar-se da palavra oficial da Igreja. Aqui, discorreremos sobre a pregação, e como se trata de uma abordagem pastoral, integraremos a ela a homilia.

4.1. Itinerário da pregação cristã

O antecedente mais remoto da pregação cristã é a homilia, feita durante o culto na sinagoga judaica. Era costume, depois da leitura "da Lei e dos livros históricos", o escriba fazer um comentário de cunho catequético. Com o tempo, essa pregação caiu na casuística e no moralismo. Mais tarde, foi acrescentada a leitura dos "livros proféticos". A esperança messiânica transforma, então, a homilia numa atualização da Palavra escutada. Passa-se, mesmo, a celebrar a Palavra, como no caso de algumas seitas judaicas, como em Qumran. A celebração da Palavra, no seio desses grupos, tem mais importância que os sacrifícios cruentos do templo.

Em continuidade com essa tradição, Jesus também é apresentado pelos evangelhos como o pregador do Reino de Deus, nos moldes da tradição judaica. Por sua vez, depois de sua ressurreição, envia seus discípulos a pregar (Mt 28,20). Na Igreja primitiva, também os Atos dos Apóstolos apresentam os discípulos inteiramente dedicados a essa tarefa. A maneira com que o fazem, recolhida pela tradição bíblica, é normativa para a Igreja de todos os tempos. Por sua conduta, primeiro eles exortam à conversão, a uma mudança de vida, a um comportamento segundo o modo de Jesus Cristo. A seguir, explicitam a vida e a obra de Jesus histórico, dando ênfase à sua ressurreição. Finalmente, entre os convertidos, ainda pela pregação, os apóstolos fazem surgir comunidades que buscam viver a nova vida.

Na Igreja primitiva, a pregação estava presente em todas as reuniões litúrgicas. Seu caráter doméstico favorecia o presidente da celebração a fazer um comentário das leituras bíblicas proclamadas, atualizando-as no contexto da comunidade, em forma de conversação e diálogo com toda a assembléia. Buscava-se imitar a Jesus, que era apresentado pelos evangelhos também em clima de diálogo com seus discípulos. Até quando ele pregava às multidões, havia sempre personagens que irrompiam do meio delas, interpelando o Mestre, ao que ele respondia respeitosamente.

Na época patrística, a grande tentação na pregação e na homilia foi a retórica, o discurso eloqüente, dar mais importância à forma do que ao conteúdo. Nesse caso, o pregador, em lugar de buscar persuadir pela Palavra, tende a fazer brilhar seus próprios dotes. Algo normal para a cultura e o contexto da época, que tinha na retórica uma das carreiras mais prestigiosas e promissoras, mas incompatível com a evangelização. São João Crisóstomo, no Oriente, e santo Agostinho, no Ocidente, irão salvar a homilia e a pregação dessa crise. Eles imprimem um novo modelo, que irá impor-se, sobretudo nos meios monásticos, até o século XII, uma meditação da Palavra de Deus confrontada com a vida. A partir daí, a escolástica, influenciada pelo direito feudal, introduz na pregação a argumentação dialética e o vocabulário jurídico. Prima-se pela plástica do discurso e a genialidade da argumentação, dirigindo-se à capacidade de raciocínio do interlocutor. A lógica aristotélica dá o suporte argumentativo de fundo. No século XVI, o Concílio de Trento reformou a pregação. Diante da valorização do laicato pela Reforma Protestante, Trento fará da pregação o "ofício principal dos bispos" (que irão monopolizar o múnus de ensinar) e dará a ela um fundo dogmático e moral, justamente para fazer frente às heresias protestantes. Como nas celebrações dos reformados a Palavra e a pregação ocupavam um lugar central, quase exclusivo, nas celebrações católicas, caso não houvesse muita gente na assembléia, a homilia não era mais obrigatória. Valoriza-se mais a mesa da Eucaristia que a da Palavra. Será a partir de Pio XII que se voltará a insistir na pregação em todas as celebrações litúrgicas, nem que fosse na forma de uma "homilia breve".

Por sua vez, o Concílio Vaticano II, com sua "volta às fontes", recuperou o sentido e o papel que a pregação e a homilia tinham no interior da Igreja primitiva e patrística. Hoje, a pregação ou a homilia são parte integrante da ação litúrgica como um todo. Os ministros da Palavra, mais que em outras épocas, dispõem de melhores recursos e preparação, seja do ponto de vista litúrgico, seja catequético, seja escriturístico. Com o Vaticano II, a Palavra de Deus se fez muito mais próxima da vida do povo, tanto pelo acesso em sua própria língua como por sua conexão com a própria vida. Em grande número das comunidades eclesiais, as equipes de liturgia, particularmente os ministros extraordinários da Palavra, reúnem-se, semanalmente, para preparar a celebração dominical, muitas vezes preparando até mesmo a homilia juntamente com o presbítero, ou este com seu bispo. Em Igrejas de certos países da América Central, particularmente na Guatemala e em Honduras, os "celebradores da Palavra" têm uma função fundamental na ação evangelizadora.

Infelizmente, esses sinais alentadores com relação à pregação e à homilia caminham junto com muitas sombras, algumas bem graves. Uma delas é a improvisação ou a falta de preparação por parte do pregador, expondo a assembléia ao tédio ou, ao que é mais grave, ao desapreço pela própria Palavra de Deus. Outra é a dificuldade ou a falta de atualização da Palavra no contexto da comunidade. Certas pregações abordam a Palavra como se ela fosse uma narrativa de ontem, de um "Deus dos mortos", no seio de uma Igreja fossilizada. Também é comum a instrumentalização do texto por parte do pregador, para emitir suas próprias idéias, como se tratasse de sua atualização. Há pregações da Palavra que dizem tudo aquilo o que ela não diz. O limite mais freqüente, nesse particular, é, por um lado, a "psicologização" da Palavra e, por outro, sua politização. A Palavra tem uma dimensão psicológica e política, mas que nem de longe esgota sua superabundância de sentido. Poder-se-ia, ainda, nomear a clericalização da pregação, seja por estar praticamente reduzida à homilia, seja por sua linguagem eclesiástica. A Palavra na Igreja não é propriedade do clero, mas um dom dado a todos os batizados, para ser repartido com todos. Além da monopolização da pregação por parte do clero, em certas Igrejas, ainda há celebrações litúrgicas sem povo, até missas sem pregação, o que é um desrespeito à centralidade que a mesa da Palavra tem na Igreja.

4.2. Natureza da pregação na celebração litúrgica

Segundo o Concílio Vaticano II, a pregação e a homilia são parte essencial da liturgia. Estão a serviço do ato litúrgico que se celebra, da Palavra que se medita e da vida de fé da assembléia reunida. Sua finalidade é ajudar os participantes a sintonizar com o mistério que se celebra, acolher na vida a Palavra de Deus e levar à vivência do celebrado no cotidiano da vida pessoal, comunitária e social. O mistério em causa é o mistério pascal, sempre o centro de todo ato litúrgico. Acolher a Palavra é ajudar a assembléia a entrar em comunhão com o Pai, pelo Filho, no Espírito Santo. A vivência do celebrado é a atualização contínua da Páscoa na história da humanidade, resgatada uma vez por todas pelo Ressuscitado.

Na liturgia, o mistério que se celebra — o acontecimento salvífico — tem suas bases na Palavra que se proclama e se acolhe na fé. A função da pregação é explicitar e atualizar esse fato central do cristianismo. Entretanto, na celebração litúrgica, ainda que a pregação e a homilia tenham uma dimensão catequética, elas não se confundem, nem ocupam o lugar da catequese. Elas pressupõem a conversão e a iniciação cristã. Na liturgia, sua função não é converter nem explicar a Palavra, que é função da catequese, mas atualizar a Palavra no hoje da assembléia. É, antes, manter o processo de conversão e ajudar o cristão a amadurecer e a crescer na vivência da fé. A pregação e a homilia na liturgia estão em função da vivência e não da aprendizagem. A hermenêutica da Palavra é seu pano de fundo. Por um lado, oferecer celebrações litúrgicas para não-convertidos é desvirtuá-las de sua finalidade e, por outro, fazer da celebração litúrgica um meio de iniciação na fé é desconhecer a importância e o lugar do ministério da catequese na Igreja.

Tendo em vista a vivência da fé, a rigor a pregação e a homilia dirigem-se aos presentes e a seu presente. Elas buscam fazer ecoar a celebração litúrgica na vida dos participantes e prolongá-la no cotidiano, através do compromisso cristão. É importante que elas mostrem a interconexão do *tria munera Ecclesiae*, para que a liturgia não termine no ato litúrgico. Os ministérios profético, litúrgico e da caridade conformam um todo, e a celebração litúrgica visa a impulsionar os cristãos ao profetismo e ao serviço no mundo, pois é aí que acontece a história da salvação e a edificação do Reino de Deus em sua dimensão imanente. A fé sem obras é morta. O dom do Espírito é em vista dos frutos do Reino. O fundamental é encarnar a Palavra na vida pessoal, comunitária e social.

4.3. Recomendações para uma pastoral da pregação

Sem poder fazer uma abordagem mais completa, convém terminar a reflexão sobre a pregação acenando, pelo menos, para alguns requisitos a serem levados em conta, tanto em relação ao pregador quanto à assembléia litúrgica e à pregação propriamente dita.

Quanto ao pregador, um requisito básico é sua adequada preparação remota e próxima. Com relação à preparação remota, um bom pregador não nasce pronto, nem se improvisa. Requer uma sólida formação bíblico-teológica e pastoral, sem descuidar da iniciação na arte e na ciência da comunicação. Tudo isso precedido pelo testemunho, que é sempre o mais importante. A maneira mais adequada para falar de Deus é falar sem falar. Antes de a Palavra ecoar e persuadir, o mensageiro já foi mensagem. Já a preparação próxima implica, por parte do pregador, a reflexão e a meditação prévia da Palavra a ser proclamada e atualizada na celebração litúrgica ou numa assembléia de fiéis. Pregar é, antes de tudo, pregar para si mesmo. O pregador não é um funcionário que oferece um produto, alheio a si próprio, a consumidores. Ele também é membro da assembléia ouvinte e discípula da Palavra. Na preparação da pregação, o pregador pode servir-se dos comentários exegéticos e dos roteiros homiléticos disponíveis. Entretanto esses não podem ser "transplantados" tais quais a toda e qualquer assembléia litúrgica.

Além da questão da atualização da Palavra em cada contexto particular está a questão da linguagem, fator fundamental na comunicação. Isso não será possível se o pregador não conhece a comunidade reunida em assembléia. Até são Paulo fez essa experiência em Atenas. Desconhecer o texto, o contexto e os interlocutores é expor a Palavra à irrelevância histórica. Sem falar no perigo da rotina, que consiste, nesse particular, em repetir as mesmas idéias a assembléias distintas, tanto no tempo como no espaço.

Quanto à comunidade reunida em assembléia litúrgica, seu papel é ser, também, ator e não mero espectador, participar e não assistir à celebração, incluída a pregação. Primeiro porque, teologicamente, sempre quem celebra é toda a assembléia. O presidente preside um ato oferecido a Deus por todos. Segundo, porque a participação é um direito de cada um, fundado no sacerdócio comum do batismo. A assembléia tem o dever de impedir a eventual monopolização da celebração, seja por parte do clérigo, seja por leigos clericalizados. Outra dificuldade para a participação de todos é a heterogeneidade dos participantes, tanto do ponto de vista etário como cultural. Com relação à idade, uma abordagem da Palavra à parte com as crianças, durante a celebração, adaptada à linguagem e à pedagogia infantil, é uma forma eficaz não só de valorização da participação delas na liturgia como da própria Palavra de Deus. Deus teve a humildade de comunicar-se de modo humano para poder ser escutado e acolhido, a mesma humildade que muitas vezes nós não temos em relação a pessoas em situação especial. Com relação à heterogeneidade cultural, vale o cuidado de pôr em relevo a mensagem diante da forma do discurso. Pode-se dizer as coisas mais profundas e complexas de modo simples. Deus é simples. Sua Palavra é acessível a todos. E a compreendem melhor os pequenos que os sábios e eruditos.

Quanto à pregação propriamente dita, o primeiro requisito é com relação ao conteúdo, pois há sempre o risco da retórica ou da persuasão vazia e sentimental. A Igreja, no período patrístico, já se confrontou com tal problema. Por conteúdo se entende a própria Palavra, articulada com a vida pessoal, comunitária e social, no presente das pessoas reunidas. Depois é que deve vir a preocupação com a forma, sobretudo com a linguagem adequada, para fazer passar à assembléia o conteúdo em questão. Como já vimos, trata-se de evitar todo dogmatismo e moralismo. Não é o espaço para isso. A pregação deve ser, antes de tudo, existencial, em linguagem mais narrativa que argumentativa, mais de testemunhas do que de mestres. Requisito fundamental é a busca de concreção e de síntese. Procurar ficar restrito ao essencial, que é sempre muito pouco. Em ambientes menores, tal como se fazia na Igreja primitiva, a pregação dialogada com a assembléia é um recurso útil e eficaz.

Resumindo

Juntamente com a pastoral profética e a pastoral da caridade, a pastoral litúrgica integra o tria munera Ecclesiae, *compondo o "que" do ser e do agir eclesial. Em grande medida, a liturgia é uma ação simbólica a serviço da esperança, uma vez que ela antecipa, na fé, aquilo que se espera. Ela celebra os mistérios cristãos através do culto — atualiza a obra de Jesus em sua Vida, Paixão, Morte e Ressurreição, bem como deixa vislumbrar e experimentar as primícias de seu Reino.*

Teologicamente, a liturgia é a ação que funda a Igreja, que manifesta seu ser, sua origem e esperança, e que é fonte de toda a sua missão. É nela que se expressa, com mais evidência, o caráter sacramental da Igreja, que passa pela celebração dos sacramentos, pela oração litúrgica, pela pregação e homilia e pela piedade popular.

A liturgia é mais que uma mera ação. A ação litúrgica precede a pastoral litúrgica, a qual, por sua vez, não esgota toda a atividade da Igreja, que se realiza em torno do tria munera Ecclesiae. *Os três critérios básicos para uma pastoral litúrgica são: que seja uma ação de toda uma assembléia celebrante; que seja compreensível para todos, sobretudo em seus símbolos e ritos; e que seja celebração e não mera recitação de um rito.*

Dentro da liturgia está a oração litúrgica. A fé cristã, que significa crer com os outros e naquilo que os outros crêem, implica uma espiritualidade eclesial, sustentada pela oração litúrgica. Desde a primeira hora, a Liturgia das Horas é uma oração da Igreja. Ela busca fazer eco, na vida cotidiana, da Eucaristia enquanto celebração do evento fundador da fé cristã: a ressurreição. Além da oração pessoal, rezar liturgicamente é parte do ser da Igreja. A comunidade, reunida em assembléia, é sempre o melhor espaço para a escuta e o discernimento da vontade de Deus.

Finalmente, a pastoral litúrgica contempla a pregação e a homilia. Elas decorrem da centralidade da Palavra na liturgia. Sua finalidade é *ajudar os participantes a sintonizar com o mistério que se celebra, acolher na vida a Palavra de Deus e levar à vivência do celebrado no cotidiano da vida pessoal, comunitária e social. É um ministério que tem, também, seus requisitos pastorais relativos ao pregador, à assembléia celebrante e ao conteúdo da pregação ou da homilia propriamente ditas.*

> **Perguntas para reflexão e partilha**
>
> 1) Quais os fundamentos teológicos e pastorais da liturgia?
>
> 2) Quais os principais limites pessoais que você constata no exercício do ministério recebido no batismo, relativamente à pastoral litúrgica?
>
> 3) Quais as principais mudanças e iniciativas que deveriam ser feitas em sua comunidade eclesial no campo da pastoral litúrgica?

Bibliografia básica

C. FLORISTÁN. *Teología práctica. Teoría y praxis de la acción pastoral.* Salamanca, Sígueme, 1991. pp. 477-501 (Pastoral litúrgica); pp. 503-519 (La oración litúrgica); pp. 541-561 (La predicación).

J. A. RAMOS. *Teología pastoral.* Madrid, BAC, 2001. pp. 423-445 (La pastoral litúrgica). Sapientia Fidei, Serie de Manuales de Teología.

D. BOURGEOIS. *La pastorale de l'Église.* Paris, Cerf, 1993. pp. 277-310 (La dimension cultuelle du sacerdoce baptismal).

C. FLORISTÁN. Pastoral litúrgica. In: D. BOROBIO (Ed.). *La celebración en la Iglesia.* Salamanca, Sígueme, 1985.

V. HOUSSIAU. La liturgia. In: B. LAURET & F. REFOULÉ. *Iniciación a la práctica de la teología.* Madrid, Ed. Cristiandad, 1986. v. 5, pp. 346-389.

J. LÓPEZ MARTÍN. La pastoral litúrgica. In: *La liturgía de la Iglesia.* Madrid, BAC, 1994.

L. MALDONADO. *A homilia:* pregação, liturgia, comunidade. São Paulo, Paulus, 1997.

J. SOBRINO. *La oración de Jesús y del cristiano.* Bogotá, Indo-American Press, 1981.

L. BOFF. *Os sacramentos da vida e a vida dos sacramentos:* ensaio de teologia narrativa. Petrópolis, Vozes, 1980.

Bibliografia complementar

L. BOUCHARD. Des rites pour croire. Analyse et questionnement des pratiques rituelles. In: G. ROUTHIER & M. VIAU. *Précis de théologie pratique.* Montréal-Bruxelles, Novalis-Lumen Vitae, 2004. pp. 455-469. J. M. DONEGANI. Symboliser l'identité collective. In: G. ROUTHIER & M. VIAU. *Précis de théologie pratique.* Montréal-Bruxelles, Novalis-Lumen Vitae, 2004. pp. 501-511. C. DUCHESNEAU. *La celebración en la vida cristiana.* Madrid, BAC, 1991. R. BRODEUR. Symboliser l'expérience: symbole-expérience symbolique-dinamique symbolique. In: G. ROUTHIER & M. VIAU. *Précis de théologie pratique.* Montréal-Bruxelles, Novalis-Lumen Vitae, 2004. pp. 525-535. L. ALVES DE LIMA. Evangelização, catequese e liturgia. *Revista Rogate* 181 (1981) 71-82. B. CANSI. A dimensão sociopolítica da liturgia. *Revista de Catequese* 55 (1991) 28-37. CNBB. *Animação da vida litúrgica no Brasil.* São Paulo, Paulinas, 1989. Documentos da CNBB, n. 43. C. FLORISTÁN. A liturgia, lugar de educação da fé. *Concilium*/Brasil 194 (1984) 73-83. B. BOTTE. *O movimento litúrgico.* São Paulo, Paulus, 1978. O. DE LA BROSSE. La predicación. In: B. LAURET & F. REFOULÉ. *Iniciación a la práctica de la teología.* Madrid, Ed. Cristiandad, 1986. v. 5, pp. 307-345. D. GRASSO. *Teología de la predicación.* Salamanca, Sígueme, 1968. L. MALDONADO. *La homilía:* predicación, liturgía, comunidad. Madrid, Ed. Cristiandad, 1993. P. E. ARNS. La liturgía, centro de la teología y de la pastoral. In: G. BARAÚNA (Ed.). *La sagrada liturgía renovada por el Concilio.* Madrid, BAC, 1965. pp. 353-376. I. OÑATIBIA. El proyecto litúrgico del Concilio Vaticano II. In: *Balance del Concilio Vaticano II a los veinte años.* Victoria, Sal Terrae, 1985. pp. 172-193. L. BOROS. *Sobre la oración cristiana.* Salamanca, Sígueme, 1980. J. M. CASTILLO. *Oración y existencia cristiana.* Salamanca, Sígueme, 1983. C. DAVIS. Teología de la predicación. *Selecciones de Teología* 5 (1963) 56-62. L. MALDONADO. *El menester de la predicación.* Salamanca, Sígueme, 1972. A. OLIVAR. *La predicación cristiana antigua.* Barcelona, Herder, 1991. B. HARING. *Palabra en el mundo:* estudios sobre la teología de la predicación. Salamanca, Sígueme, 1972. I. BUYST (Org.). *Domingo, dia do Senhor.* São Paulo, Paulinas, 2003. J. M. ROVIRA BELLOSO. *Os sacramentos, símbolos do espírito.* São Paulo, Paulinas, 2005. G. PADOIN. *O pão que eu darei:* o sacramento da eucaristia. São Paulo, Paulinas, 1999. I. BUYST & J. A. DA SILVA. *O mistério celebrado*: memória e compromisso I. São Paulo-Valencia, Paulinas–Siquem, 2003. Coleção Livros Básicos de Teologia. BUYST & M. J. FRANCISCO. *O mistério celebrado:* memória e compromisso II. São Paulo-Valencia, Paulinas--Siquem, 2004. Coleção Livros Básicos de Teologia 10. M. A. VILHENA. *Ritos:* expressões e propriedades. São Paulo, Paulinas, 2005. I. BUYST. *Símbolos na liturgia.* São Paulo, Paulinas, 1998. I. BUYST. *Celebrar com símbolos.* São Paulo, Paulinas, 2001. B. FISCHER. *Sinais, palavras e gestos na liturgia:* da aparência ao coração. São Paulo, Paulinas, 2005. I. BUYST. *Celebração do domingo ao redor da Palavra de Deus.* São Paulo, Paulinas, 2002.

Capítulo terceiro

A PASTORAL DO SERVIÇO E DA COMUNHÃO

Juntamente com a pastoral profética e a pastoral litúrgica, a pastoral da caridade ou "do serviço (*diakonía*) e da comunhão (*koinonía*)" integra o *tria munera Ecclesiae*, compondo o "que" do ser e do agir eclesial. Como vimos, essa trilogia conforma um todo, numa relação dialética, cujo pólo de articulação, entretanto, é o da caridade, dada a centralidade da exigência da eficacidade da fé no seio do cristianismo. Seguidor de Jesus Cristo não é aquele que diz "Senhor, Senhor", mas aquele que "faz" a vontade Deus. "Quem diz que ama a Deus e não ama o irmão, é um mentiroso", adverte João.

A pastoral da caridade engloba dois aspectos complementares — o serviço (*diakonía*) e a comunhão (*koinonía*). Ambos aterrissam na vida pessoal, comunitária e social da fé cristã, relativa ao ministério da caridade, vinculado, intrinsecamente, aos ministérios da profecia e da liturgia. A *diakonía*, enquanto pastoral do serviço, atualiza, no peregrinar da comunidade eclesial, o lava-pés da Quinta-feira Santa, na dedicação concreta a Deus nos irmãos, em especial aos mais pobres. Há serviços *ad intra* e *ad extra*, enquanto realização histórica da missão do cristão na Igreja e no mundo. Quanto à *koinonía*, por um lado, ela é a expressão do testemunho da vivência da caridade entre irmãos, que se servem mutuamente, e, ao mesmo tempo, é o suporte institucional da pastoral do serviço. Tão importante quanto o serviço é o modo como ele é realizado, obrigatoriamente sempre de forma evangélica, dado que na ação evangelizadora não basta visar a fins evangélicos. Se os meios para alcançar tais fins não forem evangélicos, tampouco serão seus resultados, ainda que bons. Podemos fazer um grande mal impondo um grande bem.

1. A *DIAKONÍA* NO SER E NA MISSÃO DA IGREJA

Comecemos pelo primeiro aspecto da pastoral da caridade — o serviço ou a *diakonía*. Limitar-nos-emos ao essencial: o sentido do termo, o itinerário histórico do serviço na Igreja, seu caráter sacramental, a Igreja como comunidade de serviço, as exigências para o serviço evangélico, sobretudo aos pobres, e a *diakonía* através dos serviços de pastoral.

1.1. O sentido do termo *diakonía*

O termo grego *diakonía* tem um sentido pejorativo. Refere-se ao serviço do criado, que, na civilização grega, era próprio dos escravos e indigno dos "homens livres". Pejorativo porque, como o criado "serve" e não é "servido", então ele é "menor", menos importante do que aquele a quem ele serve. Os evangelhos introduzem a categoria do serviço no interior do denominado "paradoxo cristão", motivo de escândalo para a mentalidade mundana, segundo são Paulo. Eles põem, na boca de Jesus, paradoxos como: "É perdendo que se ganha" (Mt 10,39); "os últimos serão os primeiros" (Mt 19,30); "é morrendo que se vive" (Rm 6,8), como também a categoria cristã do serviço.

Escândalo para a cultura da época, Jesus afirma que o menor que serve é o maior. Em contraste com as estruturas de dominação, seja no mundo greco-romano, seja entre os judeus, Jesus diz que o primeiro é "quem serve" (Lc 22,26), pois ele próprio "não veio para ser servido, mas para servir" (Mt 20,28). É assim que os evangelhos o apresentam — Jesus está "como quem serve" (Lc 22,27).

Desse modo, o sentido do termo *diakonía* está estreitamente relacionado com o forte gesto de Jesus na última ceia — o lava-pés. Contrapondo-se à "bacia da omissão de Pilatos" está a "bacia do serviço de Jesus" na Quinta-feira Santa. Com toalha nas mãos, ele se faz o menor, quem serve, inaugurando uma nova ordem de relação interpessoal, fundada no descentrar-se de si mesmo para "amar primeiro", assim como Deus nos amou: "Já não vos chamo servos, mas amigos" (Jo 15,15); "quem não se fizer o menor, como as crianças, não entrará no Reino dos Céus" (Mt 11,11; Lc 7,28; 9,48).

1.2. A natureza do serviço na vida cristã pessoal e comunitária

A fonte do serviço cristão está na encarnação do Verbo: "Sendo rico, o Filho de Deus se fez pobre para enriquecer a todos com sua pobreza" (2Cor 8,9). Seu "descenso" é em vista de um "ascenso". Jesus assume nossa humanidade, não para enriquecer-se, mas para enriquecer-nos com a vida de Deus. Tal "humilhação" (*kénosis*) alcança seu extremo na morte de cruz. Morto, ele desce às profundezas da miséria humana para elevar a todos em seu corpo ressuscitado. Ele assumiu nossa natureza para redimi-la. Jesus se identifica e opta por aqueles que servem: "Quem fizer isso ao menor, a mim o fará". Daí decorrem os três sentidos da caridade: a caridade como "amor de Deus", através de Jesus Cristo; a caridade como "amor fraterno", enquanto conseqüência do amor de Deus — "Assim como o Pai me amou, também eu vos amei. Permanecei no meu amor" (Jo 15,9); e a caridade como *caritas*, que consiste em fomentar o amor de Deus, através do ou no amor fraterno.

Essa vocação cristã começa com o batismo. Por ele, o cristão é "enxertado" em Cristo, como diz são Paulo (Rm 11,17), e está chamado a ser o prolongamento da presença do Cristo Servidor na Igreja e no mundo: "O discípulo não é maior que o Mestre" (Lc 6,40); "Quem vos recebe, a mim recebe" (Mt 10,40); "Se quiser vir após mim..." (Mc 8,34). O serviço, nessa perspectiva, não é mera ação exterior. Ele é constitutivo não do fazer, mas do "ser" cristão. É em seu "ser" que se funda o "fazer", na medida em que a missão não lhe é própria, mas prolongamento da missão de Jesus. O serviço é, portanto, antes um modo do "ser" cristão, seu estado de vida, do que uma tarefa ou realização de determinadas atividades.

Da mesma forma com relação à Igreja. O "serviço" é constitutivo do "ser" eclesial, de sua essência como instituição mediadora da salvação de Deus em Jesus Cristo. Por isso a Igreja é "corpo de serviço de Deus no mundo". Se a Igreja não for servidora, não serve para nada, pois ela existe para prolongar o significado último da Eucaristia, que é o lava-pés. Nessa perspectiva, o Concílio Vaticano II gestou uma nova autocompreensão da Igreja, denominando-a "servidora da humanidade, para levá-la a Cristo e instaurar o Reino de Deus" (*LG*, n. 8). No mesmo número, a *Lumen gentium* apresenta a Igreja, em relação ao Reino, como "caminho de *kénosis*". Da mesma forma com que Jesus se faz servidor, último entre os últimos, a Igreja é a serva do Reino, cuja função, enquanto seu sacramento, é "desaparecer", para que ele "cresça" (Jo 3,30). Enquanto estrutura hierofânica, seu papel é transparecer o divino através do humano, tendo a humildade de nunca pretender identificar-se com ele. Fazendo-se última entre os últimos, corpo de serviço de Deus no mundo, enquanto caminho de *kénosis* do Reino, precisa ser "a Igreja dos pobres para ser a Igreja de todos" (João XXIII).

1.3. O itinerário histórico da pastoral caritativa

Tendo sua fonte no lava-pés, a *diakonía* nasceu com a Eucaristia. Como ministério instituído propriamente dito, a *diakonía* pertencia aos diáconos, criados ainda na primeira hora da Igreja, para o serviço do altar e dos pobres (At 6,1-7). O serviço, enquanto elemento central do ser da Igreja, era fundamental na assembléia sacramental, o prolongamento do testemunho de Jesus, o servidor dos últimos — "Entre eles não podia haver necessitados" (At 4,34).

Na Igreja primitiva, pouco a pouco, o serviço aos mais pobres transcende a própria comunidade, através da solidariedade com outras igrejas mais pobres. Escritos do Novo Testamento, como as cartas paulinas e os Atos dos Apóstolos, fazem eco de coletas promovidas por certas comunidades para socorrer outras igrejas necessitadas (Rm 15,25ss; 2Cor 8,2ss; 9,1ss). Sempre fundadas no gesto do lava-pés, celebrado durante a última ceia, as coletas fazem parte da liturgia dominical. Fazem-se coletas não para a própria comunidade, mas para outras. Depois surge, também, uma "caixa comum", que Tertuliano chamará de "arca", para socorrer os necessitados da própria comunidade. A figura do grupo dos presbíteros-*episcopói*, que normalmente, em muitos lugares, presidem a Eucaristia por rodízio e, depois, também a do bispo, no modelo monárquico, é vista como "advogados e administradores dos pobres".

Mais tarde, na época patrística, à medida que a Igreja vai dispondo de seus próprios edifícios, também terá casas destinadas à caridade para enfermos e peregrinos. A instituição do ministério das "viúvas" será, também, expressão de uma Igreja pobre entre os pobres, pois elas, socorridas pelo bispo, por sua vez, dedicam-se ao serviço dos enfermos e dos pobres. Desse período a Igreja guarda os textos mais belos e interpeladores de sua história sobre as exigências e o significado do serviço aos pobres, como são as homilias de são Basílio, são Gregório Nazianzeno e santo Ambrósio de Milão, entre outros.

No século XIII, sob o impulso do movimento de renovação das ordens mendicantes, os pobres voltam a ser o centro da espiritualidade e do serviço cristão. Para além da dramaticidade da carência econômica, redescobre-se no pobre o rosto desfigurado de Jesus Cristo. Servir a Cristo é servi-lo no pobre, a exemplo do Mestre, que se fez último para tornar-se servidor de todos, em especial do menor. Dentro dos limites culturais da época, multiplicam-se as instituições assistenciais — albergues, hospitais e irmandades — voltadas para a caridade individual, mas organizada.

No século XVIII, a *diakonía* dará um grande passo, com a passagem da caridade individual para a "caridade social" (ação social). Com a Revolução Industrial, surge o proletariado, e a pobreza, até então situada no "mundo da moradia", passa, agora, a ser vista desde o "mundo do trabalho". Começando com as obras paternalistas dos "patrões sociais", pouco a pouco o movimento denominado "catolicismo social" passa a ser o berço seja de "caixas de poupança" (gérmen dos bancos), seja de associações de operários (gérmen do sindicalismo), seja de centros de formação e capacitação de mão-de-obra (Obra Kolping). O debate e as reflexões oriundas dessas práticas em torno do salário justo, da intervenção do Estado na economia, da associação dos operários independentemente dos patrões, e outras questões, vão desembocar na *Rerum novarum*, a primeira encíclica social publicada pelo papa Leão XIII, em 1891.

No século XX, com a "irrupção dos pobres" e do "Terceiro Mundo", fruto da internacionalização do capital financeiro e do surgimento de novos mecanismos neocolonialistas, com a ajuda, sobretudo, da sociologia estrutural, dá-se a passagem da "ação social" à "pastoral social", enquanto caridade estrutural. A questão dos pobres, além de ter raízes no mundo da moradia e no mundo do trabalho, é também vista e abarcada com base no "mundo da política", que engendra mecanismos institucionais geradores de uma pobreza estrutural, uma injustiça institucionalizada ou pecado social. Dirá Paulo VI, na *Populorum progressio*, que "o subdesenvolvimento dos países pobres é um subproduto do desenvolvimento dos países ricos" (n. 8). Seria a tese de fundo da "teoria da dependência", elaborada pelos sociólogos da Comissão

Econômica para a América Latina — CEPAL. Com isso, o trabalho com os pobres irá deslocar-se, sobretudo, para o campo organizativo, no respeito à autonomia do temporal e da distinção, sem separação entre cristão e cidadão. De objeto, os pobres passam a ser os sujeitos de uma sociedade justa e solidária para todos.

Na América Latina, novos conceitos serão forjados a partir de realidades e práticas libertadoras, como "opção preferencial pelo pobres", "pecado social", "pecado estrutural", "injustiça institucionalizada", "libertação" etc., dando um passo a mais no processo de radicalização do serviço cristão aos mais pobres. A consciência e as práticas, nessa perspectiva, enriqueceram a Igreja, no subcontinente, com os milhares de santos das causas sociais. Sua memória é nosso principal patrimônio.

1.4. O caráter sacramental da *diakonía*

Na perspectiva cristã, o serviço é muito mais que uma boa ação. Ele está revestido de um caráter sacramental. É sinal e instrumento do serviço de Jesus Cristo e de seu Reino no mundo. Além de ser uma ação permeada pela graça, insere-se no horizonte da fé, que opera pela caridade. Os milagres atribuídos a Jesus pelos evangelhos têm esse caráter sacramental e simbólico, relatos dos quais se reivindica o serviço na Igreja. Além de revelarem um Messias servidor, pois o serviço do Mestre tem, nos pobres, uma referência especial. São os "sinais" que atestam seu messianismo e a presença do Reino de Deus no mundo: "Os cegos vêem, os coxos andam, os famintos são saciados, os peregrinos são acolhidos, os oprimidos são libertados" etc. (Mt 11,4-6). Fundado numa antropologia unitária, na concepção do ser humano como uma totalidade, trata-se de um serviço que visa à salvação do ser humano total, à libertação integral. Está isento do dualismo que, mais tarde, restringiria o Reino de Deus a uma realidade meramente transcendental. A salvação é histórica e dá-se não na *cura animarum*, mas no serviço aos irmãos, em especial aos mais pobres, sustentado pela fé e pela graça.

Na Igreja, enquanto instituição que é o grande sacramento da presença e ação de Jesus no mundo, o serviço se reveste do mesmo caráter sacramental. A ação evangelizadora quer ser expressão da continuidade dos "sinais" do Jesus histórico. Da mesma forma que Jesus tem, em seu serviço, a atestação de seu messianismo e da presença do Reino no mundo, a Igreja é um sacramento crível, na medida em que também ela se fizer testemunha e extensão dos sinais realizados por Jesus. Se a ação da Igreja não for eficaz na história, ela perde seu caráter sacramental, de continuidade da obra redentora de Jesus. A Igreja, como instituição do tempo intermédio — entre a inauguração e a consumação do Reino de Deus na metahistória —, existe para servir a toda a humanidade. Não se trata de qualquer serviço, mas de uma "ação sacramento" de um Reino do qual ela é sinal e instrumento. Como se trata da salvação do mundo — de toda a humanidade e da obra da criação —, seu serviço vai além de uma ação individual. Reveste-se de um caráter social, estrutural, libertador.

Na Igreja primitiva, a *diakonía* era tão importante quanto a pregação do Evangelho. Já fizemos referência ao fato de os pagãos sentirem-se mais impactados pela caridade dos cristãos que pelo seu discurso sobre Jesus Cristo Ressuscitado. O imperador romano Juliano, persuadindo seus súditos para a atenção aos pobres do vasto Império, apresenta, como exemplo, o serviço dos cristãos. Para D. Bonhöffer, em meados do século XX, a Igreja só é autêntica Igreja de Jesus Cristo quando ela existe para os outros. Sem *diakonía* não há comunidade seguidora de Jesus. Ela não passaria de uma "auto-suficiência piedosa". Em outras palavras: a ação eclesial é sacramento do serviço de Cristo na história, se apoiada no testemunho do Mestre no lava-pés, fizer do poder um serviço aos pobres. A única forma de poder, compatível com o Evangelho, é o poder-serviço.

1.5. Os serviços eclesiais como expressão da *diakonía* da Igreja

Graças ao cardeal Suenens, o Concílio Vaticano II introduziu duas categorias que ajudam a expressar melhor a *diakonía* da Igreja, em dois âmbitos distintos: os serviços *ad intra* e *ad extra*. Os primeiros estão voltados para o interior da Igreja, para que ela possa ser testemunha da vivência da fé no mundo; os segundos têm a finalidade, como diz a *Gaudium et spes*, de "oferecer ao gênero humano a sincera colaboração da Igreja para alcançar a fraternidade universal" (n. 1). Os serviços *ad intra* são um mandamento, um compromisso contraído numa relação de Aliança; os serviços *ad extra* são, também, um mandamento, mas em forma de "uma sincera colaboração" ao mundo. É o serviço gratuito de quem "recebeu de graça" e tem o dever de "dar de graça", expressão do amor gratuito de Deus.

Entre os serviços de caráter *ad intra*, poderíamos nomear: as diferentes iniciativas para a vivência pessoal e comunitária do tríplice ministério recebido no batismo — a pastoral profética, a pastoral litúrgica e a pastoral da caridade; os diversos serviços ou setores de pastoral, necessários para a realização efetiva do tríplice ministério; os diferentes ministérios, expressão da diversidade dos carismas postos a serviço da comunidade; a ação social, expressão da comunhão de bens e da solidariedade interna, enquanto condição para o testemunho de uma comunidade fraterna; a atenção aos mais desvalidos da comunidade; enfim, os ministérios da coordenação, da presidência e da animação da comunidade, em vista de um testemunho de comunhão. Papel importante, também, cumprem os serviços voltados para a educação, capacitação e formação na fé, em vista dos serviços *ad intra* e *ad extra*.

Como serviços *ad extra* estão as ações eclesiais, em colaboração com todas as pessoas de boa vontade, em prol da edificação do Reino de Deus já a partir deste mundo. Lugar privilegiado para a instauração do Reino tem a promoção da justiça. Ela é condição para afrontar o pecado social e estrutural. Também seguindo a dinâmica da encarnação (*GS*, n. 1) estão os serviços na promoção da solidariedade com os excluídos e desvalidos da sociedade, para além dos membros da Igreja. A solidariedade é a expressão da compaixão de Deus, sensível ao grito dos indefesos e injustiçados. Também não se pode esquecer do profetismo, da presença pública da Igreja, de seu dever de anúncio e denúncia, desde a liberdade da Palavra. Os serviços eclesiais *ad extra* assumem, hoje, o caráter de "pastoral social", em seus diferentes serviços, enquanto respostas às necessidades concretas das pessoas, em especial aos mais pobres.

1.6. A *diakonía* enquanto opção pelos pobres

Já vimos que o termo *diakonía*, no mundo greco-romano, tinha um sentido pejorativo, pois se referia ao serviço realizado pelo criado. Quem serve é menor. Para Jesus, "que não veio para ser servido, mas para servir" (Mt 20,28), o menor que serve é o maior. O serviço implica, pois, fazer-se menor para servir a todos, em especial os últimos. O sujeito privilegiado da *diakonía* são os pobres, na medida em que eles, para Jesus, são os "herdeiros do Reino" (Mt 5,3), os que julgarão o mundo (Mt 25). A missão da Igreja, como foi para Jesus Cristo, é "anunciar a Boa-Nova aos pobres" (Is 61,1).

A escandalosa parcialidade de Deus em sua opção pelos pobres é o fio de ouro que tece as Escrituras, do princípio ao fim, de Abel às sete igrejas do Apocalipse. Sua opção pelos indefesos, desvalidos e excluídos, longe de ser uma legitimação da carência, é opção pelos pobres contra a pobreza. Ele enviou seu próprio Filho para que todos tivessem "vida e vida em abundância". Tal como nos mostra o livro dos Atos dos Apóstolos, a pobreza é, sempre, um mal a combater, para que todos possam viver a caridade fraterna — "Eles tinham tudo em comum"; "Repartiam entre todos, segundo a necessidade de cada um", de tal modo que "não havia necessitados entre eles" (At 2,42-47; 4,32-35; 5,12-15). Não se tratava de ser pobre, ao contrário, mas de que não houvesse pobres entre eles.

Na época patrística, a Igreja se constituirá na intendente dos pobres. Santo Irineu dirá que os pobres, como são o "tesouro de Deus", precisam ser, igualmente, "a riqueza da Igreja". É sua condição de sacramento do serviço de Deus, de um Deus que deu tudo para todos.

No peregrinar da Igreja após a era patrística, a opção pelos pobres, infelizmente até hoje, não ultrapassou o nível da tibieza. Chegou-se ao escândalo de espiritualizá-la, para que o rosto concreto do pobre "não desviasse o sacerdote em seu caminho para o templo". É a tentação da comodidade do mero culto, mas inevitavelmente estéril. A Igreja na América Latina, apoiada no Concílio Vaticano II, iria recuperar a opção preferencial pelos pobres, em toda sua crueza. Em continuidade ao *Documento de Medellín*, o *Documento de Puebla* entende por pobres "os que carecem dos mais elementares bens materiais, em contraste com a acumulação das riquezas em mãos da minoria, freqüentemente à custa da pobreza de muitos" (n. 1134, nota 2). Em outras passagens, *Puebla* mostra outros rostos da pobreza por questões etárias, de gênero, étnicas e culturais. É evidente a força profética e incômoda dessa concepção, que levou não poucos setores mais conservadores da Igreja a recorrer a pontualizações: "amor", não opção; preferencial, "não exclusiva", "pobres de espírito" etc. Como bem dirá J. Sobrino (ver bibliografia), "preferencial quer dizer que ninguém deve sentir-se excluído da Igreja com essa opção, porém que ninguém pode, também, pretender-se incluído sem essa opção". A opção pelos pobres não é uma opção da Igreja, mas de nosso próprio Deus, de cuja presença servidora dos pobres a Igreja quer ser sacramento na história da humanidade, toda ela peregrina.

2. A *KOINONÍA* ECLESIAL COMO PASTORAL DA COMUNHÃO

A *koinonía* e a *diakonía* compõem os dois aspectos do ministério da caridade. Tal como o serviço, que brota do ser sacramental da Igreja enquanto sinal e instrumento histórico do Cristo que serve, a comunhão tem sua fonte na Trindade e sua realização no testemunho, nos serviços e em estruturas que visualizam, em sua organização, a fraternidade no mundo.

2.1. Fundamentos bíblicos e teológicos da Igreja como *koinonía*

Em sua volta às fontes, o Concílio Vaticano II ofereceu-nos uma eclesiologia comunitária, que *Puebla* leu na perspectiva de uma "Igreja comunhão e participação" (n. 326). A ação pastoral como um todo é concebida sob esse ângulo, dado que a Igreja, desde seus primórdios, se autocompreendeu como comunhão. A *koinonía* é a expressão da comunhão com o mistério de um Deus que não é solidão, mas família.

Biblicamente, a *koinonía* se remete ao mistério de Deus como comunhão que se revela. Deus é comunhão de amor. A Trindade é a plenitude do amor. Fruto desse amor que transborda é a obra da criação e, dentro dela, o ser humano, convidado à felicidade da união com Deus. Com a ruptura dessa unidade pela tentação de auto-suficiência por parte do ser humano, todo o Antigo Testamento é a história do Deus que volta a sair ao encontro do "filho pródigo" para oferecer-lhe, outra vez, sua comunhão. Curiosamente, na Bíblia, "salvação" é sinônimo de comunhão. A plenitude desse gesto deu-se em Jesus Cristo, por quem conhecemos intimamente a Deus. Nele, o olhar humano e o divino, outrora desviados pelo pecado, tornam-se um único olhar de comunhão. O *Emmanuel* — Deus conosco (Mt 1,23) — veio convocar-nos a viver como filhos de um Pai comum e, conseqüentemente, como irmãos. Sua Páscoa é primícia de uma nova vida — de comunhão — propiciada pelo Espírito Santo.

Os Atos dos Apóstolos apresentam a Igreja como "comunhão de amor", materializada na comunhão dos irmãos e na intercomunicação dos bens (Mt 2,42-47). Ela também, como em Deus, extravasa a própria comunidade em direção às outras igrejas, em especial às mais carentes (2Cor 8,1-9). São Paulo entende a *koinonía* como comunhão dos cristãos com Cristo e entre si; como solidariedade cristã e participação com os outros, numa mesma realidade. Essa realidade tem seu centro na ceia do Senhor, enquanto participação de reconciliação e justificação.

Entretanto, por mais real, concreta e histórica que seja essa comunhão, pelo fato de fundar-se na comunhão trinitária estará sempre aberta ao futuro. A plenitude que nos espera, para aquilo que, no peregrinar histórico, só experimentamos as primícias, se consuma na escatologia. Por isso o tempo presente não é a única referência da comunhão. Tudo é em vista de um futuro escatológico, que também funda a comunhão na Igreja e, desde a Igreja, para o mundo. A plenitude da comunhão que esperamos e que já se faz realidade entre nós é o Reino de Deus. No futuro, só haverá o povo reunido na comunhão com a Trindade. Não haverá mais distinção de raças e culturas. Nem hierarquia, pois a hierarquia é só para o caminho. É esse olhar para o futuro a luz que permite distinguir entre o permanente e o contingente, o fundamental e o acidental, o absoluto e o relativo.

Na perspectiva do Reino, a comunhão não se reduz à comunhão eclesial, pois o Reino de Deus está presente para além das fronteiras da Igreja, por obra do mesmo Espírito que sopra "onde ele quer" (Jo 3,8), como afirma o Vaticano II (*AG*, n. 3). A rigor, a comunhão eclesial não tem valor em si mesma. Na medida em que a Igreja existe para evangelizar, sua missão é, desde o testemunho da comunhão intra-eclesial, promovê-la na sociedade. É porque a Igreja se faz serviço ao mundo, em especial aos mais pobres, que ela anuncia e realiza a comunhão. A Igreja não é uma mera sociedade. Seu ser e sua missão brotam e culminam na eucaristia.

O Concílio Vaticano II falará da Igreja *koinonía* como comunhão de comunidades, reunidas "pelo" Espírito e "no" Espírito Santo. Isso implica ao cristão, pela adesão pessoal ao chamado de Deus, fazer comunhão com ele e os irmãos e afiliar-se a uma comunidade de fé, pois a Igreja é *congregatio fidelium*. A comunhão é dom e tarefa, graça e compromisso. Na Igreja, ela se expressa nos serviços para a comunhão, que têm, também, um caráter sacramental. Na esfera *ad intra*, a Igreja é comunhão quando se faz acolhida, em especial aos mais pobres; quando os que a presidem servem; quando ela ultrapassa seus muros e sai ao encontro de todos; quando suas estruturas são organismos promotores de comunhão, estruturas participativas, que promovem a igualdade de todos; enfim, quando a pluralidade é vista não como uma ameaça, mas como uma riqueza e fonte de novas possibilidades. As estruturas são o sinal visível de uma comunhão que, quando autêntica, é comunhão horizontal. Na esfera *ad extra*, a Igreja é comunhão quando assume sua condição de sacramento de unidade para ao mundo, de modo que toda a humanidade caminhe para a utopia do "banquete universal"; quando ela cria serviços e estruturas que contribuem para a edificação do Reino, já neste mundo; quando ela se faz diálogo e acolhida das diferenças e promove a unidade em torno da justiça, da paz e do amor, a trilogia que conforma o mistério do Reino de Deus.

2.2. As diferentes faces da comunhão eclesial

A comunhão eclesial é uma realidade ampla e abrangente. Entretanto determinados modelos reduzem a *koinonía* a certas esferas que comprometem seu caráter eclesial e universal. Uma delas é a "redução sacramental", que restringe a comunhão ao "comungar na eucaristia". Ora, o Vaticano II recorda que a eucaristia é um sacramento com dimensões universais, para além da celebração cultual e das fronteiras da própria Igreja (*LG*, n. 33; *SC*, n. 2). Uma outra é a "redução eclesial", a comunhão restrita aos cristãos freqüentadores da eucaristia dominical. Estariam fora da comunhão eclesial os cristãos afastados ou de prática esporádica, bem como os cristãos "sem Igreja", que tomaram distância da instituição. Também poderiam juntar-se a esses as comunidades não-sacramentais ou não-institucionalizadas, como até certos movimentos eclesiais, à margem da comunidade ou da Igreja local. Uma terceira forma de redução da comunhão ao eclesial seria entendê-la como comunhão dos leigos com a hierarquia, em especial com o bispo e o papa.

Em contraposição a todo tipo de reducionismo, tendo presente os fundamentos bíblicos e teológicos da comunhão eclesial, sua autenticidade está condicionada a determinados requisitos básicos:

- *Comunhão de fé*. A comunhão eclesial implica a acolhida e a vivência da mesma fé, pois "há um só Deus e um só batismo" (Ef 4,5). Estamos em comunhão quando "permanecemos" em Deus como Deus permanece em nós (Jo 15,4), como diz são João. A *koinonía* supõe a reunião e a união em nome de Cristo: "Onde dois ou mais estiverem reunidos em meu nome, eu estarei no meio deles" (Mt 18,20).

- *Comunhão eucarística*. A eucaristia é o sacramento da comunhão, o ato litúrgico por excelência da profissão da fé cristã. É comunhão com o corpo e o sangue de Cristo no Espírito Santo, que é a alma da verdadeira comunhão. Como diz de H. de Lubac, em *Méditation sur l'Eglise*, fundado no Vaticano II, a eucaristia faz a Igreja e a Igreja faz a eucaristia (*SC*, n. 10).

- *Comunhão fraterna*. Segundo os escritos neotestamentários, particularmente são João, a comunhão com Deus e os irmãos são duas faces de uma mesma moeda (1Jo 1,1-3). A fé em

Deus — Pai de todos — tem, como conseqüência, a vivência em fraternidade com toda a humanidade. São Paulo fala que os batizados conformam a "comunhão dos santos" (1Cor 7,14).

- *Comunhão de bens*. A fé cristã, enquanto um modo de vida, um comportamento, é unanimidade no mesmo espírito ("uma só alma"), na mesma mesa ("um só coração"), e solidariedade material ("uma só família, em um só Deus e Pai de todos") (At 2,42-44). Da mesma forma que Deus deu tudo para todos, todos devem ter tudo em comum.

- *Comunhão inter-eclesial*. A Igreja, enquanto "Igreja de igrejas" ou comunhão de comunidades, será testemunha da comunhão, na medida em que não houver divisões entre as igrejas. A comunhão entre as igrejas dá-se na unidade da fé, dos sacramentos e das normas jurídicas, ainda que flexíveis e adaptadas às particularidades dos contextos e das culturas.

- *Comunhão apostólica*. A universalidade da Igreja se funda em sua apostolicidade. Enquanto testemunhas da ressurreição do Senhor, nossa fé se funda sobre aquelas colunas e suas igrejas, cujos bispos são seus sucessores, à frente das Igrejas locais. Por isso nós cremos "na" (em) Igreja — cremos com os outros e naquilo que os outros crêem. A comunhão implica a unidade com Pedro e seu sucessor na Igreja de Roma — *Ecclesia principalis* (Igreja principal) —, como afirma são Cipriano, pelo fato de guardar os túmulos dos apóstolos Pedro e Paulo.

- *Comunhão com a criação*. Enquanto criatura de Deus, a natureza pode ser caminho de acesso e comunhão com o Criador. Francisco de Assis se sentia irmão do sol, da lua, da água, da terra, do fogo... e, através deles ou neles, louvava o Criador. A fé cristã tem uma dimensão ecológica, que implica o cuidado da natureza e a continuidade da obra do Criador.

- *Comunhão com toda a humanidade*. Ser cristão é, necessariamente, ser um cidadão universal. Na fé do Ressuscitado, não há mais "nem judeu, nem grego ou estrangeiro" (Gl 3,28), pois, como filhos do mesmo Pai, todos são irmãos e iguais. Em Jesus, o amor tem uma perspectiva universal, que inclui até os inimigos (Lc 6,35).

2.3. A Igreja local como lugar da *koinonía* eclesial

Na ação evangelizadora, não basta o serviço. Ela precisa do suporte da comunhão, que lhe dá, por um lado, eficácia e, por outro, credibilidade, na medida em que se insere na pedagogia da ação de Jesus. Pela comunhão, a Igreja visibiliza, na história, a presença da comunidade de amor da Trindade, da qual ela é sacramento.

A *koinonía* eclesial se realiza na Igreja local, pois nela está toda a Igreja, ainda que não a Igreja toda. Segundo K. Rahner, essa é a maior novidade do Concílio Vaticano II, que supera, por um lado, o paroquialismo e, por outro, o universalismo de certos movimentos e de prelazias pessoais. A presença de toda a Igreja na Igreja local não é, entretanto, uma criação do Vaticano II. A novidade para os dias de hoje, na verdade, é uma redescoberta ou resultado da "volta às fontes", de uma realidade presente na Igreja do período primitivo e antigo e, depois, perdida, sobretudo a partir do início do segundo milênio. Se a comunhão só pode ser vivida numa comunidade concreta e, na Igreja, dado que a Igreja universal se dá na Igreja local, a comunidade precisa ser mais abrangente que a paróquia e menos extensa que uma suposta "Igreja universal" (universalismo). A universalidade da Igreja — sua catolicidade —, dá-se na Igreja local, em comunhão com as demais igrejas, pois a Igreja de Jesus Cristo, constituída em Pentecostes, é "Igreja de igrejas".

O percurso histórico da Igreja local

Na origem da Igreja está a comunhão — *ekklesia* (assembléia do povo), *congregatio fidelium* (congregação de fiéis), *communio ecclesiarum* (comunhão de igrejas). Foi assim que a Igreja começou em Jerusalém, chegou a Antioquia e expandiu-se, pouco a pouco, por todo o território do Império Romano, apesar da perseguição. Aliás, no sangue dos mártires os cristãos encontraram a força do testemunho de uma Igreja que se une e se reúne em torno do mistério pascal. Nesse espírito, cada Igreja nasce única, inculturada, diferente em seu modo de ser e de agir em relação às demais. Sua força, entretanto, brota da unidade no essencial: uma comunidade que expressa sua fé, celebra os mistérios de Deus e vive em fraternidade.

Nos períodos primitivo e antigo, como já vimos, prevalece a imagem e o modelo da Igreja como mistério. Cada Igreja sente-se no dever e com a liberdade de imprimir sua própria marca na missão, no catecumenato, na liturgia e na organização da Igreja local, a partir de uma estrutura fundamental, regulada por todas as igrejas. O bispo, ordenado pelos bispos vizinhos, serve de laço de união entre as igrejas.

Nos séculos III e IV, com a irrupção das controvérsias doutrinárias, a unidade e a comunhão serão duramente provadas. Surgem, então, as formas colegiadas de intervenção de fora da Igreja em causa, através dos sínodos e concílios regionais ou ecumênicos (universais). A partir do século IV, quando, com Constantino, de religião perseguida passa a ser a religião protegida e oficial do Império Romano, haverá uma simbiose entre o temporal e o espiritual (trono e altar). Fica para trás a imagem e o modelo da Igreja "mistério", e ganha destaque a imagem de uma Igreja "império". As estruturas de comunhão, pouco a pouco, vão sendo substituídas por estruturas hierarquizantes e autoritárias. O "Povo de Deus", até então concebido como os integrantes de uma "assembléia" (*ekklesia*) determinada e local, passará a ser a "cristandade" — o povo cristão espalhado por todo o orbe. São passos de um processo gradativo de uniformização, que desembocarão no modelo da "Igreja universal romana", que terá muito de sociedade e de instituição e pouco de carisma e comunhão.

A partir do segundo milênio, o modelo de Igreja comunitário e local, centrado no Espírito de Pentecostes, fica para trás e surge um modelo societário e jurídico, cristomonista, centralizado no papa. A crescente clericalização da Igreja reduz os leigos, outrora sujeitos ativos, a objetos passivos ou destinatários dos bens espirituais que o clero distribui. Depois, a centralização atingirá, também, os presbíteros, que, desde o início do segundo milênio, vão ver desaparecer os conselhos presbiterais, enquanto organismos de auxílio ao bispo no governo da diocese. A Igreja, inspirada na organização do Império que lhe dá suporte, configura-se como uma espécie de "Estado do papa", como uma única e grande diocese, presidida pelo papa, com sucursais, que são as dioceses, nas quais os bispos são seus vigários. Nesse contexto, surge a "cúria papal", que irá uniformizar as Igrejas locais segundo uma única disciplina, a romana. Quando ocorreu o dramático cisma entre os quatro grandes patriarcados do Oriente — Jerusalém, Antioquia, Alexandria e Constantinopla — e o patriarcado do Ocidente — de Roma —, a Igreja "latina" e a "romanidade" passou a ser uma "nota" da Igreja. Como pano de fundo está a influência da ideologia absolutista.

Surgirão os movimentos de reforma do século XII, mas serão estancados ou cooptados, como ocorreu com o franciscanismo. A Reforma de Lutero, instrumentalizada pelos príncipes, será satanizada. A Contra-Reforma irá acentuar o caráter universal da Igreja e Roma dará ênfase a uma Igreja visível, societária e hierárquica, como atesta a eclesiologia de Belarmino. Para ele, estreitando ainda mais os curtos horizontes do Concílio de Trento, a Igreja, enquanto "sociedade perfeita" — vertical e hierárquica —, é uma monarquia pontifícia, uma associação de dioceses, no seio da qual as Igrejas locais não passam de circunscrições administrativas, subordinadas totalmente a Roma.

O Concílio Vaticano I reafirmará esta mesma imagem de Igreja — o papa é a única fonte de majestade e magistério, acima das Igrejas locais e do conjunto de seus fiéis. Seria preciso esperar o movimento de renovação do final do século XIX e início do século XX para que a Igreja local recuperasse sua identidade original. O movimento de "volta às fontes", desencadeado em diversos âmbitos da vida eclesial, no campo da eclesiologia, teve como pioneiros J. H. Newman e J. A. Möhler. O Concílio Vaticano II irá acusar recepção desse movimento elaborando uma nova teologia sobre a Igreja, centrada na Igreja local.

A teologia do Vaticano II sobre a Igreja

a) Lex orandi, lex credendi (A norma do rezar é a norma do crer) — Rezamos no credo que cremos "na Igreja una, santa, católica e apostólica". São as chamadas quatro "notas" — ou marcas, atributos, propriedades —, que descrevem o que é a Igreja. Elas fazem parte da "profissão de fé" promulgada pelo Concílio de Constantinopla (381), mas atribuída ao Concílio de Nicéia (325). Por isso a designamos "credo niceno-constantinopolitano". As notas da Igreja são sempre as mesmas, mas, no Concílio Vaticano II, há uma outra autocompreensão da Igreja, conforme se pode constatar ao revisitar os seus textos, sobretudo a constituição *Lumen gentium*.

b) Cremos "na" Igreja enquanto crer "em" Igreja — A rigor, nós depositamos nossa fé "em" Deus Pai, Filho e Espírito Santo. Só Deus é digno de fé. Mas para chegar a Deus se passa por "mediações". E ele quis que a Igreja fosse uma delas, não a única, ainda que privilegiada, para chegar até ele, pois é depositária de meios privilegiados de salvação, como são sua Palavra revelada e os sacramentos. Ao dizermos, portanto, que "cremos *na* Igreja", estamos afirmando que cremos "em" Deus, "com" aqueles que acolhem seu plano de salvação. Por mais pessoal e íntimo que seja nosso encontro com Deus, inevitavelmente nossa fé se vale da fé dos outros, pois a fé teologal pressupõe uma fé antropológica. Crer "na" Igreja é mais que um simples associar-se, conglomerar-se ou reunir-se, pois o critério último da reunião é a fé em Jesus Cristo, no Espírito, que nos insere no plano criador e redentor do Pai. Nesse particular, característica fundamental da fé no horizonte do Concílio Vaticano II é a fé cristã como "fé eclesial", isto é, que passa pela comunidade. A conversão a Jesus Cristo implica, portanto, a adesão ao sacramento da comunidade. Na perspectiva do Concílio Vaticano II, Medellín viu nesse "crer *em* Igreja" a profissão de fé no centro de comunidades vivas e vivenciais, como são as comunidades eclesiais de base (*Medellín*, n. 15,10-12). Estas são a mediação privilegiada para a vivência de uma fé que consiste em crer com os outros e naquilo que os outros crêem. Na mesma direção, Puebla havia visualizado a paróquia como "comunidade de comunidades" (*Puebla*, n. 644).

c) Cremos "em" Igreja, que é "una" — Crer "em" Igreja, que é "una", significa que ela não é uma federação de igrejas independentes ou uma união de muitas igrejas diversas. A Igreja é única, uma só, ainda sendo muitas as comunidades eclesiais. Pela comunhão, elas formam "um só corpo", pois têm em comum o mesmo Deus Trino, a mesma esperança, a mesma vocação, a mesma fé. Em outras palavras: a mesma Palavra convocadora, o mesmo batismo, a mesma eucaristia. Foi consciente de sua unidade e universalidade que, desde o princípio, a única Igreja se espalhou mediante a multiplicação de "congregações locais" (dioceses), em diferentes lugares, sem perder seu sentido original de identidade. Pela *koinonía* (*koinón* = comum), ou seja, pela comunhão entre as "comunidades", na mesma fé e no mesmo Evangelho, as muitas igrejas conformam uma só Igreja, ou melhor, uma "Igreja de igrejas". O Vaticano II irá falar de "unidade na diversidade" (*GS*, n. 92). Os *Atos dos Apóstolos* falam dessa unidade no sentido de "ter o mesmo em comum": um só batismo, uma só fé fundada no ensino dos apóstolos, uma só comunhão na fração do pão e na oração e uma só eucaristia (2,42ss). João, em seu Evangelho, refere-se a "um só rebanho (o Povo de Deus) e um só pastor (Jesus Cristo)" (10,16). No horizonte do Concílio, o tema da unidade remete a uma de suas palavras-chave, o diálogo, em quatro dimensões: diálogo da Igreja consigo mesma, com as igrejas, com as religiões e com o mundo (*CD*, n. 13). Na esfera do diálogo interno, o Vaticano II propôs uma reforma das estruturas eclesiais que fizesse do "Povo de Deus" o sujeito desse diálogo, sem as distinções entre clero e leigos ou colégio episcopal e primado. Nasceram as assembléias de pastoral, os conselhos de pastoral, o sínodo dos bispos e foram fortalecidas as conferências episcopais nacionais, muitas delas nascidas uma década antes do Concílio. Na esfera do diálogo ecumênico e inter-religioso, o Concílio Vaticano II, ao falar de "unidade na diversidade" (*GS*, n. 92), abriu a Igreja para duas realidades até então pouco conscientes ou presentes. Primeiro, que a verdadeira Igreja de Jesus Cristo não está "somente" na Igreja Católica (*solo modo*), mas "subsiste" (*LG*, n. 8) na Igreja Católica (*subsistit in*). Portanto, há verdadeira Igreja de Jesus Cristo fora da Igreja Católica, o que significa dizer que a fé cristã ou é ecumênica ou deixa de ser cristã. Há presença da "Igreja una" fora da Igreja Católica. Segundo, isso implica não só reconhecer tal realidade ou estar afetivamente unido a ela, mas também trabalhar pela unidade dos cristãos, para que essa "Igreja una" dê testemunho, a toda a humanidade, de um "Cristo indivisível" ou da unidade da Trindade. O diálogo com o mundo tem como campo privilegiado o diálogo com as ciências, com a cidadania, com as ideologias, com as culturas etc.

d) Cremos "em" Igreja, que é santa — A segunda nota da identidade da Igreja é sua santidade. O Concílio Vaticano II atribui três qualidades à santidade da Igreja, professada no credo: a Igreja é "genuinamente santa, indefectivelmente santa e imperfeitamente santa" (*LG*, n. 39). Primeiro, a Igreja é "genuinamente santa", no sentido de que, pelo batismo, o Espírito Santo nos santifica, nos faz "santos": "Sede santos, porque eu, o Senhor, vosso Deus, sou Santo" (Lv 19,2; 1Pd 1,16). Deus é o único santo, portanto a santidade é dom de Deus, deriva dele. Deus cria criaturas santas, que participam de sua santidade. Não somos quaisquer criaturas. Pertencemos, de modo especial, a Deus. Claro que a santidade, além de ser dom de Deus, é resposta humana. Ninguém é obrigado a ser santo, mas todos nascemos para ser santos, e o batismo, *ex opere operato*, em si, nos faz santos e nos introduz na "comunidade dos santos". Segundo, a Igreja é "indefectivelmente santa" em razão da santidade de seus meios — Palavra de Deus, sacramentos, carismas —, instituídos por Cristo, meios eficazes de graça e salvação. Em outras palavras: mesmo que o pregador e os ouvintes sejam pecadores, a Palavra de Deus continua santa; mesmo que o ministro seja pecador, a eucaristia continua santa... Esses meios têm uma "indefectível santidade", que os pecados humanos não podem diminuir ou anular, pois eles pertencem à Igreja, são dados por Jesus Cristo. É nesse sentido que a Igreja é sacramento de salvação. Entretanto isso não quer dizer que, então, o Povo de Deus pode acomodar-se no pecado. A Igreja não é composta só desses meios. Ela também é povo e o povo também deve ser santo, pois santa é a Igreja. Por graça, o batismo nos faz santos; por virtude, temos o dever de viver de acordo com a vocação recebida. Viver a santidade, como Povo de Deus, é viver a perfeita caridade, viver o amor (Ef 5,2). Em outras palavras: a santidade da Igreja não é independente da santidade de seus membros, ainda que seus meios o sejam. A santidade de seus membros redunda em santidade da Igreja, assim como o pecado de seus membros também diminui a santidade da Igreja. Terceiro, a Igreja é "imperfeitamente santa" no sentido de que ela é, também, pecadora. É um erro atribuir à Igreja, neste mundo, qualidades que ela só terá no futuro Reino de Deus. A Igreja, neste mundo, ainda que possua toda a verdade revelada e todos os meios de graça, é formada por membros que, infelizmente, não vivem desse tesouro com todo o fervor que deveriam. Como diz o Concílio Vaticano II, a Igreja, enquanto peregrina na história, precisa de constante reforma, conversão, pois é constituída por pessoas santas e pecadoras (*UR*, n. 6). Karl Rahner fala de uma Igreja *semper reformanda*, em contínua reforma.

e) Cremos "em" Igreja, que é católica — O termo vem do grego — *katholikos* —, que deriva de *kath'holou*, que significa "de acordo com a totalidade". Quem utilizou o termo pela primeira vez foi santo Inácio de Antioquia, no século II. Igreja "católica" é sinônimo de "universal". Segundo as Escrituras, a Igreja é universal por quatro razões. Primeiro, por sua *fonte trinitária*: todos são chamados a ser filhos de um mesmo Pai; Jesus Cristo oferece a salvação, não só aos judeus, mas a todo o gênero humano; o Espírito Santo, princípio de comunhão, une todos os fiéis em uma só Igreja de Cristo. Em outras palavras: na família da Trindade, a Igreja está aberta a congregar toda a família humana, no Espírito da unidade, para que todos acolham a salvação de Jesus Cristo, oferecida a todos. Sem dúvida, o grande resgate do Vaticano II foi o da Trindade como modelo de comunidade eclesial. São Basílio, ainda no seio da Igreja antiga, falava da Igreja como o "corpo dos Três: do Pai, do Filho e do Espírito Santo". Historicamente, talvez por influência da analogia de Paulo entre a Igreja e o corpo, tenha prevalecido, no período da cristandade, a idéia da Igreja "corpo de Cristo" e não mais dos "Três". Segundo, a Igreja é Católica enquanto *universalidade de raças e culturas*: ela leva adiante a obra da salvação universal mediante sua inserção em cada cultura, para encarnar o evangelho de Jesus Cristo. A Igreja, quanto mais inculturada, quanto mais encarnada em cada cultura, tanto mais se torna católica e universal. Inversamente, quanto mais encarnada numa única cultura e presente nas demais culturas dessa forma, sem inculturar-se, tanto menos é católica e universal. A uma Igreja monocultural corresponde uma Igreja não-católica. É impossível redimir sem assumir. Impossível sanar e restaurar tudo em Cristo sem assumir tudo — raças e culturas. Nada é alheio à redenção de Jesus Cristo. Nada pode estar fora da missão da Igreja. Terceiro, a Igreja é católica, *enquanto unidade na diversidade*: dadas as diferenças entre povos e culturas, só há unidade se houver acolhida da diversidade. Por isso a diversidade de tradições nas Igrejas locais (dioceses), expressão da catolicidade ou universalidade da Igreja. Quanto mais espaço há para as diferenças, mais unida a Igreja é. Não é que a unidade tolere a diversidade. É que, se a unidade não for unidade de diversidades, será apenas uniformidade. Dada a realidade da diversidade, a unidade só pode ser "unidade de diversidades". Diversidade também na maneira de entender a mesma revelação, o que redunda em pluralismo teológico. Todo saber é contextualizado, inclusive o saber teológico. O Vaticano II distinguiu muito bem, em seu conceito de "evolução do dogma", a verdade e seu discurso. Todo discurso é um discurso humano, mesmo aquele sobre Deus. Quarto, a Igreja é católica pela catolicidade *em relação a toda a humanidade*: sem exceção, todos são chamados a pertencer ao novo Povo de Deus. A graça e a salvação são um dom, dado para todos, e a Igreja deve ser mediação para todo o gênero humano, independentemente de religião, raça e cultura. Nesse particular, é de suma importância o resgate feito pelo Concílio da categoria "Reino de Deus", presente na Igreja, mas não só.

f) Cremos "em" Igreja, que é apostólica — Na segunda metade do século IV, a Igreja de Salamina, no Chipre, acrescentou, no "credo batismal", a nota "apostólica". O Concílio de Constantinopla a adotou. Mas o termo já estava presente, desde o século II, em santo Inácio de Antioquia. Nos escritos do Novo Testamento, ele expressa a importância dos apóstolos na vida da Igreja: são eles os que dão testemunho da ressurreição de Jesus; foram os apóstolos que receberam de Jesus a missão de pregar o Evangelho; e são eles os confirmados em seu ministério, mediante sinais e o próprio sofrimento por causa do Evangelho. No século III, santo Irineu e Tertuliano perguntam onde encontrar o autêntico ensinamento dos apóstolos. E respondem que não basta a Bíblia, pois os hereges também dizem fundamentar-se nela. Para encontrar o autêntico ensinamento, que está na Bíblia, é preciso ir aos apóstolos, pois foram eles que confiaram seu ensinamento às igrejas e aos encarregados do cuidado delas. Prova disso é que a doutrina apostólica foi preservada fielmente e garantida mediante os bispos. Além do mais, o fato de todas as igrejas cristãs do mundo ensinarem a mesma doutrina prova que seu ensinamento deriva da mesma fonte apostólica. A apostolicidade da Igreja traz à tona os temas da Igreja local e da colegialidade episcopal. Quanto à colegialidade, todo bispo, enquanto membro do colégio episcopal, é ordenado, não só para sua Igreja particular, mas para a Igreja universal. Por sua vez, o primado não é um superbispo, um bispo dos bispos, mas um *primus inter pares* (primeiro entre iguais),que preside a unidade do colégio. Por isso a importância das estruturas de colegialidade, como o sínodo dos bispos e as conferências episcopais continentais e nacionais, cujos estatutos ainda não expressam a eclesiologia do Concílio Vaticano II, ficando aquém de uma verdadeira co-responsabilidade dos bispos, com o primado, pela vida da Igreja universal.

g) A Igreja local como "a Igreja toda", ainda que não "toda a Igreja" — A eclesiologia do Vaticano II, finalmente, em sua volta às fontes bíblicas e patrísticas, redescobre a diocesanidade da Igreja. Afirma o Concílio que a diocese é uma porção do Povo de Deus, que se confia ao bispo, para ser apascentada com a colaboração de seu presbitério, de modo que, aderindo a seu pastor e reunida por ele no Espírito Santo, por meio do Evangelho e da Eucaristia, constitua uma Igreja particular, em que se encontra e opera, verdadeiramente, a Igreja de Cristo, que é una, santa, católica e apostólica (CD, n. 11).

Comentemos alguns aspectos dessa definição. Primeiro, entre outras coisas, o Concílio fala da diocese como "porção do Povo de Deus, *reunida pelo bispo, no Espírito Santo*". Só existe Igreja quando há uma assembléia visível, uma comunidade concreta que se reúne. Não é possível ser Igreja a distância, ser cristão sem participar de uma comunidade, constituindo uma espécie de comunidade emocional e invisível, virtual, como os "cristãos sem Igreja". Em outras palavras: não é possível ser cristão sem estar engajado numa comunidade local, numa diocese. Segundo, trata-se, além disso, de uma assembléia reunida *pelo bispo*, o que remete à Igreja apostólica. A diocese é "porção" do Povo de Deus, não parte. Portanto, em torno do bispo, sucessor dos apóstolos, faz-se presente e atua na totalidade da Igreja. Em sentido pleno, a Igreja só é Igreja na diocese, que, por sua vez, só é Igreja quando é comunhão de dioceses. Terceiro, a diocese está fundada e edificada pela Palavra de Deus. A Igreja é uma instituição da Palavra, que precede a Congregação dos fiéis. Ela existe para evangelizar: "Ai de mim se não evangelizar" (1Cor 9,16). A própria Igreja é resultado da evangelização. Portanto não há Igreja sem cristãos evangelizados e que, continuamente, se deixam evangelizar. Quarto, a Igreja está fundada, também, na Eucaristia — "A Igreja faz a Eucaristia e a Eucaristia faz a Igreja", diz o Vaticano II. Por isso os cristãos têm direito à Eucaristia e o dever de celebrá-la, pelo menos no dia do Senhor, fazendo memória de sua ressurreição. Por isso, dizer que na Igreja local se encontra e opera, verdadeiramente, a Igreja, que é "una, santa, católica e apostólica", significa, por um lado, dizer que na diocese está "a Igreja toda" e não parte da Igreja, porque nela se encontra totalmente o mistério da salvação. A parte nunca contém o todo, a Igreja toda; mas a porção sim, ainda que não toda a Igreja. Por outro lado, as dioceses não são "toda a Igreja", pois nenhuma delas esgota em si esse mistério. Conseqüentemente, só há verdadeira Igreja quando a diocese for "católica", isto é, quando, desde sua particularidade, se abre à comunhão com as demais igrejas. A verdadeira Igreja de Jesus Cristo é sempre "Igreja de igrejas", comunidade de comunidades.

Resumindo

Juntamente com a pastoral profética e a pastoral litúrgica, a pastoral da caridade integra o tria munera Ecclesiae, *compondo o "que" do ser e do agir eclesial. A pastoral da caridade engloba dois aspectos complementares: o serviço (*diakonía*) e a comunhão (*koinonía*). Ambos aterrissam na vida pessoal, comunitária e social da fé cristã, relativa ao ministério da caridade, vinculado, intrinsecamente, aos ministérios da profecia e da liturgia.*

A diakonía*, enquanto pastoral do serviço, atualiza, no peregrinar da comunidade eclesial, o lava-pés da Quinta-feira Santa, na dedicação concreta a Deus nos irmãos, em especial aos mais pobres. Sua fonte está na encarnação do Verbo, pela qual o Filho de Deus, sendo rico, se fez pobre para enriquecer-nos com sua pobreza. Há serviços ad* intra *e ad* extra*, enquanto realização histórica da missão do cristão na Igreja e no mundo. Os serviços* ad intra *estão voltados para o interior da Igreja, condição para a vivência e o testemunho da fé no mundo. Os serviços* ad extra *estão voltados para fora da Igreja e têm a finalidade de oferecer ao gênero humano, como diz a* Gaudium et spes, *"a sincera colaboração da Igreja para alcançar a fraternidade universal" — a utopia do Reino de Deus. Fundado na encarnação e no lava-pés, o serviço da Igreja é sacramento da escandalosa opção de Deus pelos indefesos e injustiçados, que tem na opção pelos pobres sua expressão mais genuína.*

Quanto à koinonía*, por um lado, ela é expressão do testemunho da vivência da caridade entre irmãos que se servem mutuamente e, ao mesmo tempo, é suporte institucional da pastoral do serviço. Tão importante quanto o serviço é o modo como ele é realizado, obrigatoriamente, sempre, de forma evangélica. O fundamento da comunhão está na Trindade, ideal de vida de toda comunidade eclesial, comunidade de amor segundo os Atos dos Apóstolos. Seu horizonte é a utopia do Reino de Deus, toda a humanidade reunida no banquete da fraternidade, em torno do Pai comum. A eucaristia é sua expressão por excelência, de onde brota e culmina o ser e o fazer da Igreja. Trata-se de comunhão de diferenças e diversidades, em torno da mesma fé, da comunhão eucarística, da vivência da fraternidade, da comunhão de bens, da comunhão inter-eclesial, da apostolicidade da Igreja, comunhão com a criação e com toda a humanidade. O lugar da realização da comunhão é a Igreja local, onde se faz presente toda a Igreja, ainda que não a Igreja toda. É* enquanto *"Igreja de igrejas"* que a comunhão eclesial visualiza, no mundo, o mistério da Trindade, o melhor modelo de comunidade.

> **Perguntas para reflexão e partilha**
>
> 1) Por que a *diakonía* (serviço) e a *koinonía* (comunhão) são constitutivas do ser e do agir da Igreja, juntamente com a pastoral profética e a pastoral litúrgica?
>
> 2) Dentre os três ministérios da vida cristã, por que o primado do ministério da caridade, uma vez que os demais se articulam a partir dele?
>
> 3) Em sua comunidade, que serviços existem *ad intra* e *ad extra* — para dentro e para fora da Igreja —, e até que ponto ela é testemunha de comunhão?

Bibliografia básica

C. FLORISTÁN. *Teología práctica. Teoría y praxis de la acción pastoral.* Salamanca, Sígueme, 1991. pp. 651-722 (Servicios, *diakonía*); pp. 563-596 (Comunidad, *koinonía*).

J. A. RAMOS. *Teología pastoral.* Madrid, BAC, 2001. pp. 379-399 (La pastoral del servicio); pp. 279-297 (Pastoral de la comunión y de las estructuras comunitarias). Sapientia Fidei, Serie de Manuales de Teología.

D. BOURGEOIS. *La pastorale de l'Église.* Paris, Cerf, 1993. pp. 237-275 (Dimension royale du sacerdoce baptismal).

J. M. D. TILLARD. *Église d'églises.* Paris, Cerf, 1987.

J. COMBLIN. Os "movimentos" e a pastoral latino-americana. *Revista Eclesiástica Brasileira* 170 (1983) 227-262.

M. AZEVEDO. *Comunidades eclesiais de base e inculturação da fé.* São Paulo, Loyola, 1986.

L. BOFF. *Eclesiogênese:* as comunidades eclesiais de base reinventaram a Igreja. Petrópolis, Vozes, 1977.

A. J. DE ALMEIDA. *Igrejas locais e colegialidade espiscopal.* São Paulo, Paulus, 2001.

Bibliografia complementar

L. BARONI. Vivre ensemble solidairement. G. ROUTHIER & M. VIAU. *Précis de théologie pratique.* Montréal-Bruxelles, Novalis-Lumen Vitae, 2004. pp. 697-

707. S. Lefebvre. Agir dans la sécularité. In: G. Routhier & M. Viau. *Précis de théologie pratique.* Montréal-Bruxelles, Novalis-Lumen Vitae, 2004. pp. 709-719. I. Grellier. Secourir les pauvres, nourrir les affamés, vêtir ceux qui sont nus, relever les faibles. In: G. Routhier & M. Viau. *Précis de théologie pratique.* Montréal-Bruxelles, Novalis-Lumen Vitae, 2004. pp. 747-759. L. González–Carvajal. *Con los pobres contra la pobreza.* Madrid, Paulinas, 1991. pp. 79-100. Biblioteca de Teología. M. H. Lavianne. Faire Église. In: G. Routhier & M. Viau. *Précis de théologie pratique.* Montréal-Bruxelles, Novalis-Lumen Vitae, 2004. pp. 537-551. M. Pelchat. Participer: devenir sujet actif dans l'Église. In: G. Routhier & M. Viau. *Précis de théologie pratique.* Montréal-Bruxelles, Novalis-Lumen Vitae, 2004. pp. 579-595. G. Routhier. Gouverner en Église: entre gestion pastorale et gouvernement spirituel. In: G. Routhier & M. Viau. *Précis de théologie pratique.* Montréal-Bruxelles, Novalis-Lumen Vitae, 2004. pp. 637-649. G. Godbout. Accompagner. La relation d'aide ou le *counseling* pastoral. In: G. Routhier & M. Viau. *Précis de théologie pratique.* Montréal-Bruxelles, Novalis-Lumen Vitae, 2004. pp. 681-695. J. Doré. A "dimensão social" da fé. *Revista de Catequese* 86 (1999) 56-59. G. Gutiérrez. *A força histórica dos pobres*. Petrópolis, Vozes, 1981. A. Brighenti. A eclesiologia do Concílio Vaticano II a partir das quatro notas da Igreja. *Convergência* 389 (2006) 27-36. A. Brighenti. A contribuição do catolicismo social para a reconciliação da Igreja com o mundo moderno. *Medellín* 81(1995) 193-251. J. García Roca. *La dimensión política de la fé.* Santander-Madrid, Sal Terrae, 1989. J. Gómez Caffarena. *La entaña humanista del cristianismo.* Santander, Sal Terrae, 1987. J. B. Metz. *Teología del mundo.* Salamanca, Sígueme, 1970. J. Hamer. *La Iglesia es una comunión.* Barcelona, Herder, 1965. P. A. Liégé. *Comunidad y comunidades en la Iglesia.* Madrid, BAC, 1978. J. Losada. La Iglesia, Pueblo de Dios y misterio de comunión. *Sal Terrae* 74 (1986) 243-256. A. Barreiro. *Comunidades eclesiais de base e evangelização dos pobres.* São Paulo, Loyola, 1977. J. B. Libanio. *Igreja contemporânea:* encontro com a modernidade. São Paulo, Loyola, 2000. J. O. Beozzo (Org.). *O Vaticano II e a Igreja latino-americana.* São Paulo, Paulus, 1985. R. Parent. *Communion et pluralité dans l'Église. Pour une pratique de l'unité ecclésiale.* Montréal, Fides, 1980. Y. Congar. *Pour une Église servante et pauvre.* Paris, Cerf, 1963. B. Forte. *La Iglesia, icono de la Trinidad. Breve eclesiología.* Salamanca, Sígueme, 1992. Verdad y Imagen. P. Richard. La Iglesia Católica en América Latina y el Caribe y la opción por los pobres. In: Amerindia. *Tejiendo redes de vida y Esperanza. Cristianismo, sociedad y profecía en América Latina y el Caribe.* Bogotá, Indo-American Press, 2006. pp. 321-331.

PARTE III
TEOLOGIA PASTORAL APLICADA: O "COMO" DA PASTORAL

INTRODUÇÃO

A terceira parte deste nosso estudo está dedicada ao "como" da pastoral, ao que tradicionalmente se denomina "teologia pastoral aplicada". Juntamente com a "teologia pastoral fundamental" e a "teologia pastoral especial", ela conforma o tratado de teologia pastoral.

O "como" da pastoral será abordado, aqui, em três capítulos: Os âmbitos da ação pastoral, Pedagogia e espiritualidade para uma pastoral como processo e Requisitos básicos e passos metodológicos de uma ação pastoral pensada. Quando nos propomos a pensar "como" fazer pastoral, o primeiro imperativo é situarmo-nos no universo da ação evangelizadora, identificando os âmbitos de incidência da fé cristã, que pretende transfigurar a globalidade da realidade criada. A eclesiologia do Vaticano II acenou para os três âmbitos de uma autêntica ação pastoral: o âmbito da pessoa, o âmbito da comunidade e o âmbito da sociedade. Eles conformam o trinômio de uma única realidade, assumida pela encarnação do Verbo e transfigurada pela ressurreição. Entre os três âmbitos há uma relação dialética, articulada desde o pólo da pessoa. É desde a pessoa que comunidades são possíveis e, desde essas, que uma sociedade subsidiária das pessoas e das comunidades é imprescindível, tanto para a realização da vocação humana como para a vivência da integralidade da fé cristã. Não há pessoa madura sem família, sem comunidade, sem convivência fraterna em sociedade. *Pessoa-comunidade-sociedade* são três âmbitos de uma mesma e inesgotável grandeza da identidade e da vocação humana e cristã. É quando o ser humano, como pessoa, em meio a uma comunidade, se engaja na edificação de uma sociedade justa e solidária que ele próprio se constrói e se realiza, se torna continuador da obra redentora de Jesus Cristo e arauto do Reino de Deus no mundo.

Uma vez visualizados os âmbitos da ação eclesial, o "como" da pastoral passa pela exigência de uma pedagogia e de uma espiritualidade que façam do agir dos cristãos numa comunidade inserida na sociedade um processo gradativo de encarnação ou inculturação da mensagem evangélica. A pedagogia para uma ação pastoral enquanto processo implica conjugar, com arte, o trinômio *Igreja-Evangelho-cultura*. O respeito à liberdade de consciência e à religião do outro implica uma evangelização em relação horizontal e dialógica, cujo processo se concatena em torno de determinados passos, que obedecem ao curso de uma ação humana, dentro do alcance das condições culturais de cada época. A pedagogia evangélica traz, subjacente, uma espiritualidade cristológica e eclesial. A espiritualidade cristã é a alma da pedagogia de ação de Jesus, como deve ser a alma de uma ação pastoral autêntica.

Finalmente, a abordagem do "como" de uma ação pastoral enquanto processo desemboca nos requisitos básicos e passos metodológicos para uma correta correlação entre ação evangelizadora e estatuto da ação humana. A ação pastoral, ainda que levada a cabo na fé, sustentada pela graça e sob o dinamismo do Espírito Santo, não deixa de ser uma ação humana, sujeita às contingências de qualquer ação. No caso da pastoral, enquanto ciência, a teologia fornece à ação evangelizadora um suporte racional específico. Nesse particular, no terceiro capítulo nos ocuparemos da projeção da ação pastoral ou do estatuto da ação eclesial e de sua implementação. Num primeiro momento, explicitaremos algumas balizas para uma ação pastoral pensada, fruto, sobretudo, da experiência da Igreja na América Latina nas últimas décadas; num segundo momento, acenaremos para os requisitos básicos de uma ação pastoral pensada; terminaremos a abordagem, num terceiro momento, com algumas indicações técnicas para uma ação pastoral pensada como processo.

Capítulo primeiro

OS ÂMBITOS DA AÇÃO PASTORAL

Como dissemos na introdução desta terceira parte, quando nos propomos a pensar "como" fazer pastoral, o primeiro imperativo é situarmo-nos no universo da ação evangelizadora, identificando os âmbitos de incidência da fé cristã, que pretende transfigurar a globalidade da realidade criada. Felizmente, já pertence ao passado a imagem da ação pastoral como *cura animarum*. Apoiado numa antropologia unitária, em uma concepção de salvação em comunidade e no reconhecimento da autonomia do temporal, o Concílio Vaticano II acenou para os três âmbitos de uma autêntica ação pastoral — o âmbito da pessoa, o âmbito da comunidade e o âmbito da sociedade. Foi a recuperação da categoria "Reino de Deus" que possibilitou a superação do reducionismo soteriológico e do eclesiocentrismo medieval, agostiniano e escolástico.

Como para a quase globalidade das "novidades" do Vaticano II, o trinômio *pessoa-comunidade-sociedade* se insere no amplo movimento de "volta às fontes" bíblicas e patrísticas. Os três âmbitos já faziam parte da cosmovisão da corrente patrística alinhada com a teologia de Irineu de Lyon, que se reivindica da tradição bíblico-semita. O que é novo é o esforço dos padres conciliares, em diálogo com os novos paradigmas da racionalidade moderna, de reler, com base no novo contexto, o dogma cristão como um todo e tirar as conseqüências para a ação evangelizadora.

Os três âmbitos não são três campos de ação autônomos e separados. Eles conformam uma única globalidade, assumida pela encarnação do Verbo e transfigurada pela ressurreição. A ressurreição de Cristo tem, também, uma dimensão cósmica, de recriação, de recapitulação, como bem percebeu são Paulo e, na seqüência, santo Irineu. Primeiro, porque não existe alma sem corpo, nem antes do nascimento nem depois da morte. Segundo, porque não há verdadeira pessoa se ela for independente de uma comunidade, da sociedade e da natureza, pois o ser humano é um animal social e parte do universo. Ele não está na terra simplesmente, ele é terra também.

Mas nem por isso cada um dos âmbitos perde sua especificidade e identidade. A sociedade não pode sobrepor-se nem à comunidade nem à pessoa. Em outras palavras: o trinômio se articula de forma dialética, mas desde o pólo da pessoa. Na perspectiva cristã, a pessoa humana é um absoluto, enquanto criada à imagem e semelhança de Deus. A pessoa é um fim, nunca um meio, para ninguém e para nada. Só ela e Deus são dignos de amor. O amor remete ao fim sempre. A gente não ama meios e, se o fizermos, caímos na idolatria. Mas para ser "pessoa" faz-se necessário abrir-se à comunidade, o espaço da personificação, da edificação de si próprio, da realização do amor, na fraternidade e na partilha. Não há pessoa madura sem família, sem comunidade, sem convivência fraterna. Não por necessidade simplesmente, o que também é um fato, mas enquanto expressão de um doar-se, fruto de um possuir-se, superando o narcisismo primário que nos é naturalmente inerente. Por sua vez, para potenciar as comunidades e garantir sua existência, o ser humano necessita e cria a sociedade, o espaço da socialização, da solidariedade e da justiça entre todos, para além dos laços de família, de raça ou de cultura.

Pessoa-comunidade-sociedade são três âmbitos de uma mesma e inesgotável grandeza da identidade e da vocação humana. Nascemos por amor e para o amor, o que implica amar primeiro. E ninguém pode dar-se sem antes se possuir. A alteridade pressupõe a identidade, também na fé. A ação pastoral implica ir ao outro, com base na proposta cristã. Evangelização tem muito a ver com personalização. Sem ser pessoa é impossível ser um bom cristão, pois o cristianismo nada mais é que a plenitude do humano, que transcende em Deus, plenitude da vida e em quem podemos ter "vida em abundância". Por sua vez, somente apoiadas em pessoas maduras é que poderão surgir verdadeiras comunidades, enquanto espaço de convergência de pessoas que, ao se possuírem, se fazem dom e possibilitam a experiência da fraternidade. Sem essa experiência humana e divina não há comunidade eclesial. Por sua vez, uma verdadeira sociedade, potenciadora das pessoas, só é possível a partir de verdadeiras comunidades que se abrem a serviço de toda a humanidade, o espaço por excelência da pessoa criada co-criadora em Deus Criador. Como dissemos na introdução, é quando o ser humano, como pessoa, desde o seio de uma comunidade, se engaja na edificação de uma sociedade justa e solidária que ele próprio se constrói e se realiza, se torna continuador da obra redentora de Jesus Cristo e arauto do Reino de Deus no mundo.

1. A AÇÃO PASTORAL NO ÂMBITO DA PESSOA

A centralidade da pessoa no ministério de Jesus, bem como na obra da Criação, faz do ser humano o ponto de partida e de chegada da ação pastoral. O conceito de pessoa é uma construção cultural, relativamente recente. A consciência atual do ser humano como sujeito de direitos e dotado de uma inalienável dignidade, independentemente de sua condição social, apóia-se sobre o valor eminente que tem precisamente por ser pessoal. Entretanto a revelação judeo-cristã, codificada nas Escrituras, guarda, zelosamente, a consciência desse tesouro absoluto em Deus. Daí, também, decorrem atitudes, comportamentos e ações concretas a partir da fé. Por aí começa a pastoral, ocupando-se de cada pessoa — homem e mulher —, em seu contexto sociocultural, para que se realize como ser humano, em uma comunidade, inserida no emaranhado das relações sociais.

1.1. História e evolução do conceito de pessoa

A cultura clássica não esteve demasiado preocupada com a significação do termo. Originariamente, tanto o termo latino *persona* como o termo grego *prosópon* denominavam a máscara com a qual atuava o personagem na representação teatral. É uma visão mais *naturalista* ou *idealista* que personalista. Importante exceção é Sócrates e o termo no contexto jurídico romano. A teologia patrística também não esteve longe dessa perspectiva. Na complexidade da nascente dogmática cristológica e trinitária, os santos Padres recorrerão ao termo *hipóstasis*, dando tal acento ao caráter ontológico, que deixa na penumbra a pessoa enquanto ser histórico.

Do ontológico à coletivização

Na Idade Média, particularmente no interior da cristandade medieval, tributária do platonismo agostiniano, reinante, nesse particular, mesmo na escolástica aristotélica, está a idéia de que a consciência é uma estrutura coletiva. Não existem pessoas enquanto indivíduos; existe a coletividade. Os seres humanos, alicerçados numa denominada "lei natural", desde sua consciência, convergem todos para uma única verdade, portanto todos pensam igual. Quem pensa diferente é um herege ou inimigo. O outro não é um "diferente", mas extensão do mesmo, do "eu" que, na realidade, não é um "eu", mas um "nós" que permeia a todos. Há um "nós" sem "eus". O que conta da cidadania é o coletivo. Conseqüentemente, já que o ser humano não existe enquanto indivíduo, não tem direitos, mas tem deveres. Os direitos humanos são contra os direitos civis, o que, numa sociedade teocrática, equivale a ser contra os direitos de Deus.

Da coletivização à individuação

Com o advento da Modernidade, começa o processo de individuação e, conseqüentemente, de diferenciação. O humanismo faz a passagem do geocentrismo teocêntrico ao antropocentrismo cosmocêntrico (Copérnico, Galileu) e da consciência coletiva à consciência individual (Giordano Bruno). Não é heresia nem loucura pensar diferente, pois o ser humano é um ser dotado de liberdade (Erasmo). Por sua vez, o Renascentismo põe em evidência que esse ser não é um espírito aprisionado num corpo, mas uma totalidade, em que o espírito não existe sem a carne. Ambos se implicam mutuamente, na mesma unidade substancial. Ele está arraigado no sensível, no visível, no terreno e no temporal, sem que isso degrade seu ser. O corpo é bom (Leonardo da Vinci, Michelangelo).

Mas o passo mais significativo no processo de individuação foi dado por Descartes, com a emancipação da "razão individual": "Penso, logo existo". Irrompe a singularidade e a pessoa tomada desde o pronome pessoal "eu". Na seqüência, E. Kant irá operar a emancipação da razão subjetiva, acentuando ainda mais o processo de diferenciação, na medida em que demonstra que a razão é uma faculdade ligada a um sujeito, habitado por supostos e pressupostos ao próprio ato de pensar. Entretanto, como sua pretensão de fundamentar a universalidade do conhecimento teórico nessa singularidade pessoal, ficou no meio do caminho e deu margem à legitimação do individualismo. E ao separar razão teórica e razão prática, abriu as portas para o relativismo ético.

Da individuação ao individualismo

O Iluminismo (Voltaire, Rousseau), pai da ideologia liberal, ao casar-se com o capitalismo, que veio na esteira da filosofia da Revolução Industrial (F. Bacon), foi quem desencadeou o gradativo processo de passagem da individuação ao individualismo. A razão individual subjetivizada é erigida como única instância da verdade (tudo pela razão, nada fora da razão). Com isso, caem todos os valores universais e absolutos e mergulha-se no relativismo ético, no qual o interesse individual é a medida de todas as coisas. E dado que o indivíduo tende a se bastar a si mesmo, legitima-se o egoísmo como espaço da realização humana. Na sociedade mercantilista, o consumismo se encarregará de subjugar a liberdade, reduzindo-a à escolha entre as diversas modalidades de satisfação do próprio *ego*.

Do individualismo à personalização

O personalismo (E. Mounier) se esforçará em comprovar que "ser humano algum é uma ilha" (Thomas Merton) e, fundado no existencialismo (Kierkegaard), irá explicitar a identidade do ser humano enquanto ser social. K. O. Apel introduz a problemática no centro da comunicação lingüística, postulando a inserção da racionalidade no horizonte da *intersubjetividade*, ou seja, colocando um "tu" diante do "eu". E. Lévinas e P. Ricoeur irão tirar as conseqüências do interpessoal para busca do universal.

1.2. A pessoa no horizonte da revelação judeo-cristã

Há, também, uma história do conceito de pessoa na compreensão da revelação judeo-cristã. Por questão de espaço, contentemo-nos com alguns referenciais bíblicos a modo de conceituação. A tradição judaica do Antigo Testamento define o ser humano não como espécie, mas como indivíduo-imagem de Deus (Gn 1,27). Por isso, será sempre um ser digno de respeito e veneração, jamais manipulável ou meio para algum fim. Adão não é um simples animal que evoluiu nem um espírito caído do céu. Ele é, sim, a porção de terra que evoluiu e, ao mesmo tempo, o sopro vivo de Deus (Gn 2,7), que o torna capaz de falar com ele, de fazer aliança com ele (depois o fariam Noé, Abraão e Moisés: Gn 2,15-17; Gn 9,8-17; 17,1-17; Ex 24,1-8), de encontrar-se com ele em uma relação mútua e exclusiva. Essa relação única e exclusiva de Deus com cada um, dando-lhe um nome "irrepetível", faz do ser humano indivíduo e pessoa (Gn 15,1; 22,1; Ex 3,4; Jr 1,11; Am 7,8).

O Novo Testamento radicaliza ainda mais o valor pessoal de cada indivíduo. Cristo torna-se o modelo de pessoa, com sua relação única com Deus (Cl 1,15; Hb 1,3). Por sua vez, cada ser humano é irmão de Cristo, sua imagem, filho de Deus no Filho (Rm 8,29; Cl 1,18-20; Gl 3,26-29). Criatura co-criadora, cada pessoa é chamada a continuar a obra do Pai e de Cristo, transformando o mundo até que ele chegue à sua plenitude (Rm 8,18ss), e a colocar seus valores pessoais a serviço da comunidade (Mt 20,28). Cristo trouxe-nos o Espírito, que é fonte de liberdade para cada um, libertando-nos dos condicionamentos escravizadores e convocando-nos para a edificação de um mundo novo, inspirado no amor e na liberdade (2Cor 3,17s). Os pobres e abandonados são os primeiros nessa eleição privilegiada de Deus (Mt 11,25-30; 22,8-9).

O Concílio Vaticano II também fez da antropologia um de seus temas. Entre outros, afirma que a pessoa, dotada de dignidade (*GS*, n. 26; *DH*, n. 1), em razão de sua sublime vocação para a comunhão com Deus (*GS*, n. 19), merece reverência e respeito (*GS*, n. 27), pois Deus a respeita (*DH*, n. 11), mesmo quando ela erra (*GS*, n. 28). É um ser de relações sociais (*GS*, nn. 12, 25), sem as quais não pode viver (*GS*, n. 12) nem desenvolver seus talentos (*GS*, nn. 12, 25). É sujeito de direitos invioláveis (*DH*, n. 6), que devem ser respeitados em qualquer regime político (*GS*, n. 29). É princípio, sujeito e fim de todas as instituições sociais (*GS*, nn. 25, 29).

1.3. Perspectivas de ação pastoral no âmbito da pessoa hoje: a personalização

No âmbito da pessoa, a ação pastoral contempla um amplo leque de ações, umas básicas e permanentes, outras mais emergentes, segundo contextos e épocas. Por questão de espaço, vamos nos limitar, aqui, a acenar para algumas tarefas relevantes na atualidade. Sem dúvida, o grande desafio atual consiste na reconstrução da identidade pessoal e na conquista de uma liberdade autêntica na sociedade consumista. Hoje, em tempos de crise da Modernidade, há uma crise das identidades em geral, inclusive a pessoal. Emerge o indivíduo hipernarcisista, hiper-hedonista e hiperconsumista, que compromete seu ser livre.

Reconstrução da identidade pessoal

A identidade do ser humano se tece na conjugação harmônica entre sua natureza individual e social. Desfaz-se essa harmonia quando a pessoa se fecha no egoísmo ou se deixa absorver ou é agredida pelo universo exterior.

A pessoa se afirma pelo dom. Os vínculos se estreitam quando, através deles, cresce a pessoa. Individualismo, desenraizamento cultural pela migração ou êxodo, ecletismo religioso, modismos, relativismo ético etc. são sintomas de perda de identidade.

Uma ação pastoral, que promova a reconstrução da identidade pessoal, passa, entre outros, pela acolhida e orientação, pelo aconselhamento pastoral, pela atenção às necessidades básicas, pela educação permanente e integral, pela formação do espírito crítico etc., que podem contribuir na reconstrução da identidade pessoal. Nesse contexto, ganham cada vez mais relevância os ministérios da acolhida e do aconselhamento pastoral. É de fundamental importância, igualmente, o resgate das raízes culturais e das relações familiares da pessoa, superando-se o "presentismo" ou o "momentaneísmo" atual, que prescinde da tradição. Sem consciência do passado, desde a realidade presente, não há possibilidade de um futuro crescentemente melhor.

Educação para uma liberdade autêntica

Elemento essencial da identidade pessoal é a liberdade, que faz dela, ao mesmo tempo, única e um fim em si mesma. A pessoa é o ser "irrepetível", diferente de qualquer outro e incapaz de ser suprimido, com uma vocação e tarefa própria na história. Na pessoa, dá-se a conexão entre o universal e o particular, a unidade do universal e do infinito, constituindo-se na base de direitos inalienáveis e fundamento de sua dignidade. A pessoa é um ser que comporta em si mesmo um destino a uma finalidade. É o eterno do temporal, o infinito do finito, o espírito da matéria. E tudo isso por causa da liberdade que lhe é constitutiva e o torna sujeito de responsabilidades.

Essa valorização da pessoa, raiz de direitos inalienáveis, deve estender-se a todas as circunstâncias, mesmo aos casos extremos, em que a pessoa não se manifesta na plenitude de suas faculdades. Sobre o ser humano, não se pode aplicar critérios utilitários.

A dimensão social da pessoa, porém, não se limita a esse encontro profundo com sua dignidade personalizada. Ser pessoa é abrir-se no respeito ao outro, a todos, considerando-os iguais e irmãos em dignidade humana. Dignidade que se expressa na igualdade de oportunidades, nas relações sociais e políticas. Brota, daí, a grande tarefa pastoral da personalização de grandes contingentes de nossa população, menosprezados em sua condição de explorados ou excluídos. A personalização de uns poucos não pode estar justificada pela escravidão das maiorias. O grande escândalo é o do "não-ser humano", oprimido pela sociedade — o escravo, o explorado, o pisoteado, o estrangeiro, o pobre social-econômica-política-racial e culturalmente. Cada pessoa vale tanto quanto qualquer outra, por isso aos mais abastados pesa a maior responsabilidade de serem os promotores da radical igualdade de todos.

Nesse particular, do ponto de vista pastoral, pode-se vislumbrar ações tais como: uma sólida pastoral da juventude, promotora da formação de uma personalidade madura em face dos desvios sexuais, drogas e consumismo ilusório; uma evangelização inculturada, no diálogo intercultural, através do conhecimento e da promoção do intercâmbio das tradições culturais; uma sólida pastoral da comunicação e presença pública da Igreja junto à sociedade etc. Sem dúvida, é sobre os jovens que recaem as mais graves conseqüências da sociedade consumista e hedonista atual. Seu desenraizamento cultural clama pela valorização das culturas autóctones, enquanto forma de resistência diante da imposição das culturas de dominação.

2. A AÇÃO PASTORAL NO ÂMBITO DA COMUNIDADE

A comunidade é essencial na vida e no desenvolvimento de uma pessoa, assim como constitutiva do ser eclesial. Com efeito, todo ser humano nasce no seio de uma comunidade, a família, e, em grande medida, dependerá dela para o desenvolvimento de suas possibilidades. A pessoa só consegue personalizar-se e tomar consciência do mundo e dos outros através do encontro pessoal e de amor no cerne de uma comunidade concreta. Da mesma forma que é no encontro do "eu" com um "tu" que se desperta a consciência pessoal, a harmonia fundamental da pessoa depende da aprendizagem do gerenciamento de seus conflitos na comunidade, transformando-os em relações amorosas. A Igreja quer ser um espaço de realização da vocação cristã, enquanto comunidade, ícone da Trindade.

2.1. História e evolução do conceito de comunidade

Em linhas gerais, o conceito de comunidade pressupõe uma pluralidade de indivíduos que se unem e se inter-relacionam com vínculos pessoais. A comunidade se diferencia da sociedade pelo fato de que não se forma pelas relações jurídicas ou pelos simples objetivos comuns, mas, fundamentalmente, pelas relações interpessoais entre seus membros. Não basta a simples sintonização em torno de objetivos comuns, com colaborações mútuas ocasionais, nem as relações de proximidade e afetividade difusa, que podem dar-se em aglomerações de massas. A comunidade sempre apresenta uma dimensão de amor e, a eclesial, também de fé, que liga e enriquece seus membros.

Entretanto, em muitos casos, as fronteiras entre sociedade e comunidade permanecem ambíguas. Nesse sentido, pode-se dizer que o conceito de comunidade é igualmente recente, pois depende do desenvolvimento do conceito de pessoa. Só há comunidade quando há indivíduos personalizados. O desenvolvimento da vivência comunitária está ligado ao processo de personalização de seus membros. Em muitos aspectos, a própria família, historicamente, foi mais uma sociedade com fins econômicos e sociais que condição de uma autêntica comunidade, inspirada pelo amor. Sobretudo na cristandade medieval, pode-se falar de um desenvolvimento de relações predominantemente de massa, que se caracterizavam mais pela proximidade e pela ação conjunta do que por formas individualizadas e personalizadoras de participação. A própria Igreja caracterizou-se, naquele período, mais como a massa dos batizados do que como uma verdadeira comunidade de irmãos.

A comunidade comporta inúmeros níveis e diversas formas. A família é, certamente, a comunidade natural mais espontânea e fundante. A própria experiência eclesial depende dela. Daí pode-se passar para comunidades mais amplas: no campo social, como a de uma associação, município, de uma pátria ou até mesmo da humanidade inteira; no campo eclesial, como a da "Igreja doméstica" (grupo de famílias), comunidade de base, paróquia e diocese, enquanto "comunidade de comunidades" (Puebla). Do ponto de vista religioso, a própria humanidade pode ser concebida como comunidade, quando alicerçada sobre vínculos personalizadores com base em pequenas comunidades, à medida que o amor e a fé aproximem todos os membros em torno de vivências comuns.

Contudo, deve-se levar em conta que a comunidade, enquanto integradora de indivíduos personalizados, é inevitavelmente espaço da exteriorização de tensões entre o indivíduo e o grupo. Por um lado, está a comunidade como expansão da pessoa em um amplo grupo de indivíduos, que se superam para além de suas diferenças; por outro, estão pessoas com suas identidades diferenciadas e livres. Além disso, o egoísmo e o pecado podem agravar tal situação. Nesse caso, só a abertura ao diálogo sincero pode levar à comunidade, no seio da qual o comum não anula a dimensão interior e profunda de cada um de seus membros.

2.2. A comunidade no horizonte da revelação judeo-cristã

Na tradição judaica do Antigo Testamento, as relações comunitárias e a dimensão interpessoal não se encontram muito desenvolvidas. A comunidade religiosa estava, indissoluvelmente, ligada à organização política do povo. Os vínculos essenciais entre os membros do povo eram estabelecidos pela vocação religiosa (Dt 7,7-8). Somente em uma etapa posterior é que começa um "resto" ou comunidade a diferenciar-se da multidão do povo (Is 4,3; Jr 23,3-4).

No Novo Testamento, a dimensão comunitária da religião e da vida é posta em relevo. A acolhida da própria mensagem pressupõe uma profunda personalização, que sente sua vocação pessoal diante de Deus como única e transcendente. A mensagem cristã se resume na fé e no amor a Deus, mas passa pela comunidade dos irmãos. A obra de Cristo é, precisamente, um reino de amor, que tem na Igreja seu sacramento. Para isso ele escolhe apóstolos que o acompanhem (Mc 3,14-15) e com eles vive em especial intimidade, através da qual lhes foi revelando os mistérios do Reino (Mc

6,30-31; 7,17; 4,10-11). É pela mediação dessa comunidade que surge a fé em Cristo (Mc 8,27ss; Mt 16,13-17), que se vive a nova experiência do amor e do serviço (Mc 9,33-35; 10,41-45) e que se começou a nova experiência missionária (Mc 6,6ss; Lc 9,1-2). A Igreja, nascida a partir da experiência pessoal, também surgiu na vivência comunitária dos discípulos reunidos na experiência do novo encontro com o Senhor (Lc 24,33-35; Jo 20,19; Mt 28,16ss). Os novos convertidos aderem ao sacramento da comunidade e, por meio dessa adesão, participam dos dons de Cristo (At 2,41). Toda a experiência da difusão do cristianismo reside na irradiação evangélica das comunidades cristãs, através das quais se experimenta o novo e contagioso amor de Cristo (At 4,32), e nas quais o Espírito dinamiza e faz sentir a experiência antecipada do Reino (At 4,ss). As novas comunidades acolheram milhares de discípulos que buscavam um mundo novo, e seu fermento conseguiu transformar a face do mundo (At 14,22ss; 18,7-8; 19,9ss). As cartas de Paulo constituem testemunhos vivos das comunidades em que se vivia o cristianismo com uma unidade capaz de superar os antagonismos de raça, classe social, de tradições religiosas e de culturas (Fm 8,12; 1Cor 7,17-24; 12,12-13; Fl 1,7; 1,27ss).

O tema da comunidade é muito presente no Concílio Vaticano II, tanto no sentido eclesial como no social. Os textos falam que a comunidade humana forma uma só família (*GS*, n. 24), análoga à vida intratrinitária (*GS*, n. 24); a vida comunitária é uma exigência da própria natureza humana, que é um ser social (*GS*, nn. 12, 25; *AA*, n. 18); por isso o imperativo de respeitar a dignidade da pessoa humana no "outro eu" (*GS*, n. 27), mesmo que seja adversário (*GS*, n. 28) ou até inimigo (*GS*, n. 28). Reconhecer a igualdade essencial entre todos (*GS*, n. 29) implica superar a ética individualista (*GS*, n. 30) e considerar como dever principal as relações sociais (*GS*, n. 30), pois Deus não criou os seres humanos para viverem isoladamente, mas os reúne em seu povo (*GS*, n. 32).

2.3. Perspectiva de ação pastoral no âmbito da comunidade hoje: refazer o tecido eclesial

Sem dúvida, em meio a uma Modernidade em crise, o grande desafio no âmbito da comunidade é evitar a fragmentação da vida e a busca de relações mais humanas.

Na esfera eclesial, longe de fundamentalismos ou saudosismos, pode-se afirmar que a marca comunitária do cristianismo foi gradativamente sendo perdida, na medida em que a Igreja foi difundindo a fé cristã no encontro com os povos da cultura greco-romana. Sobretudo quando o cristianismo tornou-se "religião" oficial do Império Romano, começou a predominar uma vivência mais de massa que de comunidade. Da experiência da fé em "igrejas domésticas" passa-se às peregrinações, à presença de multidões nas grandes catedrais, às procissões. Da Eucaristia celebrada como ceia nas casas se passa à missa celebrada nos templos ou como uma das formas de adoração do Cristo sacramentado. As relações interpessoais passaram a ceder lugar ao impacto emotivo de eventos massivos. Os sacramentos, símbolos de uma comunidade de fé, passam a ser sinais sociológicos da pertença a uma cultura particular.

Com o advento da Modernidade, há um acirramento da fragmentação do comunitário. A irrupção do indivíduo e da liberdade de consciência opera uma privatização da religião na esfera do pessoal. O intimismo reduz o religioso à dimensão invisível e anti-social da pessoa, perdendo-se toda a riqueza do encontro comunitário. Em certos momentos, o racionalismo frio e, em outros, seu antagonista, o intimismo, substituem a autêntica vivência eclesial comunitária por "cristãos sem Igreja".

Na contemporaneidade, o sistema liberal-capitalista acirrou ainda mais o individualismo, fragmentando as experiências e instituições comunitárias como um todo, a começar pela família. A pessoa se perde no anonimato dos poderes do Estado e das instituições políticas e econômicas. No campo religioso, as grandes tradições perdem terreno para grupos religiosos autônomos, que tendem a fazer de Deus objeto de desejos particulares. Cada vez mais as pessoas têm dificuldade de crer com os outros e naquilo que os outros crêem. A experiência religiosa se volta para o emocional, conformando comunidades invisíveis e virtuais, de "cristãos" sem Igreja.

A grande tarefa pastoral, nesse âmbito, é ajudar os indivíduos a darem o passo do âmbito pessoal para o âmbito da comunidade, como forma de superação do individualismo. A relação "eu-tu" precisa desembocar em um "nós", seja no eclesial, seja no social, acima de particularismos estreitos e estéreis. Essa tarefa implica abertura para a colaboração, para o trabalho em equipe, para a organização social e a amizade a ser travada nas lutas da vida. Só verdadeiras comunidades podem contribuir na construção de uma sociedade solidária. Para isso, urge a oferta de oportunidades de encontro, de práticas solidárias e de experiências de amizade, bem como de espaços de educação ao relacionamento solidário e fraterno. Desafia-se a renovação da paróquia em comunidades menores, para dar acolhida a outras formas comunitárias de viver a fé. Desafio ainda maior é colocar os "movimentos" eclesiais dentro da comunidade e da Igreja local.

3. A AÇÃO PASTORAL NO ÂMBITO DA SOCIEDADE

A realização da vocação humana e cristã se dá quando o indivíduo sai de si e torna-se pessoa e, na seqüência, transcende-se na comunidade para, finalmente, com os outros, fazer-se servidor de todos na sociedade. Indivíduos atomizados ou massificados não podem exprimir toda a riqueza de seu ser. Tornam-se pessoa pela comunidade. Mas sendo membros da humanidade e cidadãos universais, necessitam, também, da sociedade para realizarem-se, para que nela sintam-se livres e participem na construção de um mundo solidário para todos. A vocação humana advoga para a convivência de cidadãos livres, numa sociedade livre, justa e solidária. A Igreja, enquanto comunidade, igualmente só cumpre sua missão quando se faz missionária, sai de si e exerce um serviço na sociedade, o espaço de edificação do Reino de Deus, que não é uma realidade intimista. O Vaticano II insere a Igreja no seio da sociedade, numa atitude de diálogo e serviço a todos, em especial aos mais pobres.

3.1. História e evolução do conceito de sociedade

A sociedade é o espaço dos cidadãos. A cidadania está ligada, essencialmente, à consciência dos direitos cidadãos, direitos individuais e sociais. Tal consciência tem sua evolução histórica.

A invenção da cidadania

a) Do direito primitivo ao direito moderno — Segundo Max Weber, nas sociedades primitivas, encontramos um *direito carismático*, revelado pelos profetas ou autoridades religiosas, que interpretavam a vontade de Deus e dos heróis míticos fundadores. Não existe, ainda, o conceito de normas objetivas, independente dos costumes. No *direito tradicional*, a lei é imposta por poderes seculares ou teocráticos. As normas são tomadas como dadas, como convenções transmitidas pela tradição. É ainda um direito particularista; não está baseado em princípios legais universais. O *direito natural* inaugura o direito moderno (séculos XVII-XVIII), baseado em princípios tidos como emanados da natureza humana. As normas são promulgadas segundo princípios estabelecidos livremente por acordos racionais. O ser humano passa a ser visto como portador de direitos universais que antecedem a instituição do Estado. A afirmação de um direito racional, universalmente válido, levou à necessidade de codificação de um estatuto legal, de organização de um sistema lógico e à corporificação do direito como sistema. Entretanto, só a partir do século XX essas codificações passaram a ser feitas a partir de certos acordos entre os diversos atores sociais, num espírito mais democrático. Nos regimes absolutistas, os direitos do indivíduo são concebidos como dádiva do soberano, em face do direito divino dos reis. Então, o Estado Leviatã (Hobbes) é defendido como a única maneira de evitar a anarquia social, pois "o homem é o lobo do homem". No século XIX, o positivismo considera o Estado como fonte central de todo o direito, concebido a partir de um paradigma ideal, fixo e imutável, fora de seu contexto social, escamoteando os interesses que se ocultavam por detrás da exaltação da razão.

b) Do direito de Estado ao Estado de direito — A idéia de que os cidadãos podem organizar o Estado e a sociedade de acordo com sua vontade, baseada na razão, desconsiderando as tradições e os costumes, foi uma das grandes bandeiras do Iluminismo. Na linha do *Contrato social*, de J. J. Rousseau, o princípio da legitimidade dinástica é substituído pelo princípio da soberania popular. Invertendo a relação tradicional de direitos dos governantes e deveres dos súditos, agora o indivíduo tem direitos, e o governo obriga-se a garanti-los. É o nascimento do Estado de direito, em que se passa do ponto de vista do príncipe para o ponto de vista do cidadão. No Estado despótico, o indivíduo só tem deveres, não direitos. No Estado absoluto, os indivíduos possuem, em relação ao soberano, direitos privados. No Estado de direito, o indivíduo tem não só direitos privados, mas também direitos públicos. O Estado de direito é o Estado de cidadãos.

c) Que é cidadania? — Segundo a concepção de T. H. Marshall, a cidadania é composta dos direitos civis e políticos (direitos de primeira geração) e dos direitos sociais (direitos de segunda geração). Os *direitos civis*, conquistados no século XVIII, correspondem aos direitos individuais de liberdade, igualdade, propriedade, de ir e vir, direito à vida, segurança etc. São os direitos que embasam a concepção liberal clássica. Já os *direitos políticos*, alcançados no século XIX, dizem respeito à liberdade de associação e reunião, de organização política e sindical, à participação política eleitoral, ao sufrágio universal etc. São também chamados direitos individuais exercidos coletivamente. Os direitos de *segunda geração* — os direitos sociais, econômicos — foram conquistados no século XX, a partir das lutas do movimento operário e sindical. São os direitos ao trabalho, saúde, educação, aposentadoria, seguro-desemprego, enfim, a garantia de acesso aos meios de vida e bem-estar social. No que se refere à relação entre direito de cidadania e Estado, existiria uma tensão interna entre os diversos direitos que compõem o conceito de cidadania. Enquanto os direitos de primeira geração — civis e políticos — exigiriam, para sua plena realização, um Estado mínimo, os direitos de segunda geração — direitos sociais — demandariam uma presença mais forte do Estado para serem cumpridos. Na segunda metade de nosso século, surgiram os chamados "direitos de terceira geração". São direitos que têm como titular não o indivíduo, mas grupos humanos como o povo, a nação, coletividades étnicas ou a própria humanidade. É o caso do direito à autodeterminação dos povos, direito ao desenvolvimento, direito à paz, direito ao meio ambiente, direito das minorias, direitos das mulheres, dos jovens, das crianças, dos anciãos etc. Já se fala, hoje, de "direitos de quarta geração", relativos à bioética, para impedir a destruição da vida e regular a criação de novas formas de vida em laboratório pela engenharia genética. Assim, os cidadãos ou a cidadania são sujeitos de direitos — individuais e sociais —, que, se por um lado devem ser promovidos e respeitados, por outro precisam ser protegidos e defendidos pela própria cidadania, através da organização e ação da *sociedade civil*.

Sociedade civil

1) Evolução do conceito — Na Antigüidade, há o conceito aristotélico de *politike koinonía*, traduzido para o latim por *societas civilis* — sociedade ci-

vii. Na Idade Média, a *societas civilis* não distinguia a sociedade do Estado. Na Idade Moderna, está associada a um corpo político em que liberdade e razão deveriam coexistir, fundadas na concepção de contrato social. No século XIX, Hegel a concebe como uma *instância intermediária* entre o Estado, regulador das relações entre indivíduos, e instituições privadas, que se comportam segundo seus interesses próprios. Para ele, sociedade civil implica determinações individualistas e a procura de um princípio ético que jamais poderia vir do mercado, mas sim das corporações. Para Marx, sociedade civil não significa instituições intermediárias entre a sociedade e o Estado, no sentido de uma diferenciação entre Estado e sociedade, mas a fusão de ambos. Nos anos 1970, a noção de sociedade civil muda consideravelmente. Ela ressurge como uma *oposição ao Estado*, não para acabar com ele e com o mercado, mas para fortalecer as formas societárias de organização. A partir dos anos 1980, em função da perda de prestígio dos partidos políticos, aumentou o fosso entre o sistema institucional de representação no plano do Estado e a chamada sociedade civil organizada. As associações da sociedade civil assumiram o papel de formadoras da opinião pública e constituidoras da opinião coletiva nos espaços situados fora do Estado e do mercado. A noção de sociedade civil passa a ser compreendida em *oposição* não apenas ao Estado, mas também ao mercado. Os atores da sociedade civil, organizados em movimentos sociais, cumprem função pública, absorvendo a ação comunitária existente no mundo da vida e levando-a ao nível da esfera pública. Defendem o interesse público e se constituem como instância de crítica e controle do poder. Mais recentemente, novas formas de ação social transformadora emergiram no mundo: movimentos populares que, centrados em temas de democratização, cidadania, liberdade, identidade cultural etc., assumiram a forma de organizações não-governamentais (ONGs), particularmente transnacionais. Nas últimas décadas, tornaram-se importantes peças de apoio aos programas de desenvolvimento. Nos países em desenvolvimento, elas beneficiam cerca de 250 milhões de pessoas, atuando nos planos local, nacional, regional e internacional. Em muitos países, as ONGs ajudam a formular as políticas públicas. Em outros, seu papel é importante para fiscalizar projetos governamentais, por exemplo.

2) Conceituação atual — A sociedade civil, hoje, tende a autocompreender-se como a esfera de interação social entre a economia e o Estado, composta da esfera íntima (família), da esfera associativa (associações voluntárias) e dos movimentos sociais. Portanto, ela não engloba toda a vida social. A sociedade política (Estado) constitui-se de partidos, organizações políticas, parlamentos etc. A sociedade econômica compõe-se de organizações de produção e distribuição, como empresas e cooperativas, firmas etc. Certo, as sociedades políticas e econômicas surgem da sociedade civil. Entretanto, enquanto os atores da sociedade política e econômica estão diretamente envolvidos com o poder do Estado e com a produção econômica visando ao lucro, que eles buscam controlar e gerir, o papel da sociedade civil não está diretamente relacionado à conquista e controle do poder, mas à geração de influência na esfera pública cultural. Para isso a sociedade política exerce um papel importante. O papel desempenhado pela sociedade política, de mediador entre a sociedade civil e o Estado, é indispensável, assim como o enraizamento da sociedade política na sociedade civil. Por isso a relevância da busca de formas de exercício de uma democracia participativa. O mesmo deve ocorrer entre sociedade civil e sociedade econômica, ainda que sua influência seja bem menor que sobre a sociedade política. Ainda assim, a legalização dos sindicatos e o papel das negociações coletivas testemunham a influência da sociedade civil sobre a vida econômica e acabam desempenhando, por sua vez, um papel mediador entre a sociedade civil e o sistema de mercado.

3.2. O conceito de sociedade no horizonte da doutrina social da Igreja

Para a doutrina social da Igreja, a essência social do ser humano deriva de sua própria limitação como indivíduo. Surge, assim, a família como complementação do indivíduo. O mesmo acontece no campo do trabalho, no qual somente através da colaboração de muitos é que se pode realizar grandes tarefas, que satisfaçam as necessidades comuns. Do mesmo modo, a organização política, que ajuda os indivíduos na administração dos bens comuns e na sua proteção. Em resumo: a cooperação social consegue, em comum, o que nunca os indivíduos conseguiriam sozinhos.

Entretanto, através da integração e complementação dos esforços comuns, a sociedade não se limita a agrupar os indivíduos. A partir das comunidades, ela consegue alcançar uma especificidade própria, capaz de novas e diferentes conquistas. Nesse sentido, o fato de o ser humano estar constituído, simultaneamente, por uma dimensão individual e social, tem levado, historicamente, a concepções extremas. Por um lado, aparece o individualismo, que, ao considerar o indivíduo um ser independente, põe os interesses e objetivos dos indivíduos acima dos da sociedade. Nessa perspectiva, a sociedade civil não é necessária, pois restringe as liberdades individuais. Por outro, aparece o coletivismo, no qual a pessoa se reduz a uma peça na engrenagem da sociedade, submetida a seus fins predeterminados. Então, subjuga-se a liberdade, visando apenas ao fortalecimento e à organização do coletivo.

Na perspectiva cristã, a sociedade não constitui uma limitação das pessoas e das comunidades, mas sua autêntica complementação. Ao contrário do que preconiza o individualismo, não há autêntica liberdade senão dentro da sociedade, pois é aí que a pessoa pode desenvolver sua força criadora e social. E, ao contrário do coletivismo, antes de a pessoa ser membro de um Estado, ela pertence a um povo. É nessa dimensão mais espontânea e natural que sua liberdade amadurece e se desenvolve. Povo está ligado a solo, sangue, história, cultura, a formas peculiares de organização social etc. Povo constitui nação, que não se confunde com Estado. O Estado é o resultado do ordenamento jurídico da autoridade a serviço do bem comum. Pode pressupor um ou vários povos. A isso o Estado acrescenta a unidade relacional superior, que engloba e configura as unidades relacionais inferiores, dirigindo-as no sentido de um bem que seja comum a todos.

No horizonte do Concílio Vaticano II, a ordem temporal tem valor próprio e legítima autonomia (*LG*, n. 36; *GS*, n. 36; *AA*, nn. 7-8), ainda que abarcada, também, pela obra da redenção de Cristo (*AA*, n. 7) e não deva ser separada da ação evangelizadora (*GS*, n. 43). A sociedade é campo de atuação de todos os cristãos (*GS*, n. 90), em que a Igreja deve exercer uma presença eficaz (*GS*, n. 89). É dever de todos contribuir para o bem comum (*GS*, n. 26, 30), a ser protegido pelo poder civil (*DH*, n. 3). Nesse particular, deve haver colaboração da Igreja com todos os que buscam uma sociedade fraterna e solidária, mesmo com os não-católicos (*GS*, n. 40), na busca do bem comum (*UR*, n. 4), no serviço à humanidade como um todo (*GS*, n. 92), no campo social, na cultura, nas artes (*UR*, n. 12). É um dever o diálogo e a colaboração entre a Igreja e a sociedade (*CD*, n. 13). Os direitos humanos, universais e invioláveis (*GS*, n. 26), devem ser defendidos e promovidos pelo poder civil (*DH*, n. 6).

3.3. Perspectivas de ação pastoral no âmbito da sociedade hoje: refazer o tecido social

Sem dúvida, em meio ao crescente processo de diferenciação e fragmentação do tecido social, o grande desafio pastoral no âmbito da sociedade é o escândalo da exclusão e da violência na sociedade consumista.

No horizonte da doutrina social da Igreja, a sociedade deve guiar-se pelo princípio da solidariedade, segundo o qual a pessoa existe para a comunidade e para a sociedade, as quais existem para a pessoa. Cada pessoa é responsável pelo bem comum na sociedade. E a sociedade não tem outro objetivo senão buscar uma vida digna para as pessoas. Além desse objetivo, cabe à sociedade reger-se, igualmente, pelo princípio da complementaridade ou da subsidiariedade, segundo o qual ela deve ajudar a complementar a ação das pessoas ou comunidades naquilo em que elas não são capazes. É a busca do bem comum, que consiste na estruturação e organização social adequadas, capazes de somar os objetivos, esforços e ideais de todos os membros da sociedade.

Nessa perspectiva, importa, hoje, reconstruir sem cessar o tecido social, que as tendências anarquistas e totalitárias, bem como a mercantilização das relações humanas e institucionais, operadas pelo sistema liberal capitalista, tendem a fragmentar e destruir. Importa lutar contra a lógica de uma sociedade engendrada pela cultura tecnológica. Uma das missões mais importantes da Igreja, hoje, é a defesa das pessoas e comunidades, assim como a defesa da sociedade em seus "corpos intermediários", organizados, enquanto sociedade civil, diante do poder, seja do sistema financeiro e do grande capital, seja dos Estados "herodianos", que se limitam a garantir o progresso econômico de uns poucos. O sistema liberal capitalista tende a submeter as pessoas e as comunidades a seus objetivos pragmáticos, uniformizando povos e culturas. Defender as culturas agredidas por modismos hegemônicos e os valores populares ameaçados de desaparecimento é uma das missões mais prementes da Igreja hoje.

Por outro lado, cabe pressionar o Estado a cumprir sua finalidade, que é a de estimular as forças adormecidas ou excluídas da sociedade para promover um desenvolvimento solidário, organizando os diversos setores sociais e mobilizando-os em vista da superação da fome e da miséria. As sociedades dos países subdesenvolvidos têm sua situação agravada em virtude das grandes diferenças na distribuição dos bens naturais e dos recursos econômicos, dos grandes desníveis de educação e capacitação técnica, do desemprego, do déficit habitacional etc. Essas desigualdades aumentam a violência, contribuindo para a instabilidade da situação social.

Mas não bastam ações no âmbito dos Estados nacionais. É preciso desencadear ações em rede, de alcance mundial, encurtando distâncias entre os povos e contribuindo para a criação de uma comunidade internacional, regida por uma instância de autoridade racional comum. Só um poder de todos, consertado em nível internacional, é capaz de regulamentar conflitos internacionais e alcançar uma relação justa e igualitária entre os povos.

Nessa perspectiva, pastoralmente, poder-se-ia vislumbrar algumas ações pontuais, tais como:

- a participação dos cristãos em iniciativas da sociedade civil, com presença nos conselhos paritários, visando à superação das desigualdades, da exclusão, da miséria e da violência;
- a criação de grupos de formação e ação, em vista da participação da sociedade civil na política, à luz da fé cristã;
- o acompanhamento do trabalho do Legislativo e do Executivo, representando as aspirações populares;
- o trabalho na mudança de mentalidade consumista, adotando um estilo de vida mais austero, no espírito das bem-aventuranças do Evangelho;
- a formação da consciência moral e da prática social cristã acerca dos novos problemas de ordem ética;
- a colaboração com outros grupos religiosos ou da sociedade civil, em espírito ecumênico e cidadão, na busca de uma sociedade justa e solidária;

- o apoio a políticas que favoreçam a inclusão social daqueles setores da população que foram excluídos por nossa história de colonização, discriminação e escravidão;
- o respeito e a valorização das tradições culturais e religiosas indígenas e afro-brasileiras;
- a participação em ações diante de causas como desarmamento, promoção da paz, socorro de urgência e nas catástrofes, alimento aos famintos, ensino para analfabetos, reabilitação para drogados e alcoólicos, combate à prostituição de crianças, jovens e adultos;
- a conscientização da necessidade do valor da coerência de vida dos cristãos com sua fé, mostrando que a religião, especialmente o cristianismo, é fermento de libertação e de transformação da sociedade;
- a vigilância ante a tentação de transformar a religião em mercadoria, numa sociedade excludente e consumista, voltada, basicamente, para o lucro;
- o uso adequado dos meios de comunicação de massa na pregação do Evangelho, consciente do poder econômico que os domina, despertando o senso crítico dos fiéis, cuidando da formação dos comunicadores e valorizando os recursos da Internet;
- a atenção especial à pastoral urbana, através da multiplicação e diversificação das comunidades eclesiais, do planejamento comum entre paróquias de uma mesma área ou cidade, da criação de centros de evangelização e da tessitura de redes de comunicação e contatos com aqueles que não conseguem ligar-se de forma permanente com uma comunidade;
- o cuidado com a pastoral universitária, visando à formação das futuras lideranças sociais e políticas;
- a manifestação, por parte da comunidade cristã, de interesse autêntico e sincero pelos problemas da sociedade, para poder celebrar, dignamente, a própria liturgia;
- o empenho para a educação no conhecimento da doutrina social da Igreja, como decorrência ética e necessária da fé cristã;
- a educação para a solidariedade, através da formação na ação, participando de grupos e escolas de "fé e política";
- a promoção de celebrações nos grandes momentos da vida

do povo, como forma de incentivo à prática da solidariedade e reforço da consciência cidadã;

- a superação das desigualdades econômicas e sociais, existentes no interior da própria Igreja, tornando mais efetiva e dinâmica a circulação e partilha de recursos materiais e humanos entre dioceses e paróquias ricas e pobres, como testemunho de comunhão etc.

Resumindo

Apoiado numa antropologia unitária, em uma concepção de salvação em comunidade e no reconhecimento da autonomia do temporal, o Concílio Vaticano II acenou para os três âmbitos de uma autêntica ação pastoral: o âmbito da pessoa, o âmbito da comunidade e o âmbito da sociedade. Não são três campos de ação autônomos e separados. Eles conformam o trinômio de uma única realidade, assumida pela encarnação do Verbo e transfigurada pela ressurreição. A ressurreição de Cristo tem, também, uma dimensão cósmica, de recriação, de recapitulação. Primeiro, porque não existe alma sem corpo, nem antes do nascimento, nem depois da morte. Segundo, porque não há verdadeira pessoa se ela for independente de uma comunidade, da sociedade e da natureza, pois o ser humano é um animal social, parte do universo. Ele não está na terra simplesmente, ele é terra também.

Hoje, em tempos de crise da Modernidade, com a emergência do indivíduo hipernarcisista, hiper-hedonista e hiperconsumista, que compromete seu ser livre, no âmbito da pessoa, o grande desafio consiste na reconstrução da identidade pessoal e na conquista de uma liberdade autêntica, na sociedade consumista. A identidade do ser humano se tece na conjugação harmônica entre sua natureza individual e social. Uma ação pastoral que promova a reconstrução da identidade pessoal e que passe, entre outros, pela acolhida e orientação, pelo aconselhamento pastoral, pela atenção às necessidades básicas, pela educação permanente e integral, pela formação do espírito crítico etc., pode contribuir na reconstrução da identidade pessoal.

Quanto ao âmbito da comunidade, sem dúvida, em meio a uma Modernidade em crise, o grande desafio é a fragmentação da vida e a busca de relações mais humanas. A comunidade é essencial na vida e no desenvolvimento da pessoa, assim como constitutiva do ser eclesial. A grande tarefa, nesse âmbito, é ajudar os indivíduos a dar o passo do âmbito pessoal para o âmbito da comunidade, como forma de superação do individualismo egoísta. A relação "eu-tu" precisa desembocar em um "nós", seja no eclesial, seja no social, acima de particularismos estreitos e estéreis. Só verdadeiras comunidades podem contribuir na construção de uma sociedade solidária. Para isso, urge a oferta de oportunidade de encontro, de prática solidária e experiências de amizade, bem como de espaços de educação ao relacionamento solidário e fraterno. Desafia-se a renovação da paróquia em comunidades menores, para dar acolhida a outras formas comunitárias de viver a fé. Desafio ainda maior é colocar os "movimentos" de Igreja dentro da comunidade e da Igreja local.

Quanto ao âmbito da sociedade, a realização da vocação humana e cristã ocorre quando o indivíduo sai de si e torna-se pessoa; na seqüência, transcende-se na comunidade para, finalmente, com os outros, fazer-se servidor de todos na sociedade. Indivíduos atomizados ou massificados não podem exprimir toda a riqueza de seu ser. Tornam-se pessoa pela comunidade. Mas, como membros da humanidade e cidadãos universais, necessitam, também, da sociedade para realizarem-se, a fim de que nela sintam-se livres e participem na construção de um mundo solidário para todos. A vocação humana advoga para a convivência de cidadãos livres, numa sociedade livre, justa e solidária. A Igreja, enquanto comunidade, igualmente só cumpre sua missão quando se faz missionária, sai de si e exerce um serviço na sociedade, o espaço de edificação do Reino de Deus, que não é uma realidade intimista. O Vaticano II insere a Igreja na sociedade, numa atitude de diálogo e serviço a todos, em especial aos mais pobres. Nessa perspectiva, importa, hoje, reconstruir sem cessar o tecido social, que as tendências anarquistas e totalitárias, bem como a mercantilização das relações humanas e institucionais, operadas pelo sistema liberal capitalista, tendem a fragmentar e destruir. Importa lutar contra a lógica de uma sociedade engendrada pela cultura tecnológica.

Perguntas para reflexão e partilha

1) Por que razão o Concílio Vaticano II recupera os três âmbitos da ação pastoral — a pessoa, a comunidade e a sociedade —, superando o conceito tradicional da pastoral como *cura animarum*?

2) Em que medida os três âmbitos da ação pastoral estão presentes em sua vida pessoal e na ação pastoral de sua comunidade eclesial?

3) Que fazer, em sua comunidade, para que a ação pastoral esteja alicerçada, com a mesma intensidade, sobre seus três âmbitos, desde o primado da pessoa?

Bibliografia básica

CNBB. *Diretrizes gerais da ação da Igreja no Brasil:* 1991-1994. São Paulo, Paulinas, 2005. (Caps. III-IV). Documentos da CNBB, n. 45.

L. VIEIRA. *Cidadania e globalização.* Rio de Janeiro-São Paulo, Record, 1997.

E. D. CASTILHO. Educação e redescoberta religiosa: o cuidado do humano. *Revista de Catequese* 98 (2002) 5-21.

J. B. LIBANIO. Perspectivas teológicas e pastorais do cristianismo na América Latina e Caribe. In: W. L. SANCHES (Org.). *Cristianismo na América Latina e no Caribe:* trajetórias, diagnósticos, prospectivas. São Paulo, Paulinas, 2003.

M. A. OLIVEIRA. Cristianismo, ética e justiça. In: W. L. SANCHES (Org.). *Cristianismo na América Latina e no Caribe:* trajetórias, diagnósticos, prospectivas. São Paulo, Paulinas, 2003. pp. 72-305.

P. BERGER & T. LUCKMANN. *La construcción social de la sociedad.* Buenos Aires, Amarrortu, 1993.

M. VILLAMÁN. *Traslocar las lógicas. Empujar los límites. Democracia, ciudadanía y equidad.* Santo Domingo, Instituto Tecnológico de Santo Domingo, 2003.

Bibliografia complementar

J. GÓMEZ CAFFARENA. Persona y ética teológica. In: MARCIANO VIDAL. *Conceptos fundamentales de ética teológica.* Valladollid, Trota, 1992. pp. 167-183. J. C. MARGOLIN. *L'humanisme européen à l'époque de la Renaissance.* Paris, PUF, 1981. P. BIGO & F. BASTOS DE ÁVILA. *Fé cristã e compromisso social.* Elementos para uma reflexão sobre a América Latina à luz da doutrina social da Igreja. 3. ed. São Paulo, Paulus, 1981. K. O. APEL. *La transformación de la filosofía.* Madrid, Taurus, 1985. 2 vv. E. LÉVINAS. *Totalidad y infinito.* Salamanca, Sígueme, 1977. P. RICOEUR. *Soi-même comme un autre.* Paris, Seuil, 1990. (Caps. VIII-IX). J. L. IDÍGORAS. *Vocabulário teológico para América Latina.* São Paulo, Paulus, 1983. pp. 371-372. T. H. MARSHALL. *Classe social e status.* Rio de Janeiro, Zahar, 1967. J. COMBLIN. Os "movimentos" e a pastoral latino-americana. *Revista Eclesiástica Brasileira* 170 (1983) 227-262. L. A. GOMEZ DE SOUZA. *A utopia surgindo no meio de nós.* Rio de Janeiro, Mauad, 2003. L. GONZÁLEZ-CARVAJAL. *Evangelizar en un mundo poscristiano.* Santander, Sal Terrae, 1993. A. TORRES QUEIRUGA. *Fim do cristianismo pré-moderno.* São Paulo, Paulus, 2003. L. E. WANDERLEY. Globalização, religiões, justiça social: metamorfoses e desafios. In: W. L. SANCHES (Org.). *Cristianismo na América Latina e no Caribe:* trajetórias, diagnósticos, prospectivas, São Paulo, Paulinas, 2003. pp. 211-271. F. MERLOS (Org.). *Iglesia, comunidad, ministerios.* México, Dep. Pub. UPM, 2000. C. BOFF. Análise de conjuntura da Igreja Católica no final do milênio. In: I. LESBAUPIN, C. STEIL & C. BOFF. *Para entender a conjuntura atual. Neoliberalismo, movimentos populares,*

Igreja Católica e ONGs. Vozes-ISER, Petrópolis-Rio de Janeiro, 1996. C. Boff. *Uma Igreja para o próximo milênio.* São Paulo, Paulus, 1999. Coleção Temas de Atualidade. A. Brighenti. A Igreja Católica na América Latina na aurora do terceiro milênio. Desafios e perspectivas. *Convergência* 34 (1999) 395-413. C. Calimann (Org.). *A sedução do sagrado.* Petrópolis, Vozes, 1998. C. Campbell. A orientalização do Ocidente: reflexões sobre uma nova teodicéia para o novo milênio. *Religião e Sociedade* 18/1 (1997) 5-29. Cristianisme i Justícia. *El tercer milenio como desafío para la Iglesia.* Cuadernos CJ. Retos ante el 2000. Barcelona, 1999. J. I. González Faus. El meollo de la involución eclesial. *Razón y Fe* 220 (1989) 67-84. G. Gutiérrez. *Onde dormirão os pobres.* São Paulo, Paulus, 1998. Coleção Temas de Atualidade. D. Hervieu-Léger. *Vers un nouveau christianisme?* Paris, Cerf, 1986. F. Hinkelammert. *Crítica a la razón utópica.* San José de Costa Rica, DEI, 1984. J. B. Libanio. *Cenários da Igreja.* São Paulo, Loyola, 1999. Coleção CES. J. B. Libanio. *Igreja contemporânea. Encontro com a modernidade.* São Paulo, Loyola, 2000. Coleção CES. J. Mardones. *Postmodernidad y neoconservadurismo. Reflexiones sobre la fe y la cultura.* Estella, Verbo Divino, 1991. A. Torres Queiruga. *El cristianismo en el mundo de hoy.* Santander-Bilbao, Sal Terrae, 1992. Colección Aquí y Ahora, n. 17. I. Vaccarini. La condizione "postmoderna": una sfida per la cultura cristiana. *Aggiornamenti Sociali* 41 (1990/2) 119-135. P. Valadier. *La Iglesia en proceso. Catolicismo y sociedad moderna.* Santander, Sal Terrae, 1987. Colección Presencia Teológica, n. 58. S. Valadez Fuentes. *Globalización y solidaridad. Una aproximación teológico-pastoral desde América Latina.* México, Universidad Pontificia de México-Departamento de Publicaciones, 2005. pp. 379-455.

Capítulo segundo

PEDAGOGIA E ESPIRITUALIDADE PARA UMA PASTORAL COMO PROCESSO

A explicitação do "como" da pastoral começa pelos "âmbitos" e passa por uma ação enquanto "processo", condição para que a Igreja seja mediadora da salvação de Jesus Cristo, que se dá na história. Os âmbitos acenam para uma "salvação integral" — pessoal, em comunidade, no interior da sociedade. Já o caráter processual situa a ação evangelizadora no cerne da história da salvação e advoga para uma pedagogia e espiritualidade próprias da pastoral. Dado que o cristianismo é, antes de tudo, um comportamento, um modo de viver e não simplesmente de ver e pensar diferente, para que a mensagem evangélica se encarne na vida pessoal, comunitária e social faz-se necessário que a ação evangelizadora não seja um conjunto de ações pontuais e isoladas, mas uma ação processual.

A pedagogia para uma ação pastoral como processo implica conjugar, com arte, o trinômio *Igreja-Evangelho-cultura*, sem que isso signifique relegar tudo à subjetividade do agente de pastoral. Depois do descobrimento das culturas no início do século XX, evangelizar significa "encarnar" o Evangelho nas culturas, cujo sujeito do processo de inculturação da mensagem não é quem leva, mas quem recebe a Boa-Nova. O respeito à liberdade de consciência e à religião do outro envolve uma evangelização em relação horizontal e dialógica, cujo processo se concatena em torno de determinados passos, que obedecem ao curso de uma ação humana, dentro do alcance de suas condições culturais.

Por sua vez, a pedagogia evangélica traz subjacente uma espiritualidade cristológica e eclesial. A pastoral como processo implica uma conversão contínua ao modo de ser e de agir de Jesus. Não há pastoral sem Espírito Santo, portanto sem espiritualidade, sem ter o Espírito dentro de si e sem agir sob o seu dinamismo. A espiritualidade cristã é a alma da pedagogia da ação pastoral.

1. PEDAGOGIA PARA UM PROCESSO DE EVANGELIZAÇÃO INCULTURADA

O percurso de uma ação pastoral como processo, seguindo as exigências de uma ação evangelizadora enquanto inculturação do Evangelho, implica passos graduais. Fundados na pedagogia de Jesus, poderíamos vislumbrar pelo menos sete passos. Os três primeiros — presença testemunhal ou de empatia, relação dialógica ou de simpatia e identificação e reconhecimento dos valores da cultura como "sementes do Verbo" — constituem uma evangelização implícita; os três seguintes — anúncio amoroso e respeitoso da positividade cristã, mútua evangelização explícita ou reflexão crítica e apropriação ou assimilação sintética — conformam os passos de uma evangelização explícita; o último passo, resultado dos seis passos anteriores, é o surgimento ou a renovação de uma Igreja com rosto próprio, culturalmente nova.

Os sete passos apresentados deixam explícito que a ação pastoral, enquanto inculturação do Evangelho e, ao mesmo tempo, como endoculturação e enculturação da Igreja, não é um ato que precede a evangelização propriamente dita, mas um processo permanente de interação entre *Igreja-Evangelho-cultura*. Como diz *Santo Domingo*: "Evangelização significa inculturação do Evangelho" (n. 13). A abordagem de cada um dos passos, na seqüência, está apoiada em uma fundamentação teológica mínima, respaldada nas Escrituras e nos documentos do magistério. Daremos destaque, por sua importância no campo de uma evangelização inculturada, à constituição pastoral *Gaudium et spes* e ao decreto *Ad gentes*, do Concílio Vaticano II, bem como à *Evangelii nuntiandi*, de Paulo VI, e à *Redemptor missio*, de João Paulo II.

Antes de abordar cada um dos passos do processo, é oportuno fazer duas considerações. Primeiramente, que não existe cultura no singular, mas no plural, culturas. Não só porque na realidade se dá o pluralismo cultural, mas sobretudo por não haver cultura em estado puro. Em um mundo globalizado, as culturas se interpenetram ou se sobrepõem uma às outras, dando origem, por uma lado, às culturas de dominação e, por outro, às culturas miméticas, de resistência ou de defesa e promoção da vida. Segundo, o termo "inculturação" refere-se à encarnação da fé nas culturas. Para referir-se à encarnação da instituição eclesial nas culturas, o mais apropriado é falar de "endoculturação" e "enculturação" da Igreja. Por endoculturação compreende-se o processo primário de introdução dos membros de uma determinada instituição em seu meio (processo de iniciação) e, por enculturação, o processo secundário, mais profundo (de apropriação). Por razões pedagógicas, na seqüência, falaremos de "cultura", referindo-nos à cultura do interlocutor de um processo de evangelização inculturada.

1.1. Passos de um processo de evangelização implícita

Primeiro passo: presença testemunhal ou de empatia

Seguindo o dinamismo do mistério da encarnação, o primeiro passo para uma ação pastoral como processo consiste na inserção gratuita e respeitosa no contexto onde se quer desencadear um processo de evangelização inculturada. Trata-se, na linha de *Gaudium et spes*, de solidarizar-se com os problemas, "as alegrias e as tristezas", "as angústias e as esperanças" do povo no interior do qual se quer inculturar o Evangelho (*GS*, n. 1), pois, antes de tudo, evangelizar significa testemunhar uma atitude de respeito e de acolhida da comunidade e sua cultura, por causa de Deus e da obra que ele realizou no meio delas. Solidariedade que implica assumir, neste primeiro momento, sua luminosidade, mas também seu lado sombrio, porquanto toda cultura é sempre uma totalidade. É sob esse dinamismo que uma evangelização inculturada pode, por um lado, chegar a descobrir as "sementes do Verbo", valores autênticos presentes em toda cultura, para posteriormente reconhecê-los e assumi-los; por outro lado, detectar seu lado sombrio, para iluminá-lo com a luz do Evangelho.

Importa, aqui, mostrar a fé mais que demonstrá-la, testemunhando não fatos do passado, mas uma verdade, da qual se está conscientemente convencido. Dos pontos de vista ético e ainda mais religioso, não se pode separar o anúncio do ato de anunciar. A força da evidência procede de uma convicção interior. Trata-se de uma evangelização implícita, na medida em que a simples vivência da fé vai sensibilizando, abrindo espaço nos corações e criando as condições propícias para o diálogo intercultural e inter-religioso. É o que a *Evangelii nuntiandi* chama de "elemento essencial, geralmente o primeiro", ou seja, "a presença, a participação e a solidariedade" por parte daqueles que querem evangelizar em referência à cultura. Isso implica aos evangelizadores, segundo Paulo VI, a manifestação de sua "capacidade de compreensão e de aceitação, sua comunhão de vida e de destino com os demais, sua solidariedade nos esforços de todos no que existe de nobre e bom" (*EN*, n. 21).

Segundo a *Evangelii nuntiandi*, através desse "testemunho sem palavras", os evangelizadores, inevitavelmente, provocarão "interrogações irresistíveis" naqueles que contemplam seu testemunho: "Por que são assim? Por que vivem assim? Que é ou quem é, e a quem inspiram? Por que estão conosco?" E continua o papa: "Este testemunho constitui por si só uma proclamação silenciosa, mas também muito clara e eficaz, da Boa-Nova. Existe nele um gesto inicial de evangelização" (*EN*, n. 21). Se levarmos em conta o espírito do mundo de hoje, tal testemunho de vida adquire uma pertinência particular. Recorda Paulo VI que um dos sinais dos tempos é a "sede de autenticidade" (*EN*, n. 76), tanto que "o ser humano contemporâneo escuta com mais abertura aos que dão testemunho do que aos que ensinam; e se escutam aos que ensinam é porque dão testemunho" (*EN*, n. 41; cf. *RM*, n. 42).

João Paulo II, em *Redemptor missio*, diz que essa inserção da Igreja na vida e nas culturas dos povos é um processo, "um caminho lento", dado que não se trata de operar uma adaptação externa, pois a inculturação, citando a *Evangelii nuntiandi*, "significa uma íntima transformação dos autênticos valores culturais mediante sua integração no cristianismo e a radicação do cristianismo nas diversas culturas". Para isso os evangelizadores "devem inserir-se no mundo sociocultural daqueles a quem são enviados, superando os condicionamentos do próprio ambiente de origem". Além de aprender a língua da região onde trabalham, se for o caso, "devem conhecer as expressões mais significativas daquela cultura, descobrindo seus valores por experiência direta", o que não significa, certamente, negar a própria identidade cultural, mas compreender, apreciar, promover e evangelizar a do ambiente onde atuam e, por conseguinte, estar em condições de comunicar-se realmente com ele, assumindo um estilo de vida que seja digno de testemunho evangélico e de solidariedade com as pessoas (*RM*, n. 52; cf. nn. 42-45).

Na verdade, este primeiro passo é o início de um processo de diálogo que se move, preponderantemente, no nível do afetivo ou da relação. O objetivo, aqui, é criar um clima de "sensibilização", de maneira que possa haver um verdadeiro "encontro" de pessoas, mediado pelo testemunho e animado por uma atitude de solidariedade. Trata-se de estabelecer uma relação de "empatia": compreender corretamente o que experimenta o outro, sobretudo seus sentimentos e suas vivências, situar-se no lugar dele e tentar comunicar tal compreensão mais com gestos concretos que com palavras, deduzindo por analogia o conhecimento do outro a partir do conhecimento que se tem de si próprio. Isso implica apresentar-se com humildade, numa perspectiva de também aprender com o outro, reconhecendo os próprios limites. Somente quando se aceitam e se reconhecem as próprias sombras se está em condições de aceitar o outro e de compreendê-lo.

Para que o diálogo se dê nesse nível, são necessárias duas atitudes básicas: a primeira, de respeito e aceitação incondicional do outro, condição para poder apreciar sua dignidade e valor e estabelecer um diálogo. Não temer compreender, pois isso, em princípio, não significa estar de acordo. A segunda é a autenticidade, que significa congruência consigo mesmo, entre o que se diz e o que se faz. Só as posturas autênticas são dignas de fé. A falta de autenticidade perturba a confiança e impede a transparência. O testemunho cristão nada mais é que transparência da mensagem evangélica na própria pessoa, coerência de vida com o que se crê e anuncia, experiência de adesão e relação pessoal com Cristo, autenticidade na vivência da própria realidade limitada.

Presença testemunhal ou de empatia não deve ser considerada uma espécie de *praeparatio evangelica* ou uma tática de *captatio benevolentiae*, mas *conditio sine qua non* para toda evangelização explícita, uma vez que esse testemunho de respeito e acolhida já é o próprio Evangelho como atitude de descoberta e de escuta da presença do Verbo de Deus nas culturas. Respeito e acolhida são a condição para o estabelecimento de uma relação de empatia entre evangelizadores e membros da cultura em que se quer que eles mesmos encarnarem o Evangelho.

Segundo passo: relação dialógica ou de simpatia

Um segundo passo para uma pastoral como processo consiste em estabelecer uma relação dialógica entre agentes evangelizadores e membros da comunidade e sua cultura. Essa relação, mediada pelos "mundos" da cultura, dá-se, agora, através da Palavra. Uma vez que o clima de confiança tenha-se criado no primeiro passo, ambas as partes podem, então, expressar seu mundo existencial e cultivar a capacidade de escuta e de apropriação, o que requer uma conversação genuína. Evangelizar não é ignorar, nem impor. A inculturação do Evangelho, conseqüentemente, não pode dar-se no confronto, numa relação de destruição da alteridade. O diálogo, aqui, não é somente método pastoral, mas constitui-se num elemento autêntico da missão. A atitude de escuta e de comunicação respeitosa forma parte do anúncio. Trata-se de chegar a estabelecer uma relação de simpatia, pois, inevitavelmente, a presença de um agente de evangelização suscita perguntas por parte dos membros da comunidade que recebe o anúncio explícito do Evangelho, os quais, por sua vez, questionarão o próprio missionário sobre o sentido e o alcance de sua tarefa evangelizadora. Sem essa relação de simpatia, que permite conhecer ou aceder ao outro, é impossível chegar a instituir critérios de discernimento comunitário dos valores e antivalores das culturas em questão.

O diálogo exige uma relação horizontal, e só ele comunica. Nele, a Palavra, mais que um meio, é reflexão e também práxis criadora e transformadora. Por isso, o verdadeiro diálogo só é possível quando a Palavra engloba esses dois elementos que lhe são constitutivos e se dá entre pessoas que queiram e possam comunicar seu mundo. Ele sempre é dom, jamais instrumento de enganação e de conquista. Nutre-se do amor, da humildade, da confiança e da esperança, que constituem seu fundamento ou matriz. O antidiálogo, ao contrário, que estabelece uma relação vertical entre as pessoas, é desamoroso, arrogante, desesperançado, auto-suficiente, e quebra a relação de simpatia.

Assim, se não há verdadeiro *amor* ao outro e à sua cultura, não haverá diálogo intercultural, ainda que mediado pelo Evangelho. A relação entre sujeitos é incompatível com dominação ou desprezo pela cultura do outro. Como ato de liberdade, o diálogo não pode ser pretexto para manipulações. Ao contrário, numa relação dialógica, cada um conhece e afirma o outro em sua autonomia, dignidade e diferença, como alguém válido em si mesmo. Quer-se o outro em sua alteridade, por ele mesmo, porque ele é ele mesmo e Deus está nele e em sua cultura.

Também não há diálogo intercultural sem *humildade*. Como encontro em vista de uma auto-superação, o diálogo se rompe se um dos pólos perde a humildade ou se vemos a ignorância sempre do outro lado, se somos donos da verdade e do saber ou se não estamos abertos a receber e a aprender do outro. A auto-suficiência impede a aproximação dos interlocutores e, conseqüentemente, de suas culturas. Num diálogo intercultural, não há sábios absolutos nem ignorantes absolutos.

Igualmente, não há diálogo se não há *confiança* no outro e em seu mundo. A confiança é um dado *a priori* do diálogo, que vai fazendo dos sujeitos dialógicos cada vez mais companheiros na auto-revelação de suas culturas. Ela implica, sempre, o testemunho que se dá aos demais das reais e concretas intenções. Se a palavra, descaracterizada, não coincide com os atos, não há diálogo. Tal como referimos no passo anterior, Puebla recorda que o diálogo tem sempre um caráter de testemunho.

Finalmente, não há diálogo sem *esperança*. Se o diálogo é um encontro de pessoas em suas culturas para ser mais, não pode dar-se na desesperança. Se os que dialogam não esperam nada de seu encontro, não pode haver verdadeira comunicação. Será um encontro vazio e estéril. Em resumo: num processo de inculturação, o diálogo só pode dar-se na fidelidade à própria fé, no respeito à verdade dos outros e num clima de amizade e serviço.

Teologicamente, o paradigma para diálogo intercultural ou para a relacionalidade de todas as culturas é a Trindade. Na Trindade de Deus, tudo é relação, comunhão, impulso amoroso, dom recíproco, comunicação de Pessoas. Da mesma forma que entre as três Pessoas divinas existe uma radical relacionalidade, em que cada uma é irredutível, mas sempre em relação com as outras, assim cada cultura, ainda que constitua um sistema completo, deve estar aberta a outros sistemas e culturas, respeitar a alteridade e evitar a dominação de uma cultura pela outra.

Como se pode constatar, neste passo o diálogo vai além do âmbito afetivo. Entra-se, já, no nível da objetividade, em que cada parte revela sua própria identidade, numa relação entre sujeitos. Há, aqui, especificidade e auto-revelação. A especificidade limita a comunicação à identidade religioso-cultural ou ao mundo existencial dos interlocutores, ajudando-os a manifestar suas idéias e sentimentos, não abstratamente, ao referir-se aos conteúdos de suas vivências. Concretamente, o diálogo versará sobre os "mundos" forjadores de cultura: o mundo material ou do trabalho, o mundo social ou do poder e o mundo interpretativo ou do imaginário. Já a auto-revelação é a disposição sincera e gratuita a revelar sentimentos, atitudes, opiniões e experiências de cada uma das partes, o que supõe honestidade e integridade, condição para escutar até sintonizar além das discrepâncias, que inevitavelmente aparecerão.

Terceiro passo: identificação e reconhecimento dos valores da cultura como "sementes do Verbo"

Num processo de pastoral como evangelização inculturada, não basta, simplesmente, a presença testemunhal ou estar aí numa relação dialógica. Num terceiro passo, impulsionados pelo dinamismo do mistério da encarnação, que nos leva a descobrir os valores existentes na comunidade e sua cultura, cabe identificar e reconhecer os valores da cultura e de sua religião como "sementes do Verbo". Jesus Cristo é o critério para discernir nas culturas o que é compatível ou incompatível com a fé cristã. As culturas, tanto em sua dimensão simbólica como em sua dimensão ética, são eco da voz de Deus, que sempre se dirige à sociedade e a cada subjetividade humana. Elas não podem, portanto, ser consideradas puro meio no processo de inculturação, mas componente com o qual se edifica o Reino de Deus. Os valores da cultura não são obstáculos ao Evangelho, mas preparação providencial.

O Concílio Vaticano II, bem como a encíclica *Redemptor missio*, em várias passagens, reconhecem que "a presença e ação do Espírito Santo são universais, sem limite de tempo e de espaço". Ele atua no coração do ser humano "e também na sociedade, na história, nos povos, nas culturas e nas religiões", fazendo-se presente através das denominadas "sementes do Verbo", preparando-os, assim, para a maturidade em Cristo (*RM*, n. 28; cf. *GS*, n. 26; *AG*, n. 15). É o Espírito Santo que "atuava no mundo muito antes que Cristo fosse glorificado" (*AG*, n. 4), que "chama a todos os seres humanos a Cristo pelas 'sementes do Verbo' e pela pregação do Evangelho" (*AG*, n. 15). É ele quem "está na origem da pergunta existencial e religiosa do ser humano, a qual surge não só de situações contingentes, mas também da estrutura mesma de seu ser" (*RM*, n. 28).

Assim, num processo de pastoral enquanto inculturação do Evangelho, tudo o que há de "bom e verdadeiro" deve ser julgado como uma "preparação evangélica", "pedagogia para o Deus verdadeiro" (*AG*, n. 3), portanto não só não deve "desaparecer, como ser saneado, elevado e aperfeiçoado" (*LG*, n. 17). Na verdade, o Evangelho não exige sacrifícios redutores do autenticamente humano na cultura. Em princípio, quanto mais humano, mais evangélico; quanto mais evangélico, mais humano.

Nesse processo, um duplo respeito deve-se ter com as demais religiões, seja pela sua "busca de resposta às perguntas mais profundas da vida", seja pela "ação do Espírito Santo nas pessoas" (*RM*, n. 29). Como alma das culturas, são re-*ações* à ação primeira de Deus e caminho da divindade para as culturas. Nesse particular, este passo constitui-se no ponto crítico do processo, pois as religiões são reações de positividade, mas marcadas pela negatividade e pela recusa. Mais freqüente que a recusa, há *ambigüidade*, em que acolhida e recusa se mesclam de tal forma que se faz difícil um juízo adequado para detectar o que é obediência ou o que é desobediência aos apelos de Deus.

Para identificar as "sementes do Verbo", o único caminho é a inserção, o diálogo e o discernimento, ligando-se aos membros da cultura com "estima caridosa", participando do "corpo social em que vivem", tomando parte de sua "vida cultural e social" através de suas "relações e ocupações" e familiarizando-se "com suas tradições nacionais e religiosas" (*AG*, n. 11).

Em se tratando do discernimento, este é uma tarefa complexa. O Novo Testamento se refere a ele mediante dois termos: o substantivo *diákrisis* e o verbo *dokimásein*. O termo *diákrisis*, utilizado em Hb 5,14, indica a idéia de separar ou fazer distinção. Já o termo *dokimásein* aparece vinte e duas vezes no Novo Testamento e tem o sentido de provar ou aprovar, de discernir mediante uma prova, ao final da qual se rejeita o falso e mau para ficar com o autêntico e bom. Segundo esses textos, consiste em "discernir qual é a vontade de Deus" (Rm 12,1-2), o que é o "melhor" (Fl 1,9-10), o que "agrada ao Senhor" (Ef 5,8-10), o que está bem (1Ts 5,21-22) ou, simplesmente, discernir o bom do mau (Hb 5,14), levado a efeito seja pessoalmente (1Cor 11,28-29; 2Cor 13,5-6; Gl 6,4-5), seja em comunidade (1Ts 5,19-22), sempre se imbuindo do amor que afina o tato para discernir o bom do mau. Este amor deve traduzir-se em conhecimento prático e em sensibilidade, que descobre, mediante a exigência que comporta todo valor, o que agrada a Deus.

Para um correto discernimento, segundo a Palavra de Deus, a condição necessária é despojar-se dos próprios critérios e da própria valoração das coisas e capacitar-se com algo que somente Deus pode dar. Trata-se de adquirir uma nova mentalidade (Rm 12,2), diferente da mentalidade mundana, que se baseia no apreço do forte e do sábio e no desprezo do fraco e do plebeu (1Cor 1,27-28), no sistema e na ordem que têm sua consistência nos intelectuais, nos poderosos e na gente boa-família (1Cor 1,26). Em síntese: no sistema no qual o decisivo é o prestígio, o poder e o dinheiro "que crucificaram o Senhor" (1Cor 2,6-8). Sem desvencilhar-se dessa mentalidade torna-se impossível um discernimento cristão.

Num processo de pastoral enquanto inculturação do Evangelho, para assegurar-se de não tomar a própria vontade como vontade de Deus ou de não se equivocar, o caminho é analisar os frutos da cultura ou da religião em questão e ver se são, realmente, frutos do Espírito: amor, alegria, paz, tolerância, agrado, generosidade, lealdade, simplicidade, domínio de si (Gl 5,22), bondade, honradez, sinceridade (Ef 5,8-9) e retidão ou vida justa (Fl 1,10). Em resumo: o amor ao próximo em todas as suas manifestações. Ora, onde há frutos do Espírito na cultura em questão há vontade de Deus. Deus aí está, conseqüentemente devem ser acolhidos.

1.2. Passos de um processo de evangelização explícita

Quarto passo: anúncio amoroso e respeitoso da positividade cristã

Com este passo, começa o processo de evangelização explícita. Depois de haver reafirmado que "o Deus da cultura" era o Deus de Jesus Cristo presente e atuante na história de todos os povos, trata-se, agora, de revelar, explicitamente, tal Deus, de dar a conhecer a positividade cristã ou de explicitar o querigma. A exortação apostólica *Evangelii nuntiandi,* após haver colocado em evidência a prioridade do testemunho entre os meios de evangelização (n. 21), adverte que, por mais belo que ele seja, com o passar do tempo se torna impotente se não for explicado "por um anúncio claro e inequívoco de Jesus Cristo" (n. 22). Não há verdadeira evangelização "enquanto não se anuncia o nome, a doutrina, a vida, as promessas, o Reino, o mistério de Jesus de Nazaré, Filho de Deus" (n. 22). A Igreja não pode dispensar-se do "mandato explícito" de Cristo, como também "não pode privar os seres humanos da Boa-Nova de que são amados e salvos por Deus" (*RM*, n. 44). O anúncio querigmático deve estar centrado na pessoa de Jesus, que nos dá a conhecer a Deus por Pai e o seu Reino como projeto de salvação de todo o gênero humano.

Neste passo, dar-se-á a conhecer a *mensagem* evangélica em sua integralidade, apresentando-a como Boa-Notícia de salvação. Como o anúncio do Evangelho é sempre "diálogo" mediado pela Palavra, isso implica, também, além de confirmar os valores da cultura como "sementes do Verbo", o que se fez no passo anterior, "abrir as portas à conversão" (*RM*, n. 44). Nenhuma cultura esgota as possibilidades do humano, e o Evangelho é justamente sua plenificação. A positividade cristã leva, necessariamente, a um "nascer de novo" das pessoas, à transformação das estruturas e, conseqüentemente, da mesma cultura. Trata-se, aqui, de fazer uma chamada às culturas para que se abram àquele "mais" que elas mesmas intuem genericamente. Um convite a abrir-se ao dom de Deus Amor em Cristo seu Filho pela nova vida no Espírito Santo (*RM*, n. 44). O mistério do ser humano se encontra sempre além de toda cultura. É verdade que a revelação se manifestou com elementos culturais de um ou de vários povos, mas é preciso distinguir entre suas expressões culturais e seu conteúdo. A Palavra de Deus se manifestou com roupagem cultural, mas não se trata nem do anúncio de uma cultura nem do encontro entre culturas.

Neste passo, há uma relação analógica entre Páscoa e inculturação. O mistério da morte e ressurreição de Jesus inspira, na tarefa de inculturação, passagem da morte à vida, purificação, transformação. Nenhuma cultura pode bastar-se a si mesma, e o processo de evangelização ajuda-a a transfigurar-se pela mensagem evangélica, a superar suas próprias limitações, desenvolvendo seus valores mais além de suas possibilidades. Na páscoa de cada processo de inculturação está presente, assim, a realidade escatológica, uma nova criação através da purificação, cujo processo já é sinal. O mistério da Páscoa aparece, aqui, como um critério hermenêutico que reconhece o valor do passado e do presente das culturas à luz do futuro que cada cultura mesma carrega em sua dinâmica. É somente à luz do futuro, dos valores prometidos e perseguidos em cada povo, que a cultura pode superar-se e plenificar-se.

Trata-se, aqui, de um anúncio, de uma proposição, não de uma imposição. Dirige-se às pessoas, portanto respeitando, plenamente, sua liberdade (*DH*, nn. 3-4) e sua cultura, detendo-se "diante do sacrário da consciência" do outro (*RM*, n. 39). É o momento de um anúncio amoroso, de um desejo de "oferecer a verdade" (*EN*, n. 79), com "uma atitude de amor e de estima a quem se escuta" (*RM*, n. 49), levando em consideração "a situação religiosa e espiritual da pessoa que se evangeliza", seu "ritmo", "sua consciência e suas convicções" (*EN*, n. 79). É o momento de um anúncio a ser feito "com o fervor dos santos", na alegria e na esperança, pois não se está *impondo*, mas *propondo* "a verdade evangélica" e a "salvação oferecida por Jesus Cristo", com "plena clareza" e com "absoluto respeito", sem "coações, proposições dúbias ou estímulos indevidos" (*EN*, n. 80). Trata-se de chegar às culturas para fazê-las evoluir desde dentro, levando-se em conta que o salto à fé é um dom de Deus que não se pode impor, mas somente preparar.

Esse modo respeitoso de propor a verdade de Cristo e de seu Reino, "mais que um direito, é um dever do evangelizador", pois "é um direito de seus irmãos receber, através dele, o anúncio da Boa-Nova da Salvação" (*EN*, n. 80). Evangelizar constitui "a vocação própria da Igreja, sua identidade mais profunda". Ela "existe para evangelizar", isto é, "para pregar e ensinar" (*EN*, n. 14). Historicamente, "a Igreja nasce da ação evangelizadora de Jesus e dos doze" e, por sua vez, "é enviada por ele", o que significa que "a comunidade dos cristãos não está, nunca, fechada em si mesma" (*EN*, n. 15). A Igreja "é depositária da Boa-Nova" — "as promessas da nova Aliança em Cristo, os ensinamentos do Senhor e dos apóstolos, a Palavra de vida, as fontes da graça e da benignidade divina, o caminho da salvação" —, um "depósito vivo e precioso", "não para tê-lo escondido, mas para comunicá-lo e anunciá-lo" (*EN*, n. 15). Nesse particular, o meio que mais favorece a evangelização não é o evangelizador isolado, mas a comunidade evangelizadora.

Tal anúncio deve ser feito "no contexto da vida do ser humano e dos povos que o recebem e com a linguagem concreta e adaptada às circunstâncias" (*RM*, n. 44). Proclama-se a Palavra (dimensão querigmática) inserindo-a na realidade humana concreta (dimensão antropológica). Para isso, cabe aos evangelizadores identificar "o essencial da mensagem evangélica e transvasá-lo, sem a menor traição à sua verdade essencial, à linguagem (antropológica e cultural) que esses seres humanos compreendam e, depois, anunciá-lo nesta mesma linguagem" (*EN*, n. 63).

Concretamente, como cabe aos sujeitos da cultura aos quais se quer dar a conhecer a mensagem evangélica apropriar-se a seu modo do Evangelho, a tarefa do evangelizador, neste passo, consiste, sobretudo, em facilitar o texto da Bíblia, a história do texto, a tradição de sua interpretação e criar o contexto eclesial comunitário de fé necessário para ler, interpretar e assimilar a *mensagem*. Isso significa que os membros da cultura que recebe o anúncio devem ter um contato o mais direto possível, tanto com o texto quanto com sua tradição, justamente para que haja uma recepção original da *mensagem* e um processo de inculturação a partir das próprias matrizes da cultura. Isso evita que se receba, como algo essencial, a versão cultural de cristianismo dos evangelizadores. É preciso deixar aberto o espaço para uma nova encarnação da *mensagem* na nova cultura, segundo as contingências de seu tempo e lugar. Entende-se melhor a *mensagem* a partir da própria cultura que da cultura do outro.

Quinto passo: *mútua evangelização explícita ou reflexão crítica*

No quinto passo de um processo pastoral, enquanto evangelização inculturada, deve dar-se uma evangelização explícita recíproca, ou seja, não somente dos "evangelizadores" na direção dos "evangelizados" ou dos membros da comunidade e sua cultura, como também destes àqueles. Trata-se do desencadeamento de uma reflexão crítica comum ou de um discernimento comunitário conjunto, de ambas as partes, no sentido de cada uma ajudar a outra a não absolutizar a própria cultura diante da transcendência do Evangelho, nem seu modo de se apropriar dele. Se, por um lado, os membros da cultura necessitam distinguir o Evangelho de sua roupagem cultural ou da versão de cristianismo com que lhes é apresentado, por outro os agentes de evangelização precisam deixar-se questionar ou criticar pelos membros da cultura em relação à sua própria versão de cristianismo, pois, certamente, haverá aspectos que crêem ser integrantes da *mensagem* revelada, mas que, na realidade, são tangenciais a ela, porquanto são provenientes de sua própria cultura ou de outra. De um lado se trata de in-*culturar* a *mensagem* e, de outro, de ex-*culturá-la*. Como a mensagem revelada possui uma "superabundância" de inesgotável sentido, a nova forma de compreensão dessa *mensagem* pode explicitar aspectos até então despercebidos e constituir-se numa nova possibilidade de apropriação para ambas as partes.

Concretamente, num processo de inculturação, junto à evangelização aparece, sempre, o elemento "conflitividade", na medida em que a evangelização supõe a assunção do outro (elemento afirmativo) e também sua redenção (elemento crítico). O Evangelho responde e dá sentido à vida e, ao mesmo tempo, desafia e contradiz certos valores culturais. São as inevitáveis tensões entre fé e cultura, que, por sua parte, se traduzem em tensões entre a dinâmica da evangelização e a dinâmica da cultura; ou entre evangelização já inculturada e cultura por evangelizar; ou entre passado já inculturado e presente por inculturar; ou, ainda, entre a unidade da Igreja universal e o pluralismo das igrejas particulares. A assunção não legitima o que assume: confronta-o com as exigências do Reino. Como se trata de um momento de mútua evangelização, a conversão, aqui, significa "abertura" ao plano salvífico de Deus para ambas as partes, que, como renovação evangélica, se requer, igualmente, da parte dos que levam o Evangelho aos membros da nova cultura (*RM*, n. 52).

Num processo de inculturação, dá-se uma releitura do texto revelado a partir da vida, do próprio contexto cultural, com seus conflitos e problemas, originando uma releitura crítica, na medida em que a Palavra que se lê aparece, manifestamente, como sujeito da crítica, quer para quem a lê, quer para que quem a faz se situe diante da realidade; uma leitura que, necessariamente, supõe uma práxis hermenêutica, no sentido de produzir o novo para o novo contexto, que não cabe na tradição recebida.

Uma releitura das fontes da fé cristã nessa perspectiva é, eminentemente, evangelizadora, também para os que levam o Evangelho aos membros de outra cultura. Num autêntico processo de inculturação, a Igreja não somente evangeliza como é, também, evangelizada, na medida em que os agentes de evangelização vão se enriquecendo, seja pelos valores das culturas em contato, seja pela maneira com que os novos membros da Igreja vão assimilando o Evangelho. Recorda a *Evangelii nuntiandi* que, "evangelizadora, a Igreja começa por evangelizar-se a si mesma". Ela tem necessidade "de escutar, sem cessar, o que deve crer, as razões para esperar, o mandamento do amor", de ser novamente "convocada e reunida pelo Senhor... se quiser conservar sua frescura, seu impulso e sua força para anunciar o Evangelho". Para evangelizar o mundo com credibilidade, a Igreja precisa, continuamente, evangelizar-se, "através de uma conversão e uma renovação constantes" (*EN*, n. 15).

Sexto passo: apropriação ou assimilação sintética

O sexto passo de um processo de pastoral enquanto inculturação do Evangelho consiste em operar uma simbiose entre cultura e Evangelho, tanto por parte dos membros da cultura, que entram em contato com o Evangelho, quanto por parte dos evangelizadores, que, se estabeleceram, de fato, uma relação dialógica com os novos membros, não saem os mesmos desse encontro, serão também evangelizados. Tal como a relação dialética entre Evangelho e cultura, que se estabelece a partir do pólo da cultura, igual procedimento deve ser adotado nesse momento de assimilação sintética.

Tal apropriação, também denominada *internalização*, consiste em assimilar o Evangelho a partir do núcleo dos valores e do modelo de vida dos membros da própria cultura, e não em fazer uma mera adaptação externa. Sem inculturação a ação evangelizadora ficaria na superfície. A *Evangelii nuntiandi* adverte que a inculturação não pode dar-se "de uma maneira decorativa, como um verniz superficial, mas de maneira vital, em profundidade e até às suas próprias raízes..., tomando, sempre, como ponto de partida, a pessoa e tendo sempre presentes as relações das pessoas entre si e com Deus" (n. 20).

Como o Reino que anuncia o Evangelho "é vivido por seres humanos profundamente vinculados a uma cultura", conseqüentemente "a construção do Reino não pode ser levada a cabo, a não ser tomando os elementos da culturas" (*EN*, n. 20). Nesse sentido, como diz L. Boff, não é tanto o Evangelho que se incultura, senão que é a cultura que incorpora, a seu modo, o Evangelho, pois não existe Evangelho "em si", fora da cultura, que por uma força intrínseca fecundaria as distintas culturas. O Evangelho está sempre vestido culturalmente e sua expressão cultural não participa da essência da revelação. Assumir a cultura como lugar hermenêutico da fé pressupõe recolher, fielmente, a linguagem do povo e fazer dela o meio do transvase da *mensagem* revelada à matriz da cultura no seio da qual se quer encarnar o Evangelho.

Nesse particular, é preciso distinguir entre uma reação endocultural sincrética e uma reação sintética por parte da cultura que recebe a *mensagem* revelada. Na primeira, diante do dado novo, aceita-se o sinal, porém despojando-o de seu significado original, substituindo-o por outros significados de sua cultura ou religião. Dá-se uma justaposição ou agregação de partes ou de elementos justapostos, resultado de uma visão polar das relações entre fé e cultura. Na segunda, os membros da cultura aceitam o significado original do dado novo, incorporando-o em seu próprio universo simbólico, através de reajustes e modificações, até conseguir uma estabilidade e uma coerência da estrutura cultural modificada. Pretender substituir o fator configurador cultural pelo fator configurador cristão só daria, como resultado, a sacralização da cultura.

Num autêntico processo de inculturação se dá uma reação sintética, uma combinação ou composição do fator cristão e do fator cultural para formar um todo. Não se trata de mera operação mental que deixa a realidade tal como está, mas da forma com que a realidade mesma opera. O fator cultural, pólo de articulação da relação Evangelho-cultura, assimila, a seu modo, o fator cristão, composto de significações e valores evangélicos. Daí seu caráter criador e produtor, uma vez que, em lugar de simplesmente integrar a diversidade, aspira compô-la numa realidade nova. Em síntese: num processo de inculturação, deve-se evitar dois extremos, seja a diluição da especificidade da fé, seja uma ortodoxia que resiste a abandonar os velhos moldes de uma evangelização etnocêntrica e colonizadora.

Neste passo do processo de inculturação há, portanto, uma apropriação tanto do lado da cultura como do lado do Evangelho. Do lado da cultura, há uma apropriação dos valores e do sentido último da realidade que propõe o Evangelho, assim como dos meios adequados para isso. Do lado do Evangelho e da Igreja, há uma assimilação sintética de elementos culturais, tais como linguagem e estruturas que não se opõem à fé, necessários para assegurar a comunicação da *mensagem* evangélica. Por um lado, o Evangelho revela às culturas a verdade última dos valores e da vida; por outro lado, cada cultura encarna e comunica o Evangelho de maneira original e própria, contribuindo a redescobrir novos aspectos da mensagem, antes não explicitados.

A apropriação, aqui, é recíproca, tanto dos que anunciam a *mensagem* revelada como dos que a recebem. Dado de que não existe Evangelho não-inculturado, ao lado dos novos membros da cultura que se apropriam dele à sua maneira os evangelizadores operam, igualmente, uma nova simbiose entre fator cristão e fator cultural, porquanto "ex-culturam" de sua versão de cristianismo os aspectos ambíguos ou incompatíveis com ele.

Sétimo passo: surgimento ou crescimento de Igrejas culturalmente novas

O último passo de um processo pastoral enquanto evangelização inculturada é já o surgimento ou crescimento de uma comunidade eclesial com "fisionomia própria" (*EN*, n. 63), como diz a *Evangelii nuntiandi*, profundamente enraizada na cultura de seus membros (*AG*, n. 15). A Igreja, como fator cultural, é também sujeito e objeto de inculturação, objeto no sentido de sujeito de sua auto-endoculturação e enculturação.

Um autêntico processo de inculturação leva, necessariamente, à criação de comunidades eclesiais. A conversão a que ele conduz não consiste numa conversão do indivíduo isolado ou massificado. Ela seria incompleta. Há uma relação entre evangelização, iniciação cristã e comunidade. A conversão cristã leva a uma adesão ao sacramento da comunidade, único meio capaz de dar concreticidade e coerência à mensagem cristã. Aqui, ganha pertinência a eclesiologia do Vaticano II centrada no valor das Igrejas locais. Elas são, em essência, este sacramento.

A endoculturação e enculturação da Igreja na nova cultura, que também se poderia chamar "objetivação da fé", não consiste na criação de uma nova Igreja no sentido de um movimento cismático nem muito menos na reprodução de um modelo preestabelecido, mas no surgimento de uma "Igreja em", da mesma Igreja de Jesus Cristo, mas culturalmente nova e, conseqüentemente, pluricultural. Trata-se mais da "criação" de uma Igreja particular autóctone sustentada por uma eclesialidade pluriforme que de uma simples "implantação". Tal como a encarnação, é um "assumir sem aniquilar", o surgimento de uma Igreja com "rosto próprio" significa "inculturar sem identificar".

A Igreja culturalmente nova que surge, enquanto "católica", é uma comunidade chamada ao discipulado e à missão. Discipulado que consiste no compromisso de transformar seu contexto sociocultural em vista da instauração do Reino, organizando-se, para isso, de tal modo que ela mesma busque prover suas próprias necessidades. Todo paternalismo ou dependência deve ser evitado. E missão como envio a todos os povos para oferecer o dom da Boa-Nova, em espírito de comunhão, com a Igreja universal e demais igrejas particulares; de abertura ecumênica, diante das demais Igrejas cristãs; e macroecumênica, em relação às religiões. O isolamento é esterilizador. Quanto mais abertura, mais a nova comunidade será capaz de traduzir o tesouro da fé na legítima variedade de expressões da profissão de fé, da oração e do culto, da vida e do comportamento cristão, do esplendor do povo em que ela se insere. A fé cristã é compatível com um amplo pluralismo teológico, litúrgico, disciplinar e pastoral. Na Igreja primitiva, as comunidades helênicas e judias se dividiam sem excomungar-se mutuamente; ao contrário, institucionalizavam sua diversidade e sua autonomia.

Com relação aos anunciadores da Boa-Nova que entraram em contato com a nova cultura, o último passo do processo de uma evangelização inculturada leva-os, igualmente, a renovar sua própria maneira de viver e expressar a fé cristã. Todas as culturas, quando enriquecidas pelo diálogo intercultural, são provocadas a uma transfiguração, em que cada uma delas deve estar aberta à irrupção do novo. Afirma a constituição *Gaudium et spes* que a Igreja tem muito a aprender da história e da evolução da humanidade, precisando deixar-se evangelizar pela sociedade atual (*GS*, n. 44).

2. ESPIRITUALIDADE PARA UMA PASTORAL COMO PROCESSO

A pedagogia de uma pastoral enquanto processo de evangelização inculturada tem, subjacente, uma espiritualidade cristológica e eclesial. Dentro dos limites de um texto como este, é oportuno terminar o capítulo com algumas recomendações que o discípulo de Jesus Cristo precisa ter presente, recomendações do Mestre na tarefa do apostolado. O pastoralista e especialista em espiritualidade pastoral Segundo Galilea põe em relevo os elementos essenciais em *Tentación y discernimiento*.

2.1. "O discípulo não é maior que o mestre"

"O servo não é maior do que seu senhor, nem o enviado maior do que quem o enviou" (Jo 13,16). João põe essa advertência na boca de Jesus, no contexto da última ceia, mais precisamente no rito do lava-pés. São as últimas confidências do Mestre, portanto as mais importantes. Era preciso que ele frisasse isso em tom de advertência, pois havia presenciado uma discussão entre os apóstolos para saber quem entre eles seria o maior no Reino que iria instaurar. A resposta de Jesus foi taxativa: "Eu estou no meio de vós como aquele que serve" (Lc 22,27).

A tentação de fazer da pertença à Igreja uma carreira gratificante esteve presente, portanto, na aurora do cristianismo e continua até hoje. Orígenes, um dos santos Padres da Igreja antiga, antes da metade do século III, comparava a atitude de muitos cristãos com a dos fariseus:

> Há gente na Igreja de Cristo que organiza banquetes e gosta de ocupar os primeiros lugares. Homens que amam intrigas para chegar a ser diáconos e que, depois, ambicionam ser presbíteros e, não contentes com isso, armam intrigas para que os homens os chamem de bispos (Comentário sobre são Mateus, 11).

Quando se vai identificando o itinerário cristão com o cargo que se ocupa, troca-se o serviço pela expectativa latente por "ascender". Não se aceita mudança de cargo ou transferência se não for uma promoção. E se não se ascende a tempo, fica-se ressentido e, às vezes, até se desestrutura. Conhecedora da miséria humana, a Igreja, durante sua história, criou certos títulos e honrarias, mais como concessão à nossa fraqueza que como sinais verdadeiramente evangélicos.

O resultado dessa tentação é a imperfeição das motivações. Interessa não só servir à Igreja, mas ficar bem com todos e ganhar pontos. Com isso se perde a liberdade que provém da verdade evangélica e passa-se a preocupar-se com a própria imagem. Para mostrar-se agradável e dialogante, evita-se todo dissentimento ou oposição legítima, sobretudo com os de cima. Ora, a dinâmica do discipulado está impregnada do paradoxo cristão: "O discípulo não é maior que o mestre"; "Importa que ele cresça e eu diminua"; "Maior é quem se faz o menor"; "Os últimos serão os primeiros"; "Quem guarda sua vida, a perderá" etc. Enquanto o discípulo não se descentrar de si mesmo, vencendo seu narcisismo primário, estará incapacitado de servir ao Mestre. Poderá até fazê-lo, mas não nos irmãos, e, então, o serviço será sem nenhum valor, pois Deus não necessita de nossos favores. Amou-nos gratuitamente, portanto só na gratuidade se consegue agradar a Deus.

2.2. "Quem vos recebe, a mim recebe"

"Quem recebe aquele que eu enviar, a mim recebe; e quem me recebe, recebe aquele que me enviou" (Jo 13,20). Jesus prepara seus discípulos para a sua nova forma de presença no mundo após sua morte, ressurreição e ascensão. O recado às primeiras testemunhas de sua ressurreição — "ide anunciar a meus irmãos que se dirijam para a Galiléia; lá me verão" (Mt 28,10) — aponta para a missão dos discípulos como continuação da obra do Mestre, justamente onde ela havia começado. A promessa — "Eis que estarei convosco até o final dos tempos" (Mt 28,20) — acena, agora, para uma presença histórica pela mediação dos irmãos. Tanto que os discípulos logo tirariam as conseqüências dessa mediação — "Quem diz que ama a Deus, que não vê, e não ama ao irmão, que vê, é um mentiroso" (Jo 2,4). É a síntese dos mandamentos feita pelo Mestre: "Amar a Deus e ao próximo como a si mesmo" (Lc 10,27).

Ser um continuador da missão do Mestre, que se faz presente na mediação dos irmãos, antes de tudo, implica ao discípulo a consciência de que ele próprio não é o centro da missão, mas mediação daquele que o enviou. É o desafio de ser uma presença hierofânica, isto é, de buscar transparecer o Mestre em seu ser e fazer, sem nunca pretender tomar o lugar dele. O bom discípulo viverá nessa contínua tensão, por isso não faz discípulos para si, tornando-se mestre, mas para ele, "importa que ele cresça e eu diminua" (Jo 3,30).

O discípulo que se constitui no centro da missão é um discípulo-messiânico. Na realidade, em lugar de incorporar-se na obra do Mestre, ele busca incorporar o Mestre na missão que ele próprio planeja e dirige. Ele é o "piloto" e o Mestre é o "co-piloto". É trocar o "pareceu bem ao Espírito Santo e também a nós que..." (At 15,28) pelo "pareceu muito bem a nós e também ao Espírito Santo que...". Ao agir assim, à medida que o tempo passa, o discípulo-messiânico começa a sentir-se indispensável em tudo. Torna-se incapaz de delegar responsabilidades, pois não confia nas pessoas, uma vez que, no fundo, ele não confia em Deus, mas em si mesmo. Só se confia verdadeiramente nas pessoas quando se confia realmente em Deus. Conseqüentemente, o discípulo-messiânico não deixa os outros crescerem; para estar com ele, condiciona-os, sutilmente, a permanecerem em sua sombra. Por isso não lhe interessa e não investe em formar pessoas, em preparar sucessores. Há uma tal identificação com sua própria obra que, além de não aceitar transladar-se por achar-se insubstituível, quando isso ocorre, ele morre e a obra acaba.

Ao contrário dos discípulos-messiânicos, o discípulo do Mestre revela, entre outras coisas, que alguém confiou nele. E porque alguém confiou nele e o chamou, tem consciência de que também foi ele quem chamou os outros, não para colaborar na obra do discípulo, mas como companheiros na continuidade da missão do Mestre. Por isso o discípulo do Mestre confia nos outros, empenha-se em preparar sucessores e busca formar pessoas. Não tem inveja; ao contrário, alegra-se com o sucesso dos outros. Não põe obstáculos a transferências, pois sabe que o que importa é semear e contribuir para uma obra que não é sua. Paradoxalmente, ao contrário do discípulo-messiânico, o discípulo do Mestre, quando se translada ou desaparece, deixa a obra sendo continuada, pois, em vez de incorporar o Mestre em sua obra, ele, discípulo, buscou incorporar-se no trabalho de Deus.

2.3. "Eu vos envio, dois a dois"

"[...] o Senhor designou outros setenta e dois e, dois a dois, enviou-os à sua frente a toda cidade e lugar aonde ele próprio devia ir" (Lc 10,1). O discípulo é, antes de tudo, alguém que foi chamado para uma missão que não lhe é própria. Ser escolhido não é um privilégio, mas um compromisso. Ele é chamado para uma missão, que não consiste em converter pessoas, mas em oferecer, gratuitamente, o Evangelho do Reino àqueles que estiverem dispostos a acolhê-lo. O restante não nos compete. É o segredo da graça e da liberdade de cada um.

Entre as diversas recomendações para o caminho, o Mestre envia os discípulos "dois a dois". "Dois a dois" não para que não se sintam sós nos momentos de nostalgia daqueles que deixaram. "Dois a dois" porque o discípulo não é a ele mesmo que anuncia, nem é o êxito pessoal que ele busca. Para anunciar o Reino, é preciso começar por testemunhá-lo, por vivê-lo nós mesmos, por vivê-lo a dois, com os demais, em comunidade... É impossível despertar o gosto pelo Evangelho sem que o discípulo comece por viver ele próprio o que anuncia. O anúncio mais eloqüente do Evangelho será, sempre, o testemunho, o falar de Deus sem falar. Ser cristão, em última instância, é uma certa maneira de viver, de olhar o mundo e os demais na ótica do Mestre. A fé tem a ver, antes de tudo, com a vida do dia-a-dia. "Vede como se amam", diziam os pagãos, olhando como viviam os cristãos (Tertuliano). Não há outro modo de testemunhar que somos todos filhos de um mesmo Pai senão vivendo como irmãos, em comunidade, convivendo.

"Ide, dois a dois..."; "Não percam o senso das pessoas, tornando-se uns executivos da instituição!" O discípulo que perde o senso das pessoas acaba por deixar-se absorver de tal modo pelo administrativo, pelo organizativo, pelo planejamento e pela supervisão, que já não tem tempo, sobretudo espaço psicológico, para dedicar-se às pessoas pelas quais trabalha, para dedicar-lhes o tempo necessário e para estar próximo delas. A despersonalização da missão faz com que o discípulo esteja tão dedicado aos meios que esquece o fim, que são as pessoas a quem serve e em função das quais estão as estruturas, que tanto o absorvem. O ponto de partida de toda missão são as pessoas, com suas possibilidades e seus limites, não a instituição ou determinados objetivos, por mais ideais que sejam.

A perda do senso das pessoas leva o discípulo ao sectarismo, a fechar-se em sua própria visão das coisas, nos limites de sua experiência. No nível pessoal, um dos sintomas mais típicos é o isolar-se. O discípulo sectário trabalha sozinho, não se integra numa missão de conjunto. Não participa das reuniões promovidas para esta finalidade, nem de encontros de atualização e de capacitação. Não se interessa em incorporar-se nos critérios e planos comuns, em instâncias de avaliação ou revisão, nem procura relacionar-se com outros discípulos. No campo da missão, o discípulo sectário isola seu trabalho do restante: ele leva adiante seu projeto pessoal, com sua gente. Tudo o que é diferente de seu projeto pessoal é questionável, tem "poréns" e defeitos. A própria autoridade pastoral da Igreja é ignorada e criticada quando não vem ao encontro de sua visão e das próprias idéias. Um discípulo sectário incorre no perigo de suscitar comunidades e grupos tão sectários quanto ele.

2.4. "Quem se humilha será exaltado"

"Pois todo aquele que se exalta será humilhado, e quem se humilha será exaltado" (Lc 14,11). A essência da espiritualidade do apostolado consiste na desconfiança de si mesmo, acompanhada por uma total confiança em Deus. Quando se trata de resultados, não psicológicos ou de pura influência humana, mas dos frutos do Reino da graça, é preciso confiança absoluta no Senhor e desconfiança absoluta de si mesmo. Na missão, as duas confianças não podem fazer-se presentes simultaneamente: ou se confia realmente em Deus e se desconfia de si, ou se confia em si e se desconfia de Deus.

Desconfiança de si mesmo é humildade que, no entanto, não é a virtude do fraco. Ela já foi confundida até com a resignação, o medo de si ou das responsabilidades, a insegurança ou o complexo de inferioridade. Ao contrário, a humildade é uma virtude ativa e empreendedora, afirmação de talentos a explorar, não a enterrar. Trata-se de um estilo de vida que se exprime no reconhecimento da dignidade humana própria e dos outros. Uma pessoa humilde é lucidamente consciente do que ela é e do que é capaz, sem negar nem dissimular seus talentos e suas fraquezas. Essa desconfiança de que estamos falando é uma qualidade teológica e não psicológica. A confiança humana e psicológica é necessária ao discípulo, condição para reconhecer os dons e capacidades humanas e de vida cristã que Deus nos deu, certamente em abundância. A desconfiança, aqui, está num outro nível: o discípulo que pôs sua confiança em si mesmo e não no Mestre reforça a tentação de certos tipos de êxitos proporcionados pelas qualidades humanas e sua influência. Ora, as leis da eficácia humana, sempre exitosa num primeiro momento, nem sempre estão ligadas à graça e à obra de Deus.

A humildade brota do amor e é inseparável da verdade. A primeira verdade que se impõe ao discípulo é reconhecer que não é maior que o Mestre. Por isso a humildade engendra o espírito de serviço em todos os níveis, incluindo o da autoridade. Contrariamente ao orgulho, que é busca de poder para si mesmo, dominação dos outros e despreocupação pelo próximo, a humildade extirpa tendências à auto-suficiência idolátrica, que impede de reconhecer Deus presente nos outros. A vaidade não é nada; a humildade faz a verdade. Por isso Deus se humilhou em seu Filho Jesus, o Servidor, elevado ao alto da cruz, antes de ser exaltado no mais alto dos céus. Nele, Deus nos elevou ao modo perfeito de discípulo. Por ele encontramos nossa grandeza, a única.

Resumindo

O caráter processual da pastoral situa a ação evangelizadora no seio da história da salvação e advoga para uma pedagogia e espiritualidade próprias. A pedagogia para uma ação pastoral como processo implica conjugar, com arte, o trinômio Igreja-Evangelho-cultura sem que isso signifique relegar tudo à subjetividade do agente de pastoral. O percurso de uma ação pastoral como processo, seguindo as exigências de uma ação evangelizadora enquanto inculturação do Evangelho, implica passos graduais. Fundados na pedagogia de Jesus, pelo menos sete passos são necessários. Os três primeiros — presença testemunhal ou empatia, relação dialógica ou de simpatia e identificação e reconhecimento dos valores da cultura como "sementes do Verbo" — constituem uma evangelização implícita; os três seguintes — anúncio amoroso e respeitoso da positividade cristã, mútua evangelização explícita ou reflexão crítica e apropriação ou assimilação sintética — conformam os passos de uma evangelização explícita; e o último passo, resultado dos seis passos anteriores, é o surgimento ou a renovação de uma Igreja com rosto próprio, culturalmente nova.

A pedagogia evangélica traz subjacente uma espiritualidade cristológica e eclesial. A pastoral como processo implica uma conversão contínua ao modo de ser e de agir de Jesus. Não há pastoral sem Espírito Santo, portanto sem espiritualidade, sem ter o Espírito dentro de si e sem agir sob o seu dinamismo. A espiritualidade cristã é a alma da pedagogia de ação de Jesus, como deve ser a alma de uma ação pastoral autêntica.

> **Perguntas para reflexão e partilha**
>
> 1) Quais os elementos essenciais da pedagogia e da espiritualidade para uma pastoral como processo?
>
> 2) Que traços da pedagogia e da espiritualidade para uma ação pastoral como processo poderiam estar mais presentes em sua maneira de trabalhar na Igreja?
>
> 3) Que fazer para que a pedagogia e a espiritualidade para uma ação pastoral como processo estejam mais presentes em sua comunidade eclesial?

Bibliografia básica

P. SUESS. Evangelización inculturada. Glosario conceptual. *Testimonio* 144 (1994) 27-37.

L. C. SUSIN. Cultura e inculturação. *Cadernos da ESTEF* 4 (1990) 9-14.

M. AZEVEDO. *Modernidade e cristianismo. O desafio à inculturação.* São Paulo, Loyola, 1981.

R. DE BARROS LARRAYA. O conceito antropológico de cultura. *Revista Eclesiástica Brasileira* 49/193 (1989) 771-777.

G. BAUM. Inculturación y multiculturalismo. Dos temas problemáticos. *Concilium* (Esp.) 251 (1994) 133-140.

C. MACCISE. Cultura cristiana. La inculturación del Evangelio. *Vida Espiritual* 110/12 (1994) 93-106.

M. AZEVEDO. Contexto geral do desafio da inculturação. In: M. FABRI DOS ANJOS (Org.). *Teologia da inculturação e inculturação da teologia.* Petrópolis, Vozes-Soter, 1995. pp. 13-27.

M. AZEVEDO. Cristianismo, una experiencia multicultural. Cómo vivir y anunciar la fe cristiana en las diferentes culturas. *Medellín* 83 (1995) 229-249.

M. Azevedo. *Igreja, cultura, libertação.* In: *Entroncamentos e entrechoques. Vivendo a fé em um mundo plural.* São Paulo, Loyola, 1991.pp. 49-64.

A. C. Cheuiche. Inculturação e endoculturação da Igreja nas culturas urbanas. *Medellín* 79 (1994) 333-356.

F. Taborda. *Da inserção à inculturação.* Rio de Janeiro, CRB, 1988.

A. Paoli. *A raiz do homem. Perspectiva política de são Lucas.* São Paulo, Loyola, 1976.

S. Galilea. *Tentación y discernimiento.* Madrid, Narcea, 1991.

P. Casaldáliga & J. M. Vigil. *Espiritualidad de la liberación.* Quito, Verbo Divino, [s.d.].

J. Sobrino. Espiritualidad y seguimiento de Jesús. In: *Mysterium liberationis. Conceptos fundamentales de la teologia de la liberación.* Madrid, Trotta, 1990. 2 vv. pp. 449-476.

Frei Betto. *Oração na ação. Contribuição à espiritualidade da libertação.* Rio de Janeiro, Civilização Brasileira, 1977.

A. Paoli. *Viver segundo a verdade.* Petrópolis, Vozes, 1987.

Bibliografia complementar

M. França Miranda. A configuração do cristianismo num contexto plurirreligioso. *Perspectiva Teológica* 70 (1994) 373-387. P. Freire. *Educación como práctica de la libertad.* Santiago de Chile, Icira, 1969. P. Freire. *Pedagogia del oprimido.* Bogotá, Editorial América Latina, 1972. H. H. Gadamer. *Verdad y método.* Salamanca, Sígueme, 1977. C. Geffré. Les conditions actuelles du témoignage chrétien. *La Foi et le Temps* 12 (1982) 237-260. J. Sobrino. *El testimonio de la Iglesia en América Latina.* Santander, Sal Terrae, 1988. J. Sobrino. El seguimiento de Jesús como discernimiento. *Concilium* 139 (1978) 517-529. J. M. D. Tillard. Pluralismo teológico y misterio de la Iglesia. *Concilium* 191 (1984) 91-105. P. Meneses. A cultura no plural. *Síntesis* 63 (1993) 445-458. S. Silva. Cultura e inculturación en el documento de Santo Domingo. *Medellín* (1993) 335-366. AA.VV. *Evangelho e culturas.* Petrópolis-São Leopoldo, Vozes-Sinodal, 1994. Estudos Bíblicos, n. 41. J. O. Beozzo. Inculturação, evangelização e libertação em Santo Domingo. *Revista Eclesiástica Brasileira* 212 (1993) 801-823. L. Boff. *Nova evangelização. Perspectiva dos oprimidos.* Petrópolis, Vozes, 1991. L. Boff. O conflito de dois modelos de evangelização para a América Latina. Reflexões a propósito dos 500 anos. *Revista Eclesiástica Brasileira* 205 (1992) 345-386. P. Casaldáliga. La opción por los pobres, la inculturación y la comunitariedad. *Iglesia Viva* 157 (1992) 67-76. I. Cassagne. Los padres en el diálogo con las culturas. Criterio y crítica. *Teología* 59 (1992) 65-75. F. Castillo. Cristianismo e inculturación en América Latina.

Concilium (Esp.) 251 (1994) 103-118. A. CECHIN; I. A. GASPARIN & L. C. SUSIN. O encontro da evangelização com as culturas oprimidas. *Cadernos da Estef* 5 (1991) 6-18. A. C. CHEUICHE. Evangelización e inculturación. *Medellín* 70 (1992) 321-333. A. C. CHEUICHE. Da evangelização da cultura à inculturação do Evangelho. *Convergência* 269 (1194) 9-14. J. COMBLIN. Evangelização e inculturação: implicações pastorais. In: M. FABRI DOS ANJOS (Org.). *Teología da inculturação e inculturação da teologia.* Petrópolis, Vozes-Soter, 1995. pp. 60-76. J. DUPUIS. Méthode théologique et théologies locales. Adaptation, inculturation, contextualization. *Seminarium* 1 (1992) 61-74. M. FABRI DOS ANJOS (Org.). *Teología da inculturação e inculturação da teologia.* Petrópolis, Vozes-Soter, 1995. D. IRARRÁZAVAL. Misión latinoamericana: liberación inculturada. *Medellín* 69 (1992) 108-125. D. IRARRÁZAVAL. Práctica y teología en la inculturación. *Páginas* 122 (1993) 32-48. G. NEIRA. Una dimensión de encarnación: la evangelización inculturada. *Teológica Xaveriana* 105 (1993) 67-85. P. RICHARD. Por una evangelización liberadora de la cultura. *Senderos* 38 (1991) 28-34. J. C. SCANNONE. La inculturación en el documento de Santo Domingo. *Stromata* 1/2 (1993) 29-53. L. C. SUSIN. Inculturação: implicações teológicas. In: M. FABRI DOS ANJOS (Org.). *Teologia da inculturação e inculturação da teologia.* Petrópolis, Vozes-Soter, 1995. pp. 29-55. P. SUESS. A disputa pela inculturação. In: M. FABRI DOS ANJOS (Org.). *Teologia da inculturação e inculturação da teologia.* Petrópolis, Vozes-Soter, 1995. pp. 113-132. P. SUESS. *La nueva evangelización. Desafíos históricos y pautas culturales.* Quito, Ediciones Abya-Yala, 1991. G. BAENA. Fundamentos bíblicos de la inculturación del Evangelio. *Theologica Xaveriana* 106 (1993) 125-161. S. CROATTO. Historicidad de la revelación y hermenéutica bíblica en América Latina. *Medellín* 86 (1996) 121-137. M. AZEVEDO. *Comunidades eclesiais de base e inculturação da fé.* São Paulo, Loyola, 1986. F. J. CALVO. Diálogo pastoral. In: C. FLORISTÁN & J.-J. TAMAYO (Eds.). *Conceptos fundamentales de pastoral.* Madrid, Ed. Cristiandad, 1983. pp. 238-248. A. GODIN. *Cómo establecer el diálogo pastoral.* Barcelona, Herder, 1967. A. GONZÁLEZ DORADO. Inculturación y endoculturación de la Iglesia en América Latina. Anotaciones para una investigación del proceso. *Estudios Eclesiásticos* 255 (1990) 405-442. T. GROOME. Inculturación. Cómo proceder en un contexto pastoral. *Concilium* (Esp.) 251 (1994) 157-174. P. SUESS. Evangelizar os pobres e os outros a partir de suas culturas. Uma proposta de fundo para Santo Domingo. *Revista Eclesiástica Brasileira* 206 (1992) 364-386. P. SUESS. Inculturação: desafios, caminhos, metas. *Revista Eclesiástica Brasileira* 193 (1989) 81-126. P. SUESS. No Verbo que se fez carne, o Evangelho se faz cultura. *Revista Eclesiástica Brasileira* 54/213 (1994) 36-49. P. SUESS. Vida religiosa inserta en las culturas de América Latina (1). Apuntes para la construcción del paradigma de la inculturación. *Boletin CLAR* 1/2 (1994) 18-29. R. SCHREITER. ¿Inculturación de la fe o identificación con la cultura? *Concilium* (Esp.) 251 (1994) 31-42. A. TORRES QUEIRUGA. Inculturación de la fe. In: C. Floristán & J-J. Tamayo (Eds.). *Conceptos fundamentales de pastoral.* Madrid, Ed. Cristiandad, 1983. pp. 371-480. S. Valadez Fuentes. *Globalización y solidaridad. Una aproximación teológico-pastoral desde América Latina.* México, Universidad Pontificia de México-Departamento de Publicaciones, 2005. pp. 530-542.

Capítulo terceiro

REQUISITOS BÁSICOS E PASSOS METODOLÓGICOS DE UMA AÇÃO PASTORAL PENSADA

A explicitação do "como" da pastoral começa por situar a ação eclesial em seus respectivos âmbitos, passa pelo requisito de uma pedagogia e espiritualidade para uma pastoral como processo e desemboca nos fundamentos e passos metodológicos de uma ação pastoral pensada. Como vimos, os âmbitos acenam para uma "salvação integral" — pessoal, em comunidade, no interior da sociedade; o caráter processual da pastoral situa a ação evangelizadora na história da salvação, onde a pedagogia evangélica dá os momentos do processo e a espiritualidade eclesial é sua alma. Já os requisitos básicos e os passos metodológicos de uma ação pastoral pensada, conteúdo deste capítulo, relacionam a ação evangelizadora com o estatuto da ação humana.

Como vimos, a ação pastoral, ainda que levada a cabo na fé, sustentada pela graça e sob o dinamismo do Espírito Santo, não deixa de ser uma ação humana, sujeita às contingências de qualquer ação. Toda ação humana, enquanto é sempre uma ação pensada, tem, também, uma racionalidade própria. Há uma razão específica para a prática prático-teórica e outra para a prática prático-prática. Enquanto ciência, a teologia pastoral fornece também à ação evangelizadora um suporte racional específico.

O teor deste último capítulo é a projeção da ação pastoral ou do estatuto da ação eclesial e de sua implementação. De novo nos restringiremos ao essencial. Começaremos colocando algumas balizas para uma ação pastoral pensada, fruto, sobretudo, da experiência da Igreja na América Latina nas últimas décadas. A racionalidade da ação se funda, antes de tudo, sobre as lições da prática. Num segundo momento, acenaremos para os requisitos básicos de uma ação pastoral pensada. Terminaremos esta abordagem com algumas indicações técnicas para uma ação pastoral pensada.

1. PAUTAS PARA UMA AÇÃO PASTORAL PENSADA

Uma ação pastoral pensada, com rigor e método, em diálogo com as ciências administrativas, já tem mais de meio século na Igreja. A América Latina foi pioneira, começando com a Igreja no Brasil, que, na aurora do Concílio Vaticano II, elaborou seu Plano de Emergência e, durante sua realização, o primeiro plano de Pastoral de Conjunto. A partir de então, houve um amplo esforço das Igrejas locais em geral, ajudadas pelas Conferências de Medellín, Puebla e Santo Domingo, para levar a cabo sua ação evangelizadora de modo mais conseqüente com a realidade do subcontinente. Embora, nos últimos anos, a crise da racionalidade moderna e o ocaso das utopias tenham levado também a Igreja, em muitos lugares, a refugiar-se no espontaneísmo do presente, isso não a tem impedido de fazer um bom balanço do caminho percorrido, de tirar algumas lições do passado e, sobretudo, de empenhar-se em buscar novos métodos de reprojeção da ação pastoral, em tempos de mudança.

1.1. Superar o amadorismo e o pragmatismo do cotidiano

Na prática pastoral, não basta a boa vontade e querer acertar ou, então, dar-se ao luxo de aprender com seus próprios erros. Acertamos mais e melhor quando respeitamos e valorizamos os outros, acolhendo suas experiências. "A experiência é a mestra da vida", a condição de saber aprender com ela. Ignorar o passado é desrespeitar os antepassados. O ser humano é o único animal que tropeça duas vezes na mesma pedra. Não nos valemos, suficientemente, de nossa capacidade de pensar a ação antes, durante e depois dela.

Em tempos de crise das utopias, impera a ditadura do presente, que nos leva ao espontaneísmo e ao pragmatismo do cotidiano. Vivemos imersos no mundo do provisório, do passageiro, do descartável e do efêmero. Diante da sensação de que nada é para sempre, entra em xeque a noção de perenidade, de perseverança, de persistência. Há uma redução da esperança e um encolhimento da utopia ao momentâneo.

Na pastoral, apresenta-se a tentação de uma ação sem profissionalismo, pautada pelo voluntarismo. A projeção da ação, outrora para quatro ou cinco anos, foi encolhendo para dois anos, um ano, mensal, semanal e, em muitos casos, certos agentes ficam à mercê da demanda do dia. Perde-se, com isso, a capacidade de fazer história. Nesse contexto, a história não se faz, se padece. Mergulha-se num eterno recomeçar, numa história cíclica, tecida pela rotina da sobrevivência no cotidiano, condenando a pastoral a "vegetar", uma pastoral de manutenção, a uma ação aistórica e, a longo prazo, anti-histórica.

A ação pastoral implica um saber e, do agente, requer competência e consciência prospectiva. A competência vem de uma formação adequada — bíblica, teológica e pastoral —, em relação inter e transdisciplinar. É impossível ser um bom agente de pastoral sem conhecer o objeto e o método da ação eclesial e o contexto na qual ela se dá — o mundo, no emaranhado de suas instituições e organizações. A formação é uma exigência permanente, sob pena de expor o agente de pastoral à incompetência e à inoperância. Sem conhecimento de causa, há o risco de multiplicar atos isolados e de cair no ativismo. É uma ação pensada que nos torna capazes de ver o essencial, que é sempre muito pouco.

1.2. Não basta pensar a ação, mais importante é "como" pensá-la

Como é próprio do ser humano pensar, não existe uma ação humana, por um lado, nada pensada e, por outro, totalmente pensada. Em outras palavras: não existe nem a improvisação total nem o planejamento total. A única diferença é que a ação pode ser mais pensada ou menos pensada. O ideal é ir passando do mais improvisado ao menos improvisado possível; do menos planejado ao mais planejado possível.

Entretanto, além da necessidade de pensar o máximo possível uma ação pastoral está o requisito de "como" pensá-la. Uma ação pode ter sido pensada, por exemplo, de forma autoritária, o que é incompatível com a ação pastoral. Planejar é um processo de tomada de decisões. Na Igreja, é fundamental "quem" toma as decisões. Pelo mesmo batismo, que insere todos os cristãos no *tria munera Ecclesiae*, há uma radical igualdade em dignidade de todos os ministérios. Todos são Igreja, portanto todos são sujeitos. Tal como Deus, que nunca se impõe, mas sempre se propõe, na Igreja, quem não tem direito de participar do processo de tomada de decisão, não tem nenhum dever de participar da execução. Há, portanto, subjacente ao pensar a ação na Igreja, o exercício do poder, que, pastoralmente, se não for um poder-serviço, é um poder antievangélico. Não basta pensar a ação, planejar. Os opressores, o grande capital, o sistema financeiro ou a indústria bélica também o fazem. Mais importante é "como" planejar. No campo eclesial, se não for de forma participativa, colegiada, comunitária, no espírito de *koinonía* que funda a Igreja, o planejamento presta um *des*-serviço ao Reino de Deus.

1.3. Planejar "para" ou "com" os outros é uma forma autoritária de conduzir a ação

Na Igreja, todo resquício de autoritarismo fere o espírito do Evangelho, sobre o qual ela está fundada. Planejar "para" os outros é um modo de pensar a ação eclesial, que faz da comunidade objeto e não sujeito da pastoral. É o exercício de um poder-dominação, que estabelece entre as partes uma relação "dominante-dominado". Nesse caso, o planejamento é autoritário, verticalista, diretivo. O plano é elaborado por alguns, para os demais executarem. É fruto de conchavos de cúpulas, em que as bases não têm nenhum poder de decisão. Procura-se aumentar a dependência dos outros, para aumentar o próprio poder. O ato do planejamento é discriminante, de exclusão da maioria.

Planejar "com" os outros é o exercício de um poder-a-serviço, em que há participação, mas controlada, por cooptação, manipulada. A comunidade é ouvida, mas não decide. Há voz, mas sem voto. Há participação por uma "representação falseada", na medida em que, além de cada um representar a si mesmo, também representa os interesses de quem o convocou autoritariamente. Procura-se manter a dependência para manter-se no poder. Cede-se para não ceder. Abre-se a uma determinada participação para guardar o poder de sempre. Nesse modo de planejar, o sujeito é, ainda, o dominante. A comunidade continua objeto da pastoral, a destinatária de determinados serviços impostos à participação de todos na execução.

1.4. O planejamento enquanto processo de pensar a ação pela própria comunidade

O sujeito da ação pastoral será toda a comunidade eclesial em que houver o exercício de um poder-serviço, numa relação sujeito-sujeito. Nesse caso, procura-se eliminar toda forma de dependência, promovendo a autonomia dos dependentes, para que possam ter cada vez mais poder. O processo de tomada de decisões é participativo. Funda-se numa "pedagogia da autonomia". Há participação de todos os interessados nas decisões, na execução e nos resultados, num espírito de co-responsabilidade de todos os batizados. A representatividade é efetiva, não falseada.

Há, aqui, no plano eclesiológico, a superação do binômio "clero-leigos" para "comunidade-ministérios". No seio de uma Igreja, toda ela ministerial, o ministério da presidência é o ministério de quem, a exemplo de Jesus que serve, se faz menor para promover a inclusão de todos no processo de tomada de decisões. As decisões, aqui, são tomadas através do consenso de todos, no horizonte da "razão comunicativa", que vai tecendo a verdade no consenso das diferenças exteriorizadas pelo "ato comunicativo". Constrói-se, no processo, uma espécie de "opinião pública", expressão do *sensus fidelium*, do sentir comum dos fiéis, sem o qual não há comunidade eclesial, não há Igreja.

1.5. Planejar sem mística é obrigar o Espírito Santo a fazer o que a gente quer

A ação pastoral, além da exigência de uma ação pensada, é uma ação rezada. Não há pastoral sem Espírito Santo (*EN*, n. 75), da mesma forma que não há planejamento eclesial sem espiritualidade e sem mística. Se o Espírito Santo não for o protagonista da ação pastoral, ela deixa de ser uma ação evangélica, inserida na dinâmica do Reino de Deus. No planejamento, a técnica é mero meio, que só ajuda quando for canal da comunicação de Deus no Espírito. E não há outra forma de fazê-lo, a não ser pela oração e pela "retidão de consciência", que consiste em escutar a voz de Deus na oração e na contemplação e, em tudo o que se faz, colocar-se na presença dele, para fazer a sua vontade. O "piloto" da pastoral é o Espírito Santo; a comunidade e seus membros são o "co-piloto".

Planejar, simplesmente aplicando uma técnica, é absolutizar os meios e relativizar os fins. "Não se pode servir a dois senhores" (Mt 6,24), ter dois absolutos. Foi o equívoco da razão técnico-instrumental, à qual também está exposto o planejamento pastoral. Por um lado, ela endeusa a razão, absolutiza a ciência e, por outro, relativiza o Absoluto e não deixa Deus ser Deus. É a exigência do primeiro mandamento da lei mosaica, freio ao narcisismo primário do pecado original. Um planejamento sem mística reduz a Igreja a uma empresa que se pauta mais pela eficiência de suas próprias ações que pela eficácia da graça em nossa fraqueza. É só quando somos fracos que realmente somos fortes, pois "tudo podemos naquele que nos sustenta".

1.6. O planejamento participativo leva à desconcentração do poder

Não basta uma descentralização do poder, ou seja, encompridar as rédeas, mas manter um centro único de decisão. O planejamento participativo leva à desconcentração do poder, na medida em que estabelece diversos centros de decisão. Primeiro, ele promove a autonomia das pessoas, todas sujeitos de um processo que se pauta pelo consenso das diferenças. Depois, ele possibilita o exercício do poder entre os níveis eclesiais, com controle de baixo para cima, ou seja, só delegando ao nível superior aquilo que não se tem condições de realizar no nível inferior. É o princípio da subsidiariedade, fundamental para o exercício de um poder-serviço. O nível superior subsidia o nível inferior, vem em seu socorro, potenciando-o na busca de sua autonomia. A separação entre os níveis nega a eclesialidade, mas a autonomia é condição para a colegialidade. O diocesanismo ou a episcopalização da Igreja é fator que impede o amadurecimento de verdadeiras comunidades. O paroquialismo, além de comprometer a realização da Igreja na diocese, esvazia a *domus Ecclesiae* (Igreja nas casas), a experiência da fé em comunidades de tamanho humano. Já a romanização da Igreja, ao tomar a particularidade pela universalidade, impede a realização da Igreja, tanto na diocese como na base.

1.7. Fundamentos do planejamento participativo

O primeiro deles é a intervenção de todos os interessados. Não é um processo que exclui, mas é inclusivo de todos. Participação com voz e voto. Por "todos" se entende pessoas, grupos, organismos e instituições envolvidas na vida pastoral de uma comunidade eclesial. Ninguém deve sentir-se excluído. Todos, desde sua condição e situação, têm o direito de fazer parte do processo de tomada de decisões. Já frisamos que quem não tem direito de participar do processo de tomada de decisão não tem nenhuma obrigação de participar da sua execução. O segundo fundamento do planejamento participativo é a decisão partilhada. Ninguém decide por ninguém. Cada um decide para si, tendo presente o bem dos demais. Todos decidem, mas não sozinhos e só pensando em si mesmos. A decisão é partilhada com todos os que integram o processo. O terceiro é o discernimento comunitário. Uma decisão partilhada implica o discernimento de todos. O método participativo, ainda que reconheça que a verdade nem sempre coincide com o consenso da maioria, aposta que, quanto mais pessoas discernirem juntas, menos possibilidades de equívocos existirão. Em outras palavras: a maioria pode equivocar-se, mas, com muito mais probabilidade, a minoria.

1.8. Privilegiar o processo, não os resultados

Na pastoral, enquanto ação da Igreja, um bom resultado é sempre fruto de um processo. Para fazer história da salvação, os fins são os meios a caminho. O fim não é um plano, mas a comunidade sujeito de uma ação pastoral pensada. Na perspectiva da fé, e isso é reconfortante em nossa fraqueza e limites de todo tipo, o importante não é ter chegado ao fim, mas ter-se colocado a caminho. O fim está no caminho, no processo, que nunca termina. O cristão não necessita de uma conversão, mas de várias, continuamente. A Igreja não tem necessidade de uma reforma, mas de uma contínua reforma — *ecclesiam semper reformanda*, em contínua reforma, diziam os santos Padres. O amanhã ou será conseqüência do hoje ou não passará de uma mera repetição do passado.

Privilegiar o processo significa privilegiar a participação. Quando se caminha com alguns, que vão à frente sozinhos vai-se mais rápido, mas se chega depois e, quase sempre, nunca se chega. Ao caminhar com todos, vai-se mais devagar, mas se chega antes. Pois nada ou quase nada muda quando só alguns mudam. Só há verdadeira mudança quando todos mudam. Quando todos mudam, tudo muda. É o único meio de fazer a comunidade, não destinatária ou objeto da ação pastoral, mas sujeito. Evidentemente que todo processo é gradual e precisa respeitar o ritmo das pessoas ou o ritmo de Deus, pois se trata de um processo de conversão, que nos insere no tempo da graça. E Deus tem o seu ritmo, às vezes extremamente lento, no respeito à liberdade das pessoas; outras vezes, extremamente rápido, pois se trata da salvação no tempo que urge. Mas, fazendo uma média, podemos dizer que o ritmo do tempo de Deus é um ritmo lento e persistente. Da mesma forma como deve ser o ritmo do processo de projeção de uma ação pastoral pensada por toda uma comunidade.

1.9. A Igreja local como unidade básica do planejamento pastoral

Dado que toda a Igreja está na Igreja local, um processo de projeção da ação pastoral só será eclesial quando realizado a partir da diocese. Nem paroquialismo nem universalismo generalizante. Não há Igreja fora da Igreja local, o que levanta um questionamento teológico às prelazias pessoais. Ao menos, que se conceba "Igreja local" independentemente do critério territorial. Mas a Igreja não pode prescindir de um lugar determinado, pois é sempre uma realidade histórica, portanto também fator cultural. O Concílio Vaticano II, como já vimos, recuperou a diocesaneidade da pastoral, legitimando e impulsionando uma "pastoral de conjunto" como forma de superação do paroquialismo de um lado e do universalismo generalizante dos movimentos eclesiais de outro.

Uma autêntica ação pastoral, portanto, é aquela ação pensada enquanto Igreja local. Isso não quer dizer que uma diocese é uma ilha. Nela está toda a Igreja, na medida em que dispõe de todos os meios de salvação, mas não é a Igreja toda. Será Igreja Católica quando aberta e em unidade com todas as outras Igrejas locais. Essa colegialidade foi reforçada pelo Vaticano II com a valorização das conferências episcopais nacionais, continentais, os sínodos dos bispos e as regiões pastorais dentro de um mesmo país. Uma diocese que se isola ou um bispo que se liga só com o bispo de Roma, ignorando seus colegas de sucessão apostólica, está fazendo da Igreja local "parcela" e não "porção" do Povo de Deus. A porção contém o todo, já a parcela é apenas parte do todo. Por isso adquire todo o seu valor, dentro do princípio da subsidiariedade, uma diocese caminhar junto com o Regional de uma Conferência Nacional, com as Igrejas locais do país, do continente ou em nível planetário. Expressão dessa eclesiologia é a ordenação do bispo, não somente para a sua Igreja local, mas para a solicitude de todas as Igrejas, porquanto passa a integrar o colégio dos sucessores dos apóstolos.

Por outro lado, pensar a ação pastoral desde a Igreja local não significa fazer um plano no nível diocesano e, a partir dele, cada paróquia fazer o seu, num procedimento verticalista, de cima para baixo. O critério evangélico da subsidiariedade vale, também, no interior de uma Igreja local. Sentindo-se e situando-se como Igreja diocesana, cada comunidade eclesial projeta a ação pastoral em seu nível, mas de baixo para cima, de forma ascendente. Os níveis, durante o processo, continuamente se interpenetram, interagem mutuamente, mas sempre o nível inferior determinando o nível superior em que ele precisa ser subsidiado. Da mesma forma que "um só coração, uma só alma", no seio da Igreja primitiva, significava um "nós", que não anulava a irredutibilidade do "eu" de cada um, assim o "nós" diocesano, longe de massificar, potencia a autonomia das pequenas comunidades, na medida em que só há Igreja quando há comunidade e só há comunidade quando adquire um tamanho humano, pequeno.

2. REQUISITOS BÁSICOS PARA UMA AÇÃO PASTORAL PENSADA

Tendo presente essas pautas, um processo de projeção da ação, que tem como sujeito toda uma comunidade eclesial, desde a Igreja local, implica alguns requisitos básicos. Fiquemos com os três mais importantes: ter um método de planejamento adequado, levar em conta o estatuto da ação e reunir as condições de um processo de planejamento participativo.

2.1. Ter um método adequado

Método é caminho para chegar a algum lugar. É meio para alcançar um determinado fim. Nem todo caminho leva a determinado lugar, como não é qualquer meio que permite alcançar, atingir determinado fim. Conseqüentemente, os métodos não são neutros, isentos de interesses ou de determinada intencionalidade. Em outras palavras, nem todo método de planejamento serve para projetar uma ação pastoral, dado que ela já é portadora de um fim, de uma intencionalidade. Um método antievangélico não serve para alcançar um fim evangélico.

Do campo das ciências administrativas, de onde provém o planejamento, provêm muitos métodos, que são usados quer para planejar uma empresa, quer o sistema financeiro ou o mercado, assim como a estratégia militar, um Estado, uma determinada instituição, escola etc. Alguns desses métodos são adaptados e utilizados para o planejamento pastoral. O planejamento técnico na Igreja é recente, algo da segunda metade do século XX. Uns são mais adequados, outros menos, segundo a eclesiologia que se tem, que, por sua vez, depende da visão e da leitura que se faz da realidade.

Basicamente, hoje, quatro são os métodos mais utilizados no planejamento pastoral. Um deles é o planejamento normativo, cujo ponto de partida é a autoridade. Ele busca promover a unidade pela uniformidade jurídica, todos fazendo as mesmas coisas, da mesma forma, segundo o modo de ver da autoridade. Promove o personalismo na pastoral. Por melhor e mais bem-intencionada que seja a autoridade, por mais louváveis que sejam seus projetos, sempre que se faz da comunidade um objeto da pastoral, deixa-se de praticar uma ação autenticamente eclesial. Será uma ação pastoral de atos, não de processo, e mesmo antievangélica. Uma ação de dependência da autoridade, que corre o risco de estancar-se quando transferida, não orgânica e de conjunto de uma comunidade toda ela ministerial. Ora, o Vaticano II não subestima nem nega o papel da autoridade na Igreja, apenas a coloca em seu devido lugar — ser sinal e instrumento da unidade de todos, pelo serviço, na discrição.

Outro método utilizado, hoje, na pastoral é o planejamento estratégico, cujo ponto de partida é a busca do êxito da instituição. Sua solvência depende de sua competitividade na disputa do mercado, através da qualidade e do custo de seu produto. Por isso a instituição está em permanente estado de avaliação, para que a falência não chegue "como um ladrão", imprevista. Também se está em permanente busca de alternativas de solução, antes que a situação se complique. Fator importante é a avaliação das ameaças e oportunidades que vêm de fora e das debilidades e fortalezas internas para afrontar a situação adversa. Nesse método, dada a instabilidade do tempo presente, toda projeção da ação é em curto prazo. O presente é seu horizonte. A aplicação desse método no campo eclesial, ainda que haja elementos válidos, dá problema. Primeiro porque, na pastoral, o mais importante não é a instituição eclesial. A Igreja não é um fim, é meio, sinal e instrumento do Reino de Deus no mundo. Por isso as demais Igrejas e religiões, a princípio, enquanto são também caminhos do Espírito que levam ao mesmo e único Deus, não são concorrentes, mas aliadas. O Evangelho é Boa-Nova, proposta, não imposição, ameaça ou satanização da religião do outro. O mesmo vale para o plano social. Nem todas as instituições são concorrentes. A Igreja deve trabalhar com todas as pessoas de boa vontade e apoiar todas as iniciativas que contribuem para a construção de uma sociedade justa e solidária. Por outro lado, "qualidade", na Igreja, não significa eficiência, o mero resultado quantitativamente exitoso, mas eficácia, que muitas vezes passa, também, pelo fracasso da cruz e o silêncio e o desconcerto do sábado santo. É incompatível com a eclesiologia do Vaticano II, que propôs uma Igreja sinal e não poder, uma Igreja massa, do poder, da visibilidade ou da ostensividade. A Igreja não pode perder de vista que melhor cumpre seu papel quando se faz *kénosis* do Reino de Deus, do qual é sinal e instrumento.

Um terceiro método, usado, hoje, no planejamento pastoral, é o planejamento prospectivo, cujo ponto de partida é um ideal preestabelecido mentalmente, em um ato de antecipação de um futuro desejável. Partir da realidade, seja pela tendência em absolutizar o que já fazemos, seja pela falta de perspectiva de futuro ou de utopia, é uma atitude imobilizante. Para esse método, é preciso desprender-se da situação, forjar um ideal para ela e, depois, encarná-lo na realidade que se vive. O ponto positivo é o exercício da criatividade e a busca conjunta de uma utopia comum, com base na perspectiva do Evangelho. Mas seu limite está no risco de gestar uma utopia para uma situação que não é a própria. Não é qualquer utopia, mesmo sendo boa e evangélica, que serve para todo lugar e qualquer tempo. A melhor imagem da ressurreição Jesus mostrou pela transfiguração. Ressurreição não é outra vida e outro corpo, mas a mesma vida e o mesmo corpo, transformados. Uma utopia que não assume a realidade à qual ela quer ser sinal de salvação não salva. O que não é assumido não é redimido. A realidade não é um mero lugar de aplicação de uma ortodoxia previamente estabelecida. Ela é, também, fonte criadora de idéias, lugar da revelação de Deus, de releitura das Escrituras. Tomar distância da realidade, para buscar objetividade no ver, é fundamental; perdê-la de vista é fatal. É sua encarnação na história que impede o cristianismo de transformar-se numa ideologia.

Um quarto método, usado hoje no planejamento pastoral, é o planejamento participativo, cujo ponto de partida é a ação para retornar à ação. A base do método é ação-reflexão-ação, acusando recepção da emancipação da razão prática. Comporta três momentos básicos, em relação dialética: ver analiticamente a realidade, julgá-la teologicamente à luz das Escrituras e agir pastoralmente. Sua base é o método da Ação Católica Especializada, esboçado por J. Cardijn: ver-julgar-agir. Por sua vez, o Vaticano II fez dele também um método de reflexão, explicitado na *Gaudium et spes* — leitura dos sinais dos tempos, desígnios de Deus sobre a realidade atual e desafios pastorais daí decorrentes. Na América Latina, o mesmo método é refundido na trilogia do método da teologia latino-americana — mediação socioanalítica, mediação hermenêutica e mediação prática. Com esse pano de fundo, em nosso subcontinente, a partir das práticas populares eclesiais e sociais, foi gestado o método participativo nos anos 1970. Apesar dos limites, como o são seu militantismo e atrelamento à razão técnico-instrumental, é o método mais próximo da eclesiologia do Vaticano II e o melhor instrumento para fazer das comunidades eclesiais, em especial os pobres, sujeitos da ação pastoral. Seu teor, em parte, está explícito no item anterior, nas pautas, e, em parte, continuará sendo explicitado na seqüência.

2.2. Levar em conta o estatuto da ação

Já frisamos, em mais de uma oportunidade, que a ação pastoral, ainda que perpassada pela graça e sob o dinamismo do Espírito, não deixa de ser uma ação humana, sujeita às contingências de qualquer ação. E a ação, na medida em que é portadora de uma racionalidade própria, tem também seu estatuto, sua racionalidade. A ação pastoral não é independente dele. Assim, uma ação conseqüente com a realidade que se vive, transformadora e forjadora de um mundo crescentemente melhor, implica três exigências básicas. Elas são válidas, também, para o processo de projeção da ação pastoral por parte de uma comunidade eclesial.

1ª exigência: ter os pés no chão

Um bom processo de planejamento, que ajuda a Igreja a encarnar-se e inculturar o Evangelho em seu meio, exige inserção na própria realidade. Planejar é, antes de tudo, não ignorar. É o diálogo, a participação, a convivência etc., que nos vão fazendo sintonizar com os "novos sinais dos tempos", como diz Santo Domingo, e intuir por onde caminhar para chegar ao futuro almejado. Antes de pensar a ação futura, para que ela seja resposta a perguntas reais, o imperativo é situar-se em relação às pessoas, à sociedade, à instituição eclesial e outras, às metodologias de planejamento disponíveis etc. Nada substitui a consciência crítica diante da realidade e os ouvidos abertos para o diálogo, condição para um discernimento da realidade tal qual ela é.

Partir da realidade é partir de onde se está, e não de onde gostaríamos de estar. Do contrário, não se gera processo. Os processos ou estão alicerçados sobre a realidade, ou, então, são fogo de palha, que logo se apaga. Sem processos, estamos condenados ao eterno recomeço.

Mas não basta querer desencadeá-los, num ato de voluntarismo. É preciso reunir as condições para tal. E uma delas é concatenar o processo de planejamento com os processos em curso, sempre existentes. Não detectá-los é correr o risco de caminhar à margem da realidade, portanto da história, e desembocar num plano fictício, mesmo que bem elaborado tecnicamente.

2ª exigência: manter os olhos no horizonte

Visto que planejar é prever a ação futura, o planejamento implica, sim, estar com os pés no chão, mas também olhar longe. Não há autêntico processo de planejamento sem esperança, sem confiança na possibilidade do futuro desejável. Sem fé na possibilidade histórica da utopia do Reino de Deus. Em pastoral, isso significa saber-se acompanhado e interpelado por Deus, que vai à frente. Deus não está atrás. Certamente, já esteve, mas ele caminha à frente, na "coluna de nuvem" que vai mostrando o caminho, em meio à ambigüidade dos acontecimentos e à opacidade dos fatos.

Partir da realidade não significa que os problemas e os desafios que se apresentam têm a última palavra. A realidade, por mais contraditória e dura que seja, não nos condena ao derrotismo e ao conformismo. Em meio às vicissitudes, os que caminham na fé contam, sempre, com uma voz que soa do coração dos fatos: "Toma, come, levanta e continua o caminho"... e a missão. Sem esta atitude de esperança, não há metodologia, por melhor que seja, que faça caminhar com razão.

Ter os olhos voltados para o horizonte é condição para sintonizar a utopia do Evangelho e, desde aí, projetar um futuro desejável, na perspectiva do Reino de Deus. Toda visão catastrófica ou retrospectiva da realidade inviabiliza qualquer possibilidade de um processo de planejamento participativo.

3ª exigência: "colocar as mãos na massa"

Num processo de planejamento, os pés no chão e o olhar no horizonte precisam encontrar-se com as mãos. De nada valem a consciência da realidade e a esperança de que um dia ela pode ser diferente se não são realizadas ações concretas. A passagem do teórico ao prático começa na mente (nível dos conceitos, da mentalidade), passa pelo coração (nível das convicções) e concretiza-se com as mãos (nível das habilidades).

E como aterrissamos no campo das mediações para a ação, que dependem das condições socioculturais circundantes, entramos no terreno da criatividade, do ensaio e, portanto, das possibilidades de acerto e de erro. Mas não há outro caminho, a menos que fiquemos no nível dos princípios, o que também é um erro, pois a utopia do Reino jamais desembocaria na prática. É verdade que, por um lado, está a possibilidade do equívoco e o risco do fracasso; mas também é verdade, por outro lado, que ali está a única condição para o acerto, para o encontro com uma verdade que passa pela veracidade, ou seja, por sua realização histórica. É o preço da liberdade. E não há como ser livre senão na tessitura do risco.

2.3. Reunir as condições necessárias

Um processo de planejamento participativo não começa com a aplicação do primeiro passo da metodologia. Para ser participativo, não só deve haver participação no desenho dos passos em sua aplicação como também se fazem necessárias algumas condições prévias da parte de todos. O método participativo precisa estar ligado ao seu espírito. E, com muito mais razão, quando é vivido num contexto eclesial, no âmbito da pastoral. Ele é muito mais que uma técnica. Ele tem alma, que precisa ser a alma de todos, sob pena de transformar-se numa experiência sofrida e conflitiva e, o que é pior, sem continuidade. Não há receitas para isso. As condições prévias e os passos preparatórios de um processo participativo dependem das condições e das circunstâncias de cada contexto. Entretanto algumas condições prévias são requisitos para todos.

Quando falamos em condições prévias, não quer dizer que elas devam estar preenchidas cem por cento, antes de começar o processo. A menos que todos estejam de acordo com elas e determinados a encarnar o ideal na realidade do processo que se vai desencadear. Do contrário, a prática da participação irá negar o seu espírito e, conseqüentemente, não vai levar os participantes a alcançar seus objetivos propostos.

Adesão a uma eclesiologia de comunhão e participação

Uma eclesiologia de comunhão e participação é o pano de fundo de um processo participativo e constitui-se no ponto de partida e de chegada do mesmo. Se não há sintonia com essa eclesiologia ou não se está disposto a caminhar nessa perspectiva, então é melhor nem participar do processo, pois a presença de alguém fora desse horizonte só vai atrapalhar os que querem caminhar. E caso todos os participantes discordem dessa eclesiologia, então é preferível nem começar o processo, pois, caso seja desencadeado, não terá um planejamento participativo.

No horizonte dessa eclesiologia, o processo implica crer na força da participação, no discernimento comunitário, na força dos fracos, num trabalho em colaboração com todas as pessoas de boa vontade, em resumo, numa Igreja que tem na Trindade o modelo da melhor comunidade. Na esfera *ad intra* está a convicção de uma Igreja toda ela ministerial, no exercício da co-responsabilidade que brota do mesmo batismo; na esfera *ad extra*, está uma Igreja em diálogo e serviço com o mundo, desde os mais pobres, para que seja a Igreja de todos.

Disposição para conviver com o conflito

O diálogo faz emergir particularidades e diferenças que, confrontadas umas com as outras, se não houver capacidade de escuta, podem provocar confrontos. Já os conflitos não apenas são inevitáveis, como também enriquecedores. Eles fazem parte do processo de assimilação de um dado novo e da elaboração de novas sínteses.

Conflito não é o mesmo que confrontação. Há confrontação sempre que ocorre o fechamento na própria posição e se procura impô-la aos demais. É um recurso ao argumento da força, em detrimento da força do argumento. Já o conflito é o processo de elaboração do consenso das diferenças. Não que se deva buscar o conflito, enquanto conseqüência do caminhar juntos, mas ele precisa ser acolhido com naturalidade e apreço. Evitar o conflito é fugir do diferente e do novo.

Por isso um processo de planejamento participativo só poderá avançar em clima de diálogo maduro, isento de paixões e preconceitos, com predomínio de uma postura de serenidade e de discernimento sincero. É o conflito que dá dinamismo à unidade. Opor-se à inevitabilidade do conflito é optar pelo indiferentismo e pela uniformidade, sempre à custa da negação das originalidades. A unidade passa pelo conflito, através de uma espécie de não-violência ativa, enquanto a uniformidade, ainda que passe por uma aparente concórdia, é sempre uma violência ativa, consentida ou imposta.

Compromisso pessoal com as conseqüências do processo

Por ser participativo e as decisões dependerem do discernimento comunitário, um processo de planejamento, nessa perspectiva, é sempre imprevisível, aberto ao novo, desconcertante às vezes. Por isso só é possível caminhar nessa direção com a disposição de abrir mão das próprias certezas, de deixar-se surpreender pela novidade permanente dos caminhos do Espírito. Como no caso do "jovem rico", nossas perguntas prévias, ainda que sinceras, podem ser surpreendidas por respostas que, sem grandeza de alma, podem deixar-nos "tristes" e fazer-nos voltar para casa cabisbaixos.

Diante de semelhantes situações, cabe a fidelidade, a determinação, a persistência e o compromisso com as conseqüências da opção eleita. É preciso estar vigilante, pois, nesses momentos, podem vir à tona o medo e a falta de coragem para o risco, próprios dos caminhantes na fé. No processo de planejamento, diante da exigência de conversão, pode haver evasão ou, o que é mais comum, a manipulação para não mudar. Entretanto, "quem põe a mão no arado" não olhe para trás, se quiser ser apto para o Reino de Deus.

Conhecimento da metodologia a ser utilizada no processo

Como os métodos não são técnicas neutras, sua escolha também deve ser fruto de um discernimento comunitário e de decisão partilhada, seguidos de uma capacitação técnica de todos, para que haja uma efetiva participação, de igual para igual, o que impedirá a redução da participação à execução de passos metodológicos predeterminados, em seu conteúdo e forma, por alguns para a execução de outros.

Caso seja necessário, o método pode ser recriado segundo as circunstâncias próprias, seja em sua linguagem, seja na reestruturação de seus passos, desde que se respeite o estatuto da ação. Num processo participativo, a metodologia deve ser do conhecimento e do consentimento de todos os participantes.

Paciência histórica para caminhar ao ritmo dos participantes do processo

Pode haver inércia, mas geralmente, num processo participativo, pecamos por pressa, sobretudo os que estão encarregados de sua animação e coordenação. Como na natureza, também aqui os frutos dependem da paciência em esperar pela estação propícia para que as sementes brotem. Às vezes, pode parecer que o grão apenas dorme ou apodrece na escuridão do sulco da terra. Ou que a planta, tênue, não cresce. E precipitamo-nos a espichá-las, arrancando-as. É evidente que quem está atrás tem o dever de apressar o passo, mas também é necessário que quem vai à frente tenha a caridade da espera, o gesto do Cirineu que ajuda outros a carregar a cruz, muitas vezes mais pesadas que a própria.

Processos, sem o devido tempo de maturação, só podem dar frutos chochos. Ao se caminhar com todos, vai-se mais lentamente, mas, paradoxalmente, se chega antes. Em um processo participativo, chegar sozinho e num pequeno grupo significa, ao final, encontrar-se, de novo, no ponto de partida. Numa comunidade, onde só o padre muda, não muda nada; onde só um pequeno grupo muda, muda pouca coisa; mas quando todos mudam, tudo muda.

Vinculação dos primeiros responsáveis como membros da comunidade

Num processo participativo, não basta que os primeiros responsáveis "deixem fazer", é preciso que eles também façam e façam melhor que os demais. Por força das circunstâncias, durante o processo, haverá momentos em que eles terão o peso de uma palavra própria, mas, se não são membros ativos do processo em curso, acabam atrapalhando tudo e até comprometendo sua continuidade. Não se trata, simplesmente, de uma participação em certos momentos importantes ou pontuais do processo. Faz-se necessária uma presença ativa na preparação, na realização e na avaliação das atividades, juntamente com todos os membros, até mesmo votando com eles. Não há o que temer. São decisões relativas à prática, e não aos conteúdos de fé e moral em si, portanto podem ser tomadas na co-responsabilidade.

O testemunho dos primeiros responsáveis é fundamental, pois, caso se constitua em instância de respaldo, tácito ou explícito, contrário ao rumo do processo, pouco a pouco irá minando os ânimos, a determinação e a persistência de todos, até dos membros do grupo coordenador, que precisa, sempre, do apoio dos primeiros responsáveis da instituição.

Abertura e colaboração com outras instituições

Um processo de planejamento participativo não leva a Igreja a trabalhar sozinha, nem durante o processo e muito menos depois dele. Para o conhecimento da realidade, por exemplo, outros olhares que não sejam os da própria Igreja podem revelar aspectos da realidade imperceptíveis aos seus membros. Sobretudo quando se trata de chegar a uma autocompreensão da própria Igreja em seu contexto: "Que dizem as pessoas que é o Filho do Homem?".

Tal parceria é ainda mais necessária na ação, de modo especial naquelas voltadas para o social. No seio da sociedade, os cristãos não podem atuar, nem em bloco, como instituição — o que seria uma forma de cristianização à moda medieval —, nem de forma atomizada e dispersa. Como cidadãos, os cristãos se unirão a todas as pessoas de boa vontade, crentes e não-crentes, que labutam por um mundo de irmãos. Por isso, desde o início do processo de planejamento, a Igreja precisa estreitar laços com todos os "seres humanos de boa vontade".

3. PASSOS METODOLÓGICOS E INDICAÇÕES TÉCNICAS

O planejamento participativo quer ser, antes de tudo, um processo de pensar a ação — antes, durante e depois dela — e de tomada de decisão partilhada. Já falamos da implicação pedagógica de privilegiar o processo em relação aos resultados. Os passos do método participativo não têm entre si uma relação estanque ou isolada, mas dialética, isto é, cada passo se autocompreende na inter-relação com os demais, de modo que um passo não pode acontecer ou ser dado sem ser tomado em relação aos anteriores. É preciso, igualmente, ver as implicações disso em nível técnico, concretamente, na forma com que se deve ir concatenando os passos do método. Do contrário, pode-se ter uma superposição de passos, mas sem gerar processo. Tecnicamente, é possível assegurar isso através de certos mecanismos a serem levados em conta.

3.1. Passos metodológicos do processo de planejamento participativo

O método participativo é uma tentativa de aplicação ao planejamento, das técnicas modernas de administração, da sede de comunhão e participação e do estatuto da ação, compreendido desde a primazia da razão prática ou da ortopráxis em relação à ortodoxia. Ele comporta três grandes momentos, cada um deles composto de alguns passos concretos.

1º momento: explicitação do marco referencial

Para o planejamento participativo, a ação pastoral, como toda e qualquer ação, deve ser levada a cabo tendo-se presente, de preferência explícitos, dois referenciais: a realidade histórica em que se está inserido e a utopia à qual se quer redirecionar esta mesma realidade, e um diagnostico que avalie as possibilidades.

a) Marco da realidade — O ponto de partida do processo de planejamento consiste em as pessoas envolvidas explicitarem e tematizarem, desde suas práticas, a realidade na qual estão inseridas. Ao partirem das próprias práticas, que é sempre a melhor introdução ao conhecimento da realidade, a apreensão do contexto pelos próprios sujeitos faz deles os proprietários do conhecimento a respeito de si mesmos. Por realidade entende-se, primeiro, a situação social, depois a eclesial, dado que a Igreja está dentro do mundo, sempre procurando ir às causas dos problemas, mais precisamente às causas principais e às causas secundárias. Como se trata de uma apreensão da realidade, em vista de sua transformação, procura-se colocar em evidência, sobretudo, suas contradições com a mensagem cristã.

b) Marco doutrinal — De maneira dialética, isto é, de mútua confrontação entre revelação e situação, projeta-se o futuro desejável a ser perseguido pela ação pastoral, em forma de um referencial teórico ou de uma utopia inspirada no Evangelho para a realidade em questão. A confrontação entre situação e revelação provoca uma dupla modificação de sentido: uma novidade de sentido da realidade, pelo impacto, sobre ela, do dado revelado, e, por sua vez, uma novidade de sentido da revelação, pelo impacto, sobre ela, da situação.

c) Diagnóstico pastoral — O diagnóstico é o resultado da confrontação entre o marco de realidade e o marco doutrinal, em vista de uma tomada de posição, como cristãos, diante da própria realidade. Concretamente, trata-se de identificar, no próprio contexto, as forças de apoio e de resistência da realidade em relação à utopia, as tendências positivas e negativas, os maiores problemas e, dentre estes, as maiores urgências pastorais ou necessidades de evangelização. Com o diagnóstico, vai-se identificar o que constitui impedimento para que "o que somos" (marco de realidade) seja "o que queremos ser" (marco doutrinal).

2º momento: elaboração do marco operacional

Os passos anteriores fizeram um processo de reflexão ascendente desde a ação. O marco operacional faz o caminho descendente, de volta à ação. Compõe-se de dois passos:

a) Prognóstico pastoral — Trata-se de estabelecer, primeiro, o objetivo geral do plano global e os objetivos específicos, desenhando-se o curso de ação (fluxograma). Depois, são elaborados os critérios de ação, que buscam operacionalizar os objetivos específicos. Eles são de duas ordens: as políticas ou linhas de ação (o modo, as diretrizes, as atitudes ou os princípios orientadores de trabalho, que brotam do marco doutrinal) e as estratégias ou formas de ação (meios de concretização das linhas, que brotam do marco de realidade). O prognóstico termina com o inventário de recursos. Antes de começar a programar, é preciso saber, exatamente, com que se conta e com que se poderá contar na realização da ação futura, em termos de recursos financeiros, humanos, institucionais, físicos, didáticos etc.

b) Programação pastoral — No caminho de volta à ação, o prognóstico aterrissa na programação pastoral, que se compõe de programas (conjuntos de atividades afins, que conformam campos de ação) e projetos (metas, que concretizam estratégias preestabelecidas). Conclui-se a programação com a distribuição das atividades no tempo, elaborando-se o cronograma pastoral. É o cronograma que irá sincronizar as ações previstas no plano global, tendo presente o curso da ação, as prioridades, os planos específicos e de outros níveis eclesiais.

3º momento: explicitação do marco organizacional

Com a programação, não termina o processo de planejamento. Falta, ainda, pensar a execução do plano, sob pena de ele permanecer no papel, numa espécie de "carta de intenções". O marco organizacional compõe-se de três passos:

a) Organização institucional — A execução exitosa de um plano depende de seu suporte organizacional. Trata-se de repensar as estruturas existentes, ou seja, determinar os organismos de globalização (assembléias, conselhos), os mecanismos de coordenação (de serviços e de setores de pastoral, assim como de níveis eclesiais) e a função dos primeiros responsáveis (de serviços, setores e níveis eclesiais), que darão suporte ao novo plano: "Vinho novo, odres novos". Se não houver uma reforma institucional, apesar de um novo plano, a ação continuará a mesma. É o momento de distribuir as responsabilidades e de investir em organismos e pessoas de responsabilidade correspondente, no seio de uma comunidade toda ela responsável.

b) Seguimento ou controle — A execução do plano, além do suporte institucional, num primeiro momento, precisa de um seguimento na preparação e durante a realização das atividades programadas. Avaliar os erros depois que eles aconteceram não é tudo. É preciso procurar evitá-los. Para isso há o seguimento ou controle a ser feito, sobretudo pelos responsáveis das atividades programadas. Nesse particular, sua função é zelar para que tudo saia conforme o programado ou de acordo com os ajustes que foram sendo efetuados durante a execução do plano.

c) Avaliação — Num segundo momento, está a avaliação de uma atividade realizada, de uma parte da programação ou da totalidade de um plano elaborado. Sua finalidade não é fazer ajuste de contas ou uma mera cobrança. Ela tem uma função retroalimentadora, no sentido de aprender com os erros cometidos, registrá-los, tê-los presentes na elaboração do próximo plano, para evitar os mesmos equívocos no futuro.

3.2. Indicações técnicas para um planejamento como processo

Já frisamos que, do ponto de vista metodológico, os passos do método participativo devem estar concatenados entre si. É a condição para que haja "processo" de planejamento e não mera elaboração de um plano. Vejamos algumas indicações técnicas que podem ajudar a não dar o passo seguinte de forma desconectada com o passo anterior.

O marco da realidade amarrado à ação pela avaliação

O método participativo, situando-se no horizonte da razão prática, parte da ação para voltar à ação. Além disso, tem-se consciência de que a relação entre sujeito e realidade é uma relação sempre mediatizada pelo conhecimento. Não existe, para o sujeito, a objetividade total. Se a realidade coincidisse com a visão que o sujeito tem dela, vã seria a ciência. Nesse sentido, todo ponto de vista é sempre uma visão a partir de um ponto, que pode ser enriquecida com outros pontos, mas que não anula a inevitável contextualização de todo saber, como produto cultural que é.

Assumindo essas contingências, o método participativo alicerça-se sobre o sujeito e, mais concretamente, sobre sua prática. Tecnicamente, atrela o "ver" às práticas dos sujeitos e das pessoas em geral, olhadas por elas mesmas, começando por uma avaliação da ação — "o agir é a melhor introdução ao ver", dizia o fundador da Juventude Operária Católica, Joseph Cardijn. Trata-se do trinômio ação-reflexão-ação, um procedimento que tem na avaliação o principal conteúdo de reflexão. As melhores idéias não caem do céu, brotam de práticas concretas, afirma um axioma dos filósofos da práxis. Ao começar por uma boa avaliação e, depois, procurar ser conseqüente com ela, evita-se o perigo de um processo de planejamento artificial ou fictício, pois tudo o que se vai procurar conhecer a seguir é para compreender melhor e entender com mais objetividade o mundo em que se está inserido.

O marco doutrinal sob o reflexo do marco da realidade

O marco da realidade define "quem somos", enquanto o marco doutrinal busca explicitar "o que queremos ser", mas a partir do "que somos". Um bom marco doutrinal é a "transfiguração" do que está "desfigurado". Portanto ele não parte de um ato de abstração, nem da Bíblia tomada fora da vida de uma comunidade de fé (tradição). Busca-se compreender o "que queremos ser" à luz do "que somos" e "o que somos" à luz do "que queremos ser".

Entre revelação e realidade se estabelece uma relação hermenêutica dialética, que provoca em ambas uma dupla modificação de sentido. Como já dissemos, por um lado há uma modificação de sentido da realidade, pelo impacto da revelação sobre ela e, por outro lado, há uma novidade de sentido da própria revelação, pelo impacto sobre ela da realidade. Por exemplo: se o marco da realidade levantou as insatisfações sobre tais e tais aspectos da situação sociopastoral, o marco doutrinal irá contrapor, desde o ponto de vista da mensagem revelada, as aspirações dos sujeitos daquela situação em relação aos mesmos aspectos. Isso evita um marco doutrinal projetado na direção oposta ao marco da realidade ou desconectado dele. Um bom marco doutrinal é aquele que encarna a Boa-Nova naqueles vazios de Deus, identificados no marco da realidade.

O diagnóstico como resultado da confrontação dos dois marcos

O diagnóstico, que tem o mesmo papel e segue o mesmo procedimento do âmbito das ciências médicas, é um momento particularmente delicado do processo. Se tal passo for dado de forma desconectada dos dois passos anteriores, compromete-se todo o processo. A luz ou o referencial teórico para um discernimento de tal magnitude vem do marco doutrinal. Já o resultado vem da confrontação entre "o que somos" com "o que queremos ser".

O diagnóstico é a conclusão do processo de apreensão da realidade, expressa num juízo comparativo entre o "como está" com o que "como deveria estar". O marco da realidade permitiu ir até as causas. Ora, é precisamente aí que se encontra o elemento de articulação do diagnóstico com os dois marcos. Um bom diagnóstico irá receitar remédios às causas reais dos problemas identificados, começando pelas causas principais, de onde nascem as prioridades de ação.

O prognóstico como aterrissagem da utopia em médio prazo

O marco operacional começa com a elaboração dos objetivos. Um objetivo determina "o que" alcançar (o resultado) e "para que" alcançar (a razão). Os objetivos são de duas ordens: o geral é o enfoque global, ou seja, o ponto de convergência de todo o plano; os específicos operacionalizam o objetivo geral. O "o que" alcançar, isto é, o resultado que se busca, refere-se à utopia para a realidade identificada. O "para que", a razão do resultado projetado, também vem do marco doutrinal.

Como se pode perceber, o marco doutrinal aponta para uma utopia em longo prazo; já o prognóstico busca determinar o que é possível concretizar, de tal utopia, a médio prazo. Por sua vez, os objetivos colocam-se no caminho da "volta à ação", através dos critérios de ação, que determinam o modo e as formas para alcançar os resultados projetados. Os modos provêm do marco doutrinal e as formas são dadas pelo marco da realidade. O prognóstico termina com o inventário de recursos. Antes de levar as estratégias à ação, pela programação, é preciso averiguar as condições de realização, em termos de recursos de diversa índole. O inventário se faz sobre a realidade que se tem, mas também é possível levantar os recursos com os quais se poderá contar.

A programação como concretização de estratégias

A programação se desprende das estratégias de ação. É dentre o leque de estratégias elencadas para cada política, e levando-se em conta o inventário de recursos, que se determina, com precisão, o que realmente se deve e se pode fazer para alcançar o ideal proposto e, assim, reverter a situação-problema que se tem. As atividades afins são agrupadas em programas de ação que, por sua vez, são operacionalizados através de projetos. Ao desenhar o projeto em sua meta (o que), passos (como), responsáveis (quem), recursos (com que), data (quando) e lugar (onde), também se seguem de perto os passos anteriores. A meta, os passos e os responsáveis dependem das estratégias; os recursos e o lugar, do inventário realizado; e a data depende do curso de ação e do prazo de realização estipulado para o plano. Termina-se a programação com a distribuição do conjunto das atividades no tempo estipulado para a execução do plano, elaborando-se o calendário pastoral.

O marco organizacional como suporte da programação

Não basta projetar a ação. É preciso pensar, também, sua execução, que vai além da boa vontade. Faz-se necessário um suporte institucional. Sem ele a ação fica na intenção e a instituição se anarquiza. Na Igreja, suas estruturas, organismos e primeiros responsáveis devem estar a serviço da ação evangelizadora. Portanto, por um lado, é à luz da ação projetada que as estruturas eclesiais devem ser criadas ou reavaliadas e, por outro, é tendo presente a programação que se quer levar à prática que são encontrados os critérios para isso. É a programação que vai apontar para as estruturas e organismos necessários para dar suporte à ação. De acordo com a ação que se quer realizar, há estruturas novas a criar, organismos antigos a reestruturar e, certamente, organizações a suprimir, caso já não sejam suporte para nenhuma ação.

Se ao final de um processo de planejamento, ao levar a nova programação à prática, sempre repensássemos a instituição como um todo, já não teríamos, na Igreja, estruturas obsoletas ou despersonalizantes, que imobilizam a pastoral e opacam a utopia evangélica, dando um contratestemunho ao mundo. É uma das razões do surgimento dos "cristãos sem Igreja". A instituição, suas estruturas, organismos e mecanismos de coordenação são, também, mensagem. E evangeliza, por si só, o testemunho de uma *Ecclesiam semper reformanda*.

Resumindo

Os requisitos básicos e os passos metodológicos de uma ação pastoral pensada relacionam a ação evangelizadora com o estatuto da ação humana. Por sua vez, enquanto ciência, a teologia pastoral fornece também, à ação evangelizadora, um suporte racional específico. Uma ação pastoral pensada, para que gere processo, não pode perder de vista algumas balizas, tais como superar o amadorismo e o pragmatismo do cotidiano; não basta pensar a ação, mais importante é como pensá-la; planejar "para" ou "com" os outros é uma forma autoritária de conduzir a ação; o planejamento enquanto processo de pensar a ação pela própria comunidade; planejar sem mística é obrigar o Espírito Santo a fazer o que a gente quer; os fundamentos do planejamento participativo; a Igreja local como unidade básica do planejamento pastoral.

Quanto aos requisitos básicos para uma ação pastoral pensada, em primeiro lugar está a exigência de um método adequado. Dentre os quatro métodos mais utilizados, hoje, na pastoral — o planejamento normativo, o planejamento estratégico, o planejamento prospectivo e o planejamento participativo —, o último é o que melhor responde à perspectiva aberta pela nova eclesiologia do Vaticano II. Um processo de planejamento participativo implica, antes de seu desencadeamento, reunir as condições necessárias: adesão a uma eclesiologia de comunhão, disposição para conviver com o conflito, compromisso pessoal com as conseqüências do processo, conhecimento da metodologia a ser utilizada, paciência histórica para caminhar no ritmo dos participantes do processo, vinculação dos primeiros responsáveis como membros da comunidade e abertura e colaboração com outras instituições.

Quanto aos passos do método participativo e sua aplicação no processo de planejamento, primeiramente, não se pode perder de vista os três momentos do método — marco referencial, marco operacional e marco organizacional, cada um deles com seus respectivos passos. É uma exigência do próprio estatuto da ação, ao qual está atrelada, também, a ação pastoral. Segundo, para que haja processo, é necessário que cada passo seguinte esteja corretamente articulado ao passo anterior sob pena de haver uma superposição de atos estanques, que vão desembocar num plano desenfocado das necessidades reais levantadas pelo marco da realidade.

Perguntas para reflexão e partilha

1) Das pautas, requisitos e método de uma ação pastoral pensada de modo processual, o que é novo para você e o que você já havia experimentado em sua comunidade?

2) Você pensa que, realmente, o planejamento participativo pode ajudar uma comunidade eclesial a ser sujeito da ação pastoral?

3) Que está faltando, em sua comunidade, para uma ação pastoral melhor pensada e mais processual?

Bibliografia básica

C. BOFF. *Como trabalhar com a massa.* Petrópolis, Ceris-Vozes, 1995.

C. BOFF. *Como trabalhar com o povo.* 8. ed. Petrópolis, Vozes-Ibase, 1988. Coleção Fazer/5.

J. BORAN. *O senso crítico e o método ver-julgar-agir. Para pequenos grupos de base.* São Paulo, Loyola, 1995.

A. BRIGHENTI. *Metodologia para um processo de planejamento participativo.* São Paulo, Paulus, 1988.

A. BRIGHENTI. Inculturação, endoculturação da Igreja e planejamento pastoral. O caso do sínodo da diocese de Tubarão. *Medellín* 79 (1994) 413-463.

A. BRIGHENTI. *Reconstruindo a esperança. Como planejar a ação da Igreja em tempos de mudança.* São Paulo, Paulus, 2000.

M. CABELLO et alii. *Manual de planificación pastoral.* Santiago, Paulinas, 1985. [Ed. bras.: *Manual de planejamento pastoral.* São Paulo, Paulus, 1988.]

J. JIMÉNEZ & E. PEÑA. *Interpretación de la realidad.* Bogotá, CELAM, 1993.

J. JIMÉNEZ & E. PEÑA. *Planeación pastoral participativa.* Bogotá, CELAM, 1993.

A. LORSCHEIDER. *Espiritualidade e mística do Ministério da Coordenação Pastoral.* CNBB, 1993. Subsídio 4.

B. ULHOA VIEIRA. *A espiritualidade do Ministério da Coordenação Pastoral.* CNBB, 1993. Subsídio 5.

J. A. VELA. *El proceso de planificación y planificación participativa.* Bogotá, Cursos de Iglesia y Vocación-Casa de la Juventud, nn. 141-142, 1988.

F. F. WHITAKER. *Planejamento sim e não.* Rio de Janeiro, Paz e Terra, 1981.

Bibliografia complementar

E. BENINCÁ. *Metodologia pastoral.* Caderno de Formação n. 2. Passo Fundo, Diocese de Passo Fundo, 1994. J. D. BORDENAVE. *O que é participação.* São Paulo, Brasiliense, 1984. Col. Primeiros Passos. J. L. D'AMICO. *Desde as raízes. Conflitos e crescimento na comunidade eclesial.* São Paulo, Paulinas, 1998. P. FREIRE. *Pedagogia da autonomia. Saberes necessários à prática educativa.* 7. ed. Rio de Janeiro-São Paulo, Paz e Terra, 1998. Coleção Leitura. INSTITUTO MEXICANO PARA EL DESARROLLO COMUNITÁRIO. *Técnicas participativas para la educación popular.* México, Dimensión Educativa, 1991.

tt. I-II. W. C. C. PEREIRA. *Dinâmica de grupos populares.* 3. ed. Petrópolis, Vozes, 1985. J. RESENDE. *Como se faz a luta de bairros.* Petrópolis, Vozes--Ibase, 1985. Coleção Fazer/12. ANDER EGG & E. RUSSEL. *Introducción a la planificación.* Bogotá, Ed. Colatina, 1981. C. R. BRANDÃO (Org.). *Pesquisa participante.* São Paulo, Brasiliense, 1981. H. DERROITE. Construire un projet pastoral: étapes et méthodes. G. ROUTHIER & M. VIAU. *Précis de théologie pratique.* Montréal-Bruxelles, Novalis-Lumen Vitae, 2004. pp. 615-623. C. R. BRANDÃO. *Repensando a pesquisa participante.* São Paulo, Brasiliense, 1984. C. R. BRANDÃO. *Pensar a prática. Escritos de viagem e estudos sobre educação.* São Paulo, Loyola, 1984. G. R. COPE. *El plan estratégico. Haga que la gente participe.* Bogotá, Legis, 1991. A. CORNELY. Subsídios sobre planejamento participativo. In: *Subsídios do planejamento participativo.* Brasília, MEC/Secretaria-Geral, 1980. P. DEMO. Planejamento participativo. Elementos para uma discussão preliminar. In: *Subsídios do Planejamento participativo.* Brasília, MEC/Secretaria-Geral, 1980. E. M. FALKEMBACH & N. O. BELATO. *Planejamento participativo. Contribuições para um trabalho de base.* Petrópolis-Ijuí, Vozes-Fidene, 1987. O. FACHIN. *Fundamentos de metodologia.* São Paulo, Atlas, 1993. E. OGLIASTRI. *Manual de planeación estratégica.* Bogotá, Tercer Mundo, 1989. F. M. SASTOQUE. *La prospectiva. Técnicas para visualizar el futuro.* Bogotá, Legis, 1991. B. TAYLOR & J. HARRISON. *Planeación estratégica exitosa.* Bogotá, Legis, 1991. J. O. BEOZZO. A Igreja no Brasil. O planejamento pastoral em questão. *Revista Eclesiástica Brasileira* 167 (1982) 465-505. J. BORAN. *Ver, juzgar y actuar. El sentido crítico y el método.* Santiago, Paulinas, 1988. J. B. CAPPELLARO. *Planificación pastoral. Método prospectivo.* Movimiento por un Mundo Mejor. Roma, 1991. CEPLANE — CENTRO DE PLANIFICACIÓN ECLESIAL. *Manual de planificación pastoral.* Santiago, Paulinas, 1985. CNBB — CONFERÊNCIA NACIONAL DOS BISPOS DO BRASIL. *É hora de mudança. Planejamento pastoral dentro do Projeto Rumo ao Novo Milênio.* São Paulo, Paulus, 1998. M. C. DE FREITAS. *Elementos para uma história do planejamento pastoral na Igreja do Brasil.* Cursos para coordenadores diocesanos de pastoral. Subsídio 2. Brasília, CNBB, 1993. L. MARIN & L. G. VAZQUEZ. *Tecnificación administrativa de la acción pastoral. Teorización y tecnologia.* Bogotá, CELAM, 1973. Documentos del CELAM, n. 18. J. A. VELA. *El proceso de la planificación y la planificación participativa* (módulo 1). Bogotá, Cursos de Iglesia y Vocación-Casa de la Juventud, n. 170, 1995. J. A. VELA. *El proceso de la planificación y la planificación participativa* (módulo 2). Bogotá, Cursos de Iglesia y Vocación-Casa de la Juventud, n. 170, 1995. J. A. VELA. *El proceso de la planificación.* Bogotá, Cursos de Iglesia y Vocación-Casa de la Juventud, n. 170, 1993. J. A. VELA. Racionalidad interna de toda planificación pastoral. *Theol. Xav.* 85 (1987) 433-474.

SUMÁRIO

APRESENTAÇÃO DA COLEÇÃO 5

PREFÁCIO 9

PARTE I
TEOLOGIA PASTORAL FUNDAMENTAL: O "PORQUÊ" DA PASTORAL

INTRODUÇÃO 17

CAPÍTULO I. MODELOS DE AÇÃO PASTORAL E MODELOS ECLESIOLÓGICOS 19
   1. O modelo normativo neotestamentário 19
   2. Os modelos históricos da trajetória eclesial 22
      2.1. A pastoral profética: a Igreja como mistério de comunhão
      (*Ecclesia mater* — Igreja-mãe) 22
      Modelo de ação 22
      Modelo eclesial 23
      2.2. A pastoral sacramental: a Igreja como corpo de Cristo (*Mater regina*) 24
      Modelo eclesial 24
      Modelo de ação 25
      2.3. A pastoral coletiva: a Igreja como sociedade perfeita 27
      Modelo eclesial 28
      Modelo de ação 28
      2.4. A pastoral de conjunto: a Igreja como Povo de Deus 32
      Modelo de ação 33
      Modelo eclesial 34
      2.5. A pastoral de comunhão e participação:
      a Igreja como eclesiogênese 37
      Modelo de ação 37
      Modelo eclesial 38

CAPÍTULO II. O ITINERÁRIO DA TEOLOGIA PASTORAL 43
   1. O itinerário da teologia no seio da tradição eclesial 44
      1.1. A teologia patrística ou a teologia como sabedoria 44
      1.2. A teologia escolástica ou clássica e a teologia como ciência 46

1.3. A teologia moderna européia, as teologias do genitivo
e a teologia da libertação..47
    A teologia moderna articulada desde a primeira Ilustração........................ 48
    A teologia moderna articulada desde a segunda Ilustração...................... 48
2. Gênese, gestação e consolidação da teologia pastoral................... 49
    2.1. Primeira etapa (final do século XVIII):
    a teologia pastoral como pragmática...50
    2.2. Segunda etapa (início do século XIX):
    a teologia pastoral como soteriologia..51
    2.3. Terceira etapa (meados do século XIX):
    a teologia pastoral como autoconsciência da Igreja................................53
    2.4. Quarta etapa (meados do século XX):
    a teologia pastoral como teoria da práxis da Igreja.................................54
    2.5. Quinta etapa (final do século XX):
    a teologia pastoral como reflexão da práxis
    libertadora dos cristãos e das pessoas em geral.....................................55

CAPÍTULO III. O ESTATUTO EPISTEMOLÓGICO DA TEOLOGIA PASTORAL...................... 61

1. Teologia e ação.. 62
    1.1. A primazia da ação no ato da revelação..62
    1.2. Do símbolo à *lectio*..64
    1.3. Da *lectio* à *quaestio* e, desta, aos manuais..65
    1.4. Dos manuais ao reencontro com a ação...66
2. Teologia e pastoral: arte e ciência..66
    2.1. Pastoral e arte...67
    2.2. Pastoral e ciência...68
3. Teologia pastoral: o estatuto de uma disciplina autônoma..........................69
    3.1. Teologia pastoral fundamental: o "porquê" da pastoral...........................70
    3.2. Teologia pastoral especial: o "que" da pastoral..71
    3.3. A teologia pastoral aplicada: o "como" da pastoral..................................73
4. Teologia pastoral: seu estatuto enquanto ciência teológica 75
    4.1. A teologia pastoral como ciência da auto-realização da Igreja 75
    4.2. A teologia pastoral como ciência da práxis eclesial 76
    4.3. A teologia pastoral como ciência da práxis transformadora
    dos cristãos e das pessoas em geral.. 76

PARTE II
TEOLOGIA PASTORAL ESPECIAL: O "QUE" DA PASTORAL

INTRODUÇÃO... 85

CAPÍTULO I. A PASTORAL PROFÉTICA 87
1. O ministério da profecia pelo testemunho (*martyría*).................................89
2. O ministério da profecia pelo anúncio (querigma) 91

3. O ministério da profecia pela catequese (*didaskalia*) 93
   3.1. Evangelização e catequese 93
   3.2. Itinerário histórico da catequese 94
       A catequese na Igreja primitiva e antiga 94
       A renovação da catequese pelo Concílio de Trento 95
   3.3. Pautas de uma catequese renovada 97
       Preocupações atuais 97
       Catequese de iniciação 98
       Catequese com adultos 99
4. O ministério da profecia pela teologia (*krísis*) 100

CAPÍTULO II. A PASTORAL LITÚRGICA 107
1. Fundamentos teológicos da ação litúrgica 107
2. Elementos fundamentais da pastoral litúrgica 108
   2.1. Ação litúrgica e pastoral litúrgica 109
   2.2. Pastoral litúrgica e ação pastoral 109
   2.3. Critérios da pastoral litúrgica 110
       A liturgia como ação de toda uma comunidade celebrante 110
       A liturgia como ação compreensível para toda a assembléia 112
       A liturgia como celebração e não como recitação de um rito 113
3. A oração litúrgica 116
   3.1. Itinerário da oração litúrgica 117
   3.2. A Liturgia das Horas 118
   3.3. A necessidade de rezar liturgicamente 120
4. A pregação e a homilia 120
   4.1. Itinerário da pregação cristã 121
   4.2. Natureza da pregação na celebração litúrgica 123
   4.3. Recomendações para uma pastoral da pregação 123

CAPÍTULO III. A PASTORAL DO SERVIÇO E DA COMUNHÃO 129
1. A *diakonía* no ser e na missão da Igreja 129
   1.1. O sentido do termo *diakonía* 130
   1.2. A natureza do serviço na vida cristã pessoal e comunitária 130
   1.3. O itinerário histórico da pastoral caritativa 131
   1.4. O caráter sacramental da *diakonía* 133
   1.5. Os serviços eclesiais como expressão da *diakonía* da Igreja 134
   1.6. A *diakonía* enquanto opção pelos pobres 135
2. A *koinonía* eclesial como pastoral da comunhão 136
   2.1. Fundamentos bíblicos e teológicos da Igreja como *koinonía* 136
   2.2. As diferentes faces da comunhão eclesial 138
   2.3. A Igreja local como lugar da *koinonía* eclesial 140
       O percurso histórico da Igreja local 140
       A teologia do Vaticano II sobre a Igreja 142

PARTE III
TEOLOGIA PASTORAL APLICADA: O "COMO" DA PASTORAL

INTRODUÇÃO 153

CAPÍTULO I. OS ÂMBITOS DA AÇÃO PASTORAL 155
   1. A ação pastoral no âmbito da pessoa 156
      1.1. História e evolução do conceito de pessoa...157
      Do ontológico à coletivização 157
      Da coletivização à individuação..157
      Da individuação ao individualismo 158
      Do individualismo à personalização 158
      1.2. A pessoa no horizonte da revelação judeo-cristã...................................... 158
      1.3. Perspectivas de ação pastoral no âmbito da pessoa hoje: a personalização 159
      Reconstrução da identidade pessoal 159
      Educação para uma liberdade autêntica 160
   2. A ação pastoral no âmbito da comunidade... 161
      2.1. História e evolução do conceito de comunidade.. 161
      2.2. A comunidade no horizonte da revelação judeo-cristã 162
      2.3. Perspectiva de ação pastoral no âmbito da comunidade hoje:
      refazer o tecido eclesial 163
   3. A ação pastoral no âmbito da sociedade... 164
      3.1. História e evolução do conceito de sociedade 165
      A invenção da cidadania 165
      Sociedade civil.. 166
      3.2. O conceito de sociedade no horizonte da doutrina social da Igreja.................. 168
      3.3. Perspectivas de ação pastoral no âmbito da sociedade hoje:
      refazer o tecido social 169

CAPÍTULO II. PEDAGOGIA E ESPIRITUALIDADE PARA
UMA PASTORAL COMO PROCESSO 177
   1. Pedagogia para um processo de evangelização inculturada...................... 177
      1.1. Passos de um processo de evangelização implícita............................... 178
      Primeiro passo: presença testemunhal ou de empatia 178
      Segundo passo: relação dialógica ou de simpatia 181
      *Terceiro passo: identificação e reconhecimento dos valores
      da cultura como "sementes do Verbo"* 182
      1.2. Passos de um processo de evangelização explícita................................184
      Quarto passo: anúncio amoroso e respeitoso da positividade cristã 184
      Quinto passo: mútua evangelização explícita ou reflexão crítica 187
      Sexto passo: apropriação ou assimilação sintética 188
      Sétimo passo: surgimento ou crescimento de igrejas culturalmente novas 190
   2. Espiritualidade para uma pastoral como processo....................................... 191
      2.1. "O discípulo não é maior que o mestre" 191
      2.2. "Quem vos recebe, a mim recebe"... 192
      2.3. "Eu vos envio, dois a dois" 193
      2.4. "Quem se humilha será exaltado" 194

CAPÍTULO III. REQUISITOS BÁSICOS E PASSOS METODOLÓGICOS DE UMA AÇÃO PASTORAL PENSADA 201

1. Pautas para uma ação pastoral pensada 201
   1.1. Superar o amadorismo e o pragmatismo do cotidiano 202
   1.2. Não basta pensar a ação, mais importante é "como" pensá-la 203
   1.3. Planejar "para" ou "com" os outros é uma forma autoritária de conduzir a ação 203
   1.4. O planejamento enquanto processo de pensar a ação pela própria comunidade 204
   1.5. Planejar sem mística é obrigar o Espírito Santo a fazer o que a gente quer 204
   1.6. O planejamento participativo leva à desconcentração do poder 205
   1.7. Fundamentos do planejamento participativo 205
   1.8. Privilegiar o processo, não os resultados 206
   1.9. A Igreja local como unidade básica do planejamento pastoral 206
2. Requisitos básicos para uma ação pastoral pensada 207
   2.1. Um método adequado 208
   2.2. Levar em conta o estatuto da ação 210
   1ª exigência: pés no chão 210
   2ª exigência: olhos no horizonte 211
   3ª exigência: "sujar" as mãos 211
   2.3. Reunir as condições necessárias 212
   Adesão a uma eclesiologia de comunhão e participação 212
   Disposição para conviver com o conflito 212
   Compromisso pessoal com as consequências do processo 213
   Conhecimento da metodologia a ser utilizada no processo 213
   Paciência histórica para caminhar ao ritmo dos participantes do processo 214
   Vinculação dos primeiros responsáveis como membros da comunidade 214
   Abertura e colaboração com outras instituições 214
3. Passos metodológicos e indicações técnicas 215
   3.1. Passos metodológicos do processo de planejamento participativo 215
   1º momento: explicitação do marco referencial 215
   2º momento: elaboração do marco operacional 216
   3º momento: explicitação do marco organizacional 217
   3.2. Indicações técnicas para um planejamento como processo 218
   O marco da realidade amarrado à ação pela avaliação 218
   O marco doutrinal sob o reflexo do marco da realidade 218
   O diagnóstico como o resultado da confrontação dos dois marcos 219
   O prognóstico como aterrissagem da utopia em médio prazo 219
   A programação como concretização de estratégias 220
   O marco organizacional como suporte da programação 220

Rua Dona Inácia Uchoa, 62
04110-020 – São Paulo – SP (Brasil)
Tel.: (11) 2125-3500
http://www.paulinas.com.br – editora@paulinas.com.br
Telemarketing e SAC: 0800-7010081